国家出版基金项目
NATIONAL PUBLICATION FOUNDATION

中华优秀传统文化经典要义

张岂之 主编

副主编 张茂泽 陈战峰

陕西新华出版传媒集团
太白文艺出版社 · 西安

图书在版编目（CIP）数据

中华优秀传统文化经典要义 / 张岂之主编. -- 西安：太白文艺出版社，2021.6（2022.10重印）
ISBN 978-7-5513-1831-0

Ⅰ. ①中… Ⅱ. ①张… Ⅲ. ①中华文化—研究 Ⅳ. ①K203

中国版本图书馆CIP数据核字(2021)第025886号

中华优秀传统文化经典要义
ZHONGHUA YOUXIU CHUANTONG WENHUA JINGDIAN YAOYI

作　　者　张岂之
责任编辑　申亚妮　蒋成龙　张婧晗
封面设计　郑江迪
出版发行　陕西新华出版传媒集团
　　　　　太 白 文 艺 出 版 社
经　　销　新华书店
印　　刷　陕西金德佳印务有限公司
开　　本　880mm×1230mm　1/32
字　　数　293千字
印　　张　11.625
版　　次　2021年6月第1版
印　　次　2022年10月第2次印刷
书　　号　ISBN 978-7-5513-1831-0
定　　价　68.00元

联系电话：029-81206800
出版社地址：西安市曲江新区登高路1388号（邮编：710061）
营销中心电话：029-87277748　029-87217872

序言

我们将《中华优秀传统文化经典要义》一书献给读者朋友们。

这里“经典”一词是指中华优秀传统文化的经典。在中国古代思想文化史上，“经典”大多指典范的儒家典籍，如：“周公上圣，召公大贤。尚犹有不相说，著于经典，两不相损。”（《汉书·孙宝传》）“自圣贤述作，是曰经典。”（《史通·叙事》）经与纬对称，典与册并用。《说文解字》曰：“典，五帝之书也。从册在丌上，尊阁之也。”除此，有些道家、道教或佛教的作品也被称为“经典”。不过，一般认为“经典”是指儒家的文化元典。这样，“经典”的意义虽然有些狭隘，但其内涵是明晰的，不至于发生混淆和名实不副的现象。

今天如何理解“经典”一词？如果将“经典”只限于

儒家元典并不贴切，如果对于“经典”加以泛化，也会导致名实乖舛，在客观上妨碍人们对“经典”内在精神的理解。20世纪初，著名学者梁启超、章太炎等对“经典”都有很精到的阐发，可供我们参考。比如，梁启超对胡适列举的“国学最低限度”书目中有《三侠五义》《九命奇冤》等，却没有属于史籍的《史记》《汉书》《资治通鉴》等提出了不同意见，认为这容易混淆“人人必应读之书”与“应该知道的书”。梁启超撰写《要籍解题及其读法》一书，不用“经典”一词，而代之以“要籍”，就显示了谦虚谨严的治学态度和治学精神。章太炎在《国学概论》一书中涉及的“经典”包罗面较广，经史子集都有，视野开阔，但基本是经过历史长期检验而积淀的古代重要文献。

还要提到朱自清，他在普及读物《经典常谈》的《序》中说，他使用的“经典”是广义的用法，包括儒家的群经、先秦诸子、几种史书以及一些集部的作品，即使字书《说文解字》在该著中也被列为“经典”，而且被作为“经典”入门首先要阅读的书籍（“读书要从识字始”）。朱自清先生强调“经典训练”不完全等同于“读经”，范围可以广些，但目的也是使人很自然地理解“经典”的精神。

我们参照前人对“经典”的理解，认为文化经典应有以下三项标准：一、经典是民族与国家的文化精髓，能集中反映中华文化血脉和价值理想的作品；二、经典具有独特的和无可替代的代表性，能反映中华优秀传统文化的独特优势；三、经典是历史长期检验的产物，历久不衰，历史、时间是经典的公平公正的评判者。在这个意义上，经典无疑是人民精神家园的宝贵财富。他们仿佛是等待人们去开发的宝藏，能够在每一个时代闪烁出耀眼的光芒，激发人们传承创新优秀文化，促进中华文化可持续地发展。

基于以上对于“经典”的理解，我们在《中华优秀传统文化经典要义》中将《诗经》《尚书》《春秋》《孙子兵法》《论语》《墨子》《老子》《孟子》《庄子》《易传》《荀子》《韩非子》《礼记》《吕氏春秋》《春秋繁露》《史记》《汉书》《论衡》《肇论》《坛经》《正蒙》《资治通鉴》《四书章句集注》《传习录》《明夷待访录》《日知录》《张子正蒙注》《孟子字义疏证》《文史通义》《十三经注疏》（附《孝经》）30 种书一一进行介绍。

何谓“要义”？指文化经典的主要内容及其与中华文化传承发展的关系。要做到这一点比较难，但必须朝着这个方向去努力。

读者们阅读《中华优秀传统文化经典要义》，还不是阅读文化经典自身，而是为阅读文化经典做准备。

深入了解中华优秀传统文化，不能不读若干本经典，这是大家的共识。中华文化积淀着中华民族最深沉的精神追求，是中华民族生生不息、团结奋进的不竭动力。在建设中国特色社会主义、全面深化改革的新的历史时期，中华优秀文化更是中华民族的突出优势，是我国最深厚的文化软实力。因而我国各级学校已经将完善中华优秀传统文化教育提到工作日程上。小学阶段，从识字开始，接触和感受中华优秀传统文化，开展启蒙教育；中学阶段，引导和鼓励学生主动读一些文化经典，提高对中华优秀传统文化的认同度和自信心；大学阶段，应提高大学生对中华优秀传统文化自主学习和探究的能力，增强他们传承弘扬中华优秀传统文化的责任感和使命感，能够辩证地看待中华优秀传统文化的当代价值，并自觉与社会主义核心价值观相结合，积极投身到为中华民族伟大复兴不懈奋斗的洪流中去。

我们编写《中华优秀传统文化经典要义》一书就是为了帮助民众学习中华优秀传统文化，希望能够提供比较合适的参考读物。

参加本书编写的同志都从事中国历史文化的教学或研究工作，他们是：张岂之、张茂泽、陈战峰、郑熊、李江辉、吴保传、夏绍熙、李友广、张彤磊、侯步云、曹振明等。他们编写中华优秀传统文化经典入门读物，虽经多次修改，其中的缺点仍难以避免，这要请读者朋友们加以指正。

全稿请西北大学刘文瑞教授做了审改，十分感谢。

张岂之

2013年8月3日于

西北大学中国思想文化研究所

目录

附录

吟情咏性　砥德砺行——《诗经》

《诗经》是中国古代重要文化元典之一，也是我国历史上影响最为深远的文学艺术经典。孔子曾经论断《诗经》的思想宗旨说："《诗》三百，一言以蔽之，曰：思无邪。"《毛诗正义序》也论《诗经》的创作、内容和文化功能，说："夫《诗》者，论功颂德之歌，止僻防邪之训，虽无为而自发，乃有益于生灵。六情静于中，百物荡于外，情缘物动，物感情迁。若政遇醇和，则欢娱被于朝野，时当惨黩，亦怨刺形于咏歌。作之者所以畅怀舒愤，闻之者足以塞违从正。发诸情性，谐于律吕。故曰：感天地，动鬼神，莫近于《诗》。"《诗经》本身记载了西周初期到春秋中叶500年的社会历史，内容十分丰富。从春秋"赋诗断章"开始，《诗经》已经成为人们研究传统文化和表达情感心志的重要工具。《诗经》是孔子"造士"的重要教材，孔子与其弟子关于《诗经》诗篇的解读，开启了后来"以礼解《诗》"与"以理解《诗》"的先声，奠定了依托经典重构思想的基础。丰富的《诗经》学作品是中华优秀传统文化的重要载体和组成部分。

一、《诗经》概述

《诗经》或称《诗三百》，是我国古代第一部诗歌总集。《史记·孔子世家》认为相传有3000篇，经孔子删订以后，只保留305

篇，另有6篇笙诗有题无诗，通称《诗三百》。实际上，根据《左传·襄公二十九年》吴国公子季札在鲁国观乐的记载，其中乐诗《国风》排序与今本同。当时是公元前544年，孔子也就七八岁的样子，《论语》中也多有“诗三百”的说法。孔子虽将《诗经》作为“造士”的教材，但他并不是《诗经》的编选者。

关于《诗经》的内容和性质，主要有两种基本的认识，这两种认识源于对《诗经》构成的不同看法。

一认为《诗经》是上古民歌或诗歌的总集，如郑振铎、陆侃如、冯沅君等。郑振铎认为“《诗经》大约是公元前第三四世纪至公元前第六世纪的中国北部的民间诗歌的总集”①；陆侃如、冯沅君则明确表达为“民间男女所歌，公卿列士所献，而经鲁国师工谱为乐章的总集《诗经》”②。

一认为《诗经》是上古民歌或诗歌的选集（以这种意见为胜），夏传才认为《诗经》是“最古的一部诗歌选集”③。

传统社会将《诗经》按表现手法和风格的不同分为《风》《雅》《颂》④ 三类，现当代则以题材内容与艺术形式的差异划分得更细致。

郑振铎将《诗经》诗篇分为三大类：第一类是“诗人的创作”，如《正月》《十月》《节南山》《嵩高》《蒸⑤民》等；第二类是“民间歌谣”，包括恋歌（如《静女》《中谷》《将仲子》等）、结婚歌（如《关雎》《桃夭》《鹊巢》等）、悼歌及颂贺歌（如《蓼莪》《麟

---

① 郑振铎：《文学大纲》（彩图本）（上册），上海书店出版社，1986，第262页。

② 陆侃如、冯沅君：《中国诗史》，山东大学出版社，1996，第9页。

③ 夏传才：《〈诗经〉研究史概要》，中州书画社，1982，第3页。

④ 有人将《二南》独立出来为《南》。也有不同意见，“其实‘二南’中的诗与邶、卫、郑、陈诸风中的诗其性质极近，并无所谓‘教化’与‘讥刺’的区别在里面的”（郑振铎：《文学大纲》，第272页）。

⑤ 一般作“烝”，郑先生写作此，当据三家《诗》。

之趾》《螽斯》等）、农歌（如《七月》《甫田》《大田》《行苇》《既醉》等）及其他；第三类是“贵族乐歌”，包括宗庙乐歌（如《下武》《文王》等）、颂神乐歌或祷歌（如《思文》《云汉》《访落》等）、宴会歌（如《庭燎》《鹿鸣》《伐木》等）、田猎歌（如《车攻》《吉日》等）、战事歌（如《常武》等）以及其他①。费振刚先生主持的《诗经诗传》② 的分类与此比较接近，只是多出男歌、女歌及政治诗等栏目，一些栏目做了调整，可视作对前者的继承和发展。

《诗经》诗篇产生的时代，也就是上限和下限，现在也还存在不同的看法。《诗经》的产生时代至今依然有争议，下限主要在春秋中叶，争议在陈灵公或秦襄公时；上限集中在《商颂》的认定上，历史上有“商诗说”与“宋诗说”，时代早晚大相径庭，前者如《毛诗序》、姚际恒《诗经通论》（卷十八）、马瑞辰《诗经传笺通释》（卷三十二）、胡承珙《毛诗后笺》（卷三十，陈奂补），后者的依据多为《国语·鲁语》《史记·宋世家》《后汉书·曹褒传》注引薛君《韩诗章句》、魏源《诗古微》（卷六）、王国维《说商颂》（《观堂集林》卷二）等。现在多根据王国维证成的“宋诗说”，但郑振铎认为“《商颂》中的五篇，为商代（公元前一千七百年以后，公元前一千二百年以前）的产物”③，陈子展与郑振铎的看法相同，认为属于商诗，今天赞同者亦不乏其人。

《诗经》中的诗歌来源比较复杂，历来有采诗、献诗、作诗、颂诗等说。认为《诗经》诗歌属公卿大夫献诗或陈诗的，多根据《国语·周语上》“邵公谏厉王”语、《国语·晋语六》“范文子”语；认为属听诗以观民风的采诗说，多据《礼记·王制》《汉书·食货志》

---

① 郑振铎：《文学大纲》（彩图本）（上册），上海书店出版社，1986，第276—277页。
② 费振刚、赵长征、廉萍、檀作文：《诗经诗传》，吉林人民出版社，2000。
③ 郑振铎：《文学大纲》（彩图本）（上册），上海书店出版社，1986，第281页。

和何休《春秋公羊传·宣公十五年解诂》等说法；认为二者兼有，多据《左传·襄公十四年》师旷语等。

《诗经》的影响很深远，除过文学影响外，在2000余年的古代社会，由《诗》而演变为《诗经》，现当代又剥离掉经学面目而恢复其文学属性，《诗经》的性质、功能与研究方法皆发生了重大变化。《诗经》的名称见于《庄子·天运篇》与《礼记·经解》，一般以后者为最早，其经学地位由西汉绵延至清末，并伴有多次的“宗经辨骚”活动，将《诗经》与《楚辞》对立起来。因此就古代传统社会而言，《诗经》主要体现出浓郁的思想文化价值，与儒家文化发展紧密相伴。

现当代《诗经》学研究对《诗经》文本的特点和属性有基本一致的判断，即多重性和多元性，包括文学性、经学性、历史性、民俗性、文化性、博物性等方面。这也说明《诗经》的价值是多方面的。

《诗经》文本具有多重属性，在古代传统社会中占主导地位的是《诗经》的经学属性和文化属性，它们在阐发和建构中国传统文化、塑造民族精神中发挥着重要作用。历来《诗》《骚》并称，不排除历史上有以文学眼光看待它，以及在《诗经》学中触及《诗经》文学性的现象。“五四”以后，《诗经》研究逐渐与经学脱离，并获得独立，学者们开始以文学性作为《诗经》的基本属性，展开丰富的《诗经》文学研究。但是《诗经》的多角度研究依然没有中断。

现当代不少学者很重视《诗经》及《诗经》的史学价值和文化意义。日本吉川幸次郎（1904—1980）明确认为，不能完全断定《诗经》充分具有作为文学的性质，因为它不纯粹以美的感动为目的。[①]关于《诗经》文本的历史价值，在今天依然被人重视和讨论。“从历史价值角度言，《诗经》305篇整体，实际上就是一部全面反映西周、

① 张哲俊：《吉川幸次郎研究》，中华书局，2004，第113页。

春秋历史的极好材料，它全方位、多侧面、多角度地记录了从西周到春秋（亦包括商代）的历史发展与现实状况，其涉及面之广，几乎包括了社会的全部方面——政治、经济、军事、民俗、文化、文学、艺术等。后世史学家的史书叙述这一历史阶段状况时，相当部分依据了《诗经》的记载”。①

夏传才认为《诗经》的特质“是用先秦汉语记录的中国上古时代的一部诗歌集，是出自各阶级阶层的作者而比较全面地反映周代的社会生活和意识形态，具有文学的、语言学的、历史和文化学的多重价值”，“多元的、多学科、跨学科和跨文化的、全方位、多层面、多种模式的研究，是《诗经》研究转型期的特征”②。

闻一多在《风诗类钞·序例提纲》中提及的四种读法③，包括“三种旧的读法”，即“经学的、历史的、文学的”方法，一种新的读法，即“社会学”的方法。不同方法和学科的研究可以相互补充促进，不必厚此而薄彼，洪湛侯《诗经学史》介绍现当代《诗经》研究的多向展开也能体现这个特点。关注《诗经》文本自身与其所反映的时代、生活及精神等，是一“过去时”的研究，属于“历史的方法”；如果由关注《诗经》文本进而转至《诗经》研究者的思想，则情形更加复杂、生动、深刻，在思想的流动脉络中把握《诗经》学的实质，则是另一个立足点，属于“思想史的方法”；如果着重关注诗篇作者的情思、诗歌文本的形式特点及其阅读效果，则是“文学的方法”。但是在《诗经》学史上，最具有突出地位的方法不是第三种，而主要是前两种，特别是第二种，尽管在明清以后第三种逐渐被人们

---

① 徐志啸：《论〈诗经〉的社会功用及其多重价值》，载中国诗经学会编《诗经研究丛刊》（第六辑），学苑出版社，2004，第159页。

② 夏传才：《现代诗经学的发展与展望》，《文学遗产》1997年第3期。

③ 闻一多：《风诗类钞》，载闻一多著《诗选与校笺》，古籍出版社，1956，第5页。

所强调。这个问题很重要，有助于把握某种方法形成的思想文化基础。

一句话，《诗经》是中国古代最早的一部诗歌选集，也是中国古代的重要文化典籍之一。

二、《诗经》与周代礼乐文明

《诗经》诗篇来源复杂，有些诗歌经过多代多人传唱，特别是《国风》部分，不少篇章保留了民谣特色。但是，《诗经》经过周代太师编辑加工，诗篇与音乐关系密切。诗篇内容多与音乐舞蹈结合在一起，如《邶风·简兮》《王风·君子阳阳》《陈风·宛丘》《陈风·东门之枌》《小雅·甫田之什·宾之初筵》《鲁颂·駉之什·有駜》等。周代“用诗”的实践，也深刻反映了《诗经》与当时的礼乐制度密不可分，特别是在今天可见的《仪礼》《礼记》《周礼》中有丰富的“用诗”记载，也充分印证了这一点。① 但是，在《诗经》研究史上，关于诗篇与音乐的关系有不同认识，即所谓徒诗与乐歌问题。

简要地说，这个问题的实质是，《诗经》中的诗篇是否入乐，是配乐舞演唱的歌词（乐歌）呢，还是像我们今天仅在案头吟诵的篇章（徒诗）？前者近乎彩排，后者近乎清唱。

实际上，在《诗经》学史上这个问题一直有争议，而且意义非同小可。如果认定这些诗歌是乐歌，那么文字便不一定是唯一的、固定的、明确的，那些在文字中寻觅古代圣贤的伦理大义便站不住脚，宋代时候就有学者（王柏）发了这种议论。如果认定这些诗歌是徒诗，

① 王秀臣：《三礼用诗考论》，中国社会科学出版社，2007；江林：《〈诗经〉与宗周礼乐文明》，上海古籍出版社，2010。

承载着丰富的深刻的治国修身的道理，那么，古人盛传的“诗教”传统、“《诗》《书》礼乐”“造士”的景象岂不要大打折扣？

现在看来，这个问题应该是有一些眉目的，问题是不能将二者完全对立起来，其中有一个历史发展过程，体现出合分趋势，由乐歌而渐至徒诗，唐诗、宋词、元曲也有这样一个大体相似的经历。这似乎说明了一种艺术形式从民间走向庙堂、从生动泼辣走向典雅精巧、从混融稚嫩到明晰成熟、从多样到单一的历史规律。有知识的文化工作者既加工改造了它，促使它普及和成熟，包括定型，但也导致它颓萎和死亡。这真应了后人“成也萧何，败也萧何”之语。

《诗经》诗篇合乐的史料也很多，如《诗经·周颂·有瞽》《墨子·公孟》《左传·襄公二十九年》“季札观乐”、《史记·孔子世家》等。今人也多认为诗歌以多种方式汇集而成，并经过有意识地编辑，“今本《诗经》传自鲁国是很可能的”①，依据是《左传·襄公二十九年》“季札观乐”及《左传·昭公二年》“周礼尽在鲁矣”的史料。顾颉刚认为《诗经》三百篇均入乐，即使民间歌谣，也已被改为乐章了②，徐中舒在《豳风说》中证明“《诗经》为鲁国工歌之底本”③，都似乎在说明《诗经》的整理与鲁国的乐师等学者有不可分割的联系。

《诗经》诗篇的诗歌形式，以四言为主，每首分若干章，一般每章四句。手法上分为赋、比、兴、风、雅、颂六种，前三种着重于修辞，是古人所说的用，后三种着重于文体，是古人所说的体。因为是不同的角度，古人又讲体用合一、体用不离，所以，这六种方法虽然不完全符合今天的分类标准，但是它们却是相互结合、相辅相成的，

---

① 陆侃如、冯沅君：《中国诗史》，山东大学出版社，1996，第9页。

② 顾颉刚：《论〈诗经〉所录全为乐歌》，载顾颉刚编著《古史辨》（第三册），朴社，1931，第608—657页。

③ 徐中舒：《徐中舒历史论文选辑》，中华书局，1998，第617页。

特别是在“风”诗中。

《诗经》诗篇的形式特点昭示了《诗经》与音乐的密切关系，“重章叠唱”不仅是反复强调的内容需要，更是音乐体制的形式需要。

三、《诗经》的主要思想内容

《诗经》多被视为文学作品，人们重视用文学鉴赏的方法阅读诗篇，把握其艺术特色与文学价值，特别是在表现人物的思想情感及其现实主义风格方面的意义。但是，《诗经》也内蕴着丰富的哲学思想，这主要体现在两个方面：一是《诗经》诗篇，特别是变风变雅之作所反映的对天、上帝的怀疑，人文精神的觉醒等，在现当代先秦思想文化史研究中备受人们关注①；一是《诗经》与中国古代哲学的关系，从先秦开始，《诗经》便成为思想家、哲学家构建思想的重要资源②，这种构建形成了《诗经》学持续不断的发展历史。③

首先，《诗经》中的历史意识与历史追溯。

作为乐歌集的《诗经》，在传唱中记录和传播着某段历史、某种观念以及某些情感情绪，这是它能兴起人志意，使人振作有所作为和欢愉的地方。关于周代社会的原始遗风，孙作云在《周先祖以熊为图腾考》中认为“熊”是周人在原始社会时期的图腾，《大雅·生民》“厥初生民，时维姜嫄。生民如何？克禋克祀，以弗无子。履帝武敏歆，攸介攸止。载震载夙，载生载育，时维后稷”，“所谓姜嫄履大人

① 郭沫若《中国古代社会研究》、侯外庐《中国古代社会史论》与《中国思想通史》第一卷等。

② 张丰乾：《〈诗经〉与先秦哲学》，北京大学出版社，2009。

③ 夏传才：《〈诗经〉研究史概要》，中州书画社，1982；林叶连：《中国历代诗经学》，台湾学生书局，1993；戴维：《〈诗经〉研究史》，湖南教育出版社，2001；萧华荣：《中国诗学思想史》，华东师范大学出版社，1996；等等。

之迹而生弃（后稷），就是姜嫄履熊迹而生弃”，并认为“大人”说法是对“熊”图腾避讳的结果。①

《白虎通·姓名篇》：“禹姓姒氏，祖昌意以薏苡生。殷姓子氏，祖以玄鸟子生也。周姓姬氏，祖以履大人迹生也。”《论衡·奇怪篇》：“儒者称圣人之生，不因人气，更禀精于天。禹母吞薏苡而生禹，故夏姓曰姒；卨母吞燕卵而生卨，故殷姓曰子。后稷母履大人迹而生后稷，故周姓曰姬。”这两部汉人的著作，都记载了关于上古或三代始祖起源的传说，记录了一些历史的影迹，其中除禹母的传说不见于《诗经》外，其他两种分别见于《商颂·玄鸟》与《大雅·生民》。周始祖分为男女二人，最早的女始祖姜嫄，不过是姜族的女性罢了，作为始祖，是母系氏族社会，距今约万年之前，是考古学上的旧石器时代后期及新石器时代的初期和中期；而作为父系氏族社会开始的后稷，也不过距今约5000年，周人之所以将二者视为母子关系，不过在表明社会的发展次第和他们对上古历史的茫然。《生民》诗造句夸张，但显示了两点：一是后稷不同寻常的降生方式；一是后稷对农业的重大贡献。诗歌作者毕竟未将后稷作为完全的神人来写，只是突出他出生的传奇性而已，这可能是作者对由母系氏族社会向父系氏族社会过渡的一种猜测，其中蕴含着对周代历史的追溯。《国语·周语上》“昔我先王，世后稷，以服事虞、夏”，《尚书·舜典》“帝（舜）曰：‘弃！黎民阻饥，汝后稷，播时（此）百谷。’”，大抵是说虞夏时代已有后稷的活动，约距今4000余年。据考古学的资料，4000年前的渭水流域，已属农业社会。所以，与其说后稷是具体的某个人，还不如说是一个时代与社会转型的标志和代表，即父系氏族社会与农业时代。

① 孙作云：《诗经与周代社会研究》，中华书局，1966，第22页。

图腾崇拜后，由后稷开始，祖先崇拜便开始登场，而周的历史和世系沿革也渐渐明朗，尽管中间也有不少跳跃与遗漏的地方，可参见《史记·周本纪》。《诗经》中明确提到后稷（《生民》）、公刘（《公刘》）、古公亶父（《緜》）、太伯（《皇矣》）、王季（《大明》《皇矣》）、文王（《文王》）等。由图腾崇拜到祖先崇拜，标志着人类自我意识的觉醒和文明的发展。而且由此也大约可以看出周部族迁移的历史，公刘迁豳，约经500年，古公亶父（文王称王以后，追尊为“太王”）时，周人又由豳地（陕西旬邑）迁都于岐（陕西岐山）。特别值得注意的是，周民族同“姜”姓（羌族的一支）的稳固的婚姻联盟，如《生民》《閟宫》《緜》《思齐》等，表面看是族外婚的形式，实际上蕴含着明确的战争联盟意图。“周王和羌族通婚，是为了在西北方找寻同盟者，藉此共同防御戎狄，并共同反抗商国。”① 而与商朝之间的通婚，则是曲折发展的。直到王季时，“挚仲氏任”，才娶了挚国姓任的女子（《大明》），排行第二（《毛传》“挚，国；任，姓；仲，中女也”），生下文王。挚是商的属国，地在今河南省汝南县。此时周的势力已经壮大，向西征伐戎狄，向东咄咄逼人。文王被人称道的地方很多，《大雅》和《颂》中有许多称颂他的诗篇，其中很重要的一件事是他与有莘国（夏的后代所建）联亲（《大明》），意义非同寻常。

《诗经》的历史意识别具特色，对战争场面以及战争观念的描写，是《诗经》的重要内容，如《皇矣》《大明》《东山》《破斧》等。对奴隶主剥削的控诉，对美好理想的向往，具有重要史料价值，如《魏风·硕鼠》《魏风·伐檀》《小雅·大东》等。

其次，《诗经》的人文精神。

---

① 孙作云：《诗经与周代社会研究》，中华书局，1966，第32页。

《诗经》中洋溢着浓郁的人文精神，这是因为《诗经》作为乐歌集，不仅是周代礼乐文明的产物，而且是礼乐文明的表征，反映了当时各类人群的生活状况和精神面貌，比如重视生命，体现在对生的歌颂、对爱情的向往、对婚姻的赞美、对礼仪的重视、对人格的反思等方面，实开诸子风气之先。

值得注意的是，这里的人文精神和西方在经过对中世纪神学反思基础上提出来的人文精神内涵不同，不是侧重对个体价值与人身自由的重视和强调，而是在礼乐背景与宗法前提下对人的重要性的认定，常常表现为“大我”形象，与家、国、天下联系在一起，具有一种不无悲剧色彩的昂扬精神。对人的价值和现实生活的强调，使这种人文主义色彩更加明显。《诗经》的这种人文精神体现了对礼和现实人生的重视，它是建立在对人的人格和社会属性及礼仪属性肯定的基础上的。

《召南·甘棠》本是怀念召伯的，尽管这位召伯可能并非西周初年的召公奭，而是宣王时期的召虎，前者《诗经》中称召公，后者才称为召伯。《韩诗》和《史记·燕召公世家》指认为前者。“蔽芾甘棠，勿翦勿伐，召伯所茇。蔽芾甘棠，勿翦勿败，召伯所憩。蔽芾甘棠，勿翦勿拜，召伯所说。”茇，假借为□，《说文》“舍也”，《郑笺》“草舍也”；败，摧毁；《郑笺》“拜之言拔也”；“说”同“税”，停马解车而歇。对高大茂密的棠梨树的爱惜，并不是针对具体的树，而是人的德行与功业。只因为这具体的事物与人有了某种关联，才备受重视，这可以称得上是一种独特的文化人格力量。

人的价值地位的确立，往往典型地表现在对男女性别的看法上，而在《诗经》时代，还没有分明的男尊女卑观念。即使神圣的祭祀仪式，女性也可参加，从采集祭祀物品到烹煮加工、安放祭奠、主持礼仪等。女性因为出嫁，甚至可以亲自直接祭祖。（《召南·采□》）诗

《小雅·斯干》容易引起男女尊卑的看法，实际上只是分工的不同而已，同时伴有古人对男女、阴阳的认识："乃生男子，载寝之床，载衣之裳，载弄之璋。其泣喤喤，朱芾斯皇，室家君王。乃生女子，载寝之地，载衣之裼，载弄之瓦。无非无仪，唯酒食是议，无父母诒罹。"朱熹《诗集传》："熊罴，阳物，在山，强力壮毅，男子之祥也。虺蛇，阴物，穴处，柔弱隐伏，女子之祥也。"《郑笺》"男子生而卧于床，尊之也"，"卧于地，卑之也"，实际上是不确切的，这渗透了汉人的观念。

当时有些女性性格决绝，傲然不可侵犯，甚或可以申诉婚姻上的问题，表达自己的真实想法。《召南·行露》就是女子拒婚的诗。《邶风·柏舟》所写女主人公在满腹委屈无处倾诉、漂泊一身无可凭依的情况下，依然态度坚决、绝不苟从，并对自己充满了自信，体现出自强、自尊、自爱的鲜明人格。《鄘风·鹑之奔奔》就没有汉以后明显的三纲思想，而是表现出对兄、君的斥责和厌恶，说明这个时候三纲的思想还没有形成。

《鄘风·相鼠》体现了礼的重要性，礼是人区别于动物的根本属性："相鼠有皮，人而无仪。人而无仪，不死何为？相鼠有齿，人而无止。人而无止，不死何俟？相鼠有体，人而无礼。人而无礼，胡不遄死？"《卫风·淇奥》则直接表达了君子修养场所、方法和性格的正面形象，并成为后世儒者异常熟悉的诗句和向往的境界："如切如磋，如琢如磨，瑟兮僩兮，赫兮咺兮。"

最后，《诗经》对现实和"生"的重视。

《秦风·权舆》是没落贵族回忆昔日生活、感慨今不如昔的诗，能反映出社会的变动带给人们生活的变化。变动冷酷的现实促发了某些人的觉醒，他们在痛苦中甚至羡慕植物的无知无觉，借此麻醉自己，曲折反映了关切现实而又无能为力的处境。"我生之初，尚无为……我生之初，尚无造……我生之初，尚无庸”（《王风·兔爰》），“夭之沃沃，乐子之无知……夭之沃沃，乐子之无家……夭之沃沃，乐子之无室”（《桧风·隰有苌楚》），“子有衣裳，弗曳弗娄。子有车马，弗驰弗驱。宛其死矣，他人是愉……子有廷内，弗洒弗扫。子有钟鼓，弗鼓弗考。宛其死矣，他人是保”（《唐风·山有枢》）。这些思想倾向和术语，后来被道家所继承和吸收，因此，《诗经》也孕育了某些道家的思想观念。

对生命的重视，不能不提到诗歌作者对当时“人殉”的看法，见《秦风·黄鸟》：“如可赎兮，人百其身！”恰恰反映的不仅仅是惋惜自然的生命，而是富有更丰富多彩的人文价值和社会内涵。这体现了《诗经》思想的深度和广度，需要人们进一步探讨。

《诗经》是中国古代文化经典的重要源头之一。《诗经》诗篇反映了人们丰富的感情世界，并以其鲜明的人文理性精神，开辟了中国经典与思想文化发展的独特道路，为人类文明的发展奉献了自己的力量。

关于《诗经》的研究，在海外也比较普遍，如日本、韩国等。在日本，有源远流长的《诗经》研究传统。① 这种情况，反映了中华文化的广泛传播与深刻影响，并为世界文化交往与创新做出了积极贡献。

（陈战峰）

① 王晓平：《日本诗经学史》，学苑出版社，2009。

敬德保民　本固邦宁——《尚书》

《尚书》收录保存了中华文化最早有关治国理政的文献材料，也是中华文化元典之一。先秦诸子常常《诗》《书》并称，说明《尚书》和《诗经》一起，是中华文化的重要源头。荀子认为《尚书》是政事的纲领。孔颖达说，《尚书》记载先王治国的前言往行，足以垂法将来。实际上，《尚书》在经学时代也发挥了政治哲学的性能，是我国古代最重要的政治文化经典。

一、《尚书》概述

《尚书》，又称《书经》，简称《书》。先秦著作中的“书曰”，皆指《尚书》而言。除去征引“书”之外，先秦著作也征引“传”。例如，《孟子》当中就有“于《传》有之”的文字。“书”与“传”的区别，可能在于前者为正式的文献，而后者为传说。由于《书》与《传》的关系相当密切，或者由于有些《传》的内容羼入《书》中，汉代学者有通称《书》为《书传》之例。比如，《史记·孔子世家》称孔子“序《书传》”，又称“故《书传》《礼记》自孔氏”。两“《书传》”均指《书》而言，与后代称《尚书》之注解为“书传”者不可混为一谈。称“书”为“书经”，当是后世儒家尊其为经典之后的称谓。

“尚书”之名，最早见于《墨子·明鬼下》：“故尚书夏书，其次商周之书。”因何而成为后世儒家的通称，原因不明。一种可能的解释是：墨子学术出自史官，而“书”为史官所掌，故墨子对“书”的称谓不仅来历分明，而且具有权威性，从而被普遍接受。

那么，“尚书”之“尚”究竟是什么意思？后世经学家大都视“尚”为“上”的通假字。换言之，所谓“尚书”，就是“上书”。至于“上”字在此又当如何解释，则众说纷纭，莫衷一是。比较合理的解释有两种：其一，“上古”。据此，则所谓“尚书”，就是“上古之书”。其二，“君上”。据此，则所谓“尚书”，就是“记录君上言行之书”。王充《论衡·正说篇》：“说《尚书》者，以为上古帝王之书。或以为上所为下所书。”王充之说，两说兼备而偏向“上古”之说。刘熙《释名》主“上古”说，而孔氏《尚书序》则依从“君上”说。《尚书》涵盖的年代属于上古，这一点无可争议；《尚书》记载的内容多为君上的训令或出师的誓词，这一点也无可争议。因此，以上两说从逻辑上言，皆无不可；至于哪一种说法确为当时定名者的本意，已无从考辨。

虽说《尚书》属于上古无可争议，但若考察《尚书》究竟上古到何时，却又不易言之。出现这种情况，原因有三：其一，《尚书》不是在某特定时间上编写而成的著作，而是经过多年累积而成的文献。内容涵盖大约上自公元前 2000 年，下至公元前 7 世纪，前后相距长达 1300 余年的时间。其二，内容所涉及的年代不一定就是文献编写的年代。其三，今本《尚书》的内容并非完全可靠，而掺杂有后人伪造的成分。

《尚书》相传为孔子编订。孔子晚年集中精力整理古代典籍，将上古尧舜到春秋秦穆公时各种重要文献资料汇集在一起，经过认真编选，挑选出 100 篇，这就是百篇《尚书》的由来。相传孔子编成《尚书》后，曾把它用作教育弟子的教材。在儒家思想文化中，《尚书》

具有极其重要的地位。

《尚书》各篇的文体，并不完全相同。大多数篇章是“记言”，但也有些篇章是“记事”或“记言兼记事”。整体而言，《尚书》的文体可以分为六类：

第一类是“典”，例如《尧典》。“典”字在古代象形文字中表示被尊重的书册，所以，凡是受人尊重的书册就被称为“典”。“经典”“典范”这类意义都由此而来。《尚书》中的“典”即“五帝之书”之意。属于这种体裁的文献在《尚书》中所占比例极小。

第二类是“谟”，比如《皋陶谟》。“谟”字读音和字义都与“谋”字相通，“谟”的意思就是“谋议”。属于这种体裁的文献在《尚书》中也很少见。

第三类是“训”，例如《伊训》。“训”就是“训令”“教训”的意思。属于这种体裁的文献，现仅存《伊训》一篇。

第四类是“诰”，例如《大诰》。还有一些虽不以“诰”名篇，但实际上也是“诰”，如《盘庚》《梓材》《多士》《多方》等等。“诰”的意思就是“告谕”，无论从口头上或用书面告谕别人都叫作“诰”。《尚书》中的“诰”大多是上级对下级的指示或统治者对臣民和群众的讲话。“诰”体大多记录讲话者的口语，一方面由于商、周时代的口语和近代口语距离很远，另一方面由于口语本身并不像书面文字那么有条理，往往重复琐碎，所以“诰”体文献比较生涩难懂，这也是《尚书》当中最难理解的部分。在《尚书》中，属于“诰”体的文献占了半数左右，是《尚书》中最重要的部分。

第五类是“誓”，例如《汤誓》。“誓”一般指的是出兵征伐时或交战前所宣布的誓师辞。属于“誓”体的文献在《尚书》中所占的比例仅次于“诰”体。“誓”辞大多讲究节奏音韵，力求简洁明了，比较容易读懂。

第六类是“命”，例如《文侯之命》。“命”本来就是“命令”的意思。《尚书》中的“命”是古代常见的一种“命辞”，它们大多数是君王奖励或赏赐某个臣子时所宣布的命令。《文侯之命》就是周平王对晋文侯所发布的一道奖令。属于“命”体的文献在《尚书》中很少。

由于《尚书》的篇章基本上是以上述六种文体为主，故《尚书》的文体也被习惯称之为“典谟训诰之文”。

可以说，《尚书》是一部朴素的上古时代历史档案汇编，其中最早的文献大约写成于公元前 14 世纪上半叶。《尚书》固定版本的出现，大约始于战国。自秦始皇下焚书之令，民间私藏的先秦古文《尚书》大都被烧毁。西汉初，经伏生从秦朝廷带出、私藏于家的秦隶《尚书》残卷出，几经传授，分成欧阳以及大、小夏侯三个今文家派。汉武帝时鲁恭王从孔子故居发现古文《尚书》，经孔安国献给朝廷，其中与今文《尚书》共有的篇章经孔安国传授，形成古文家派，多出的篇章被称为“逸书”。晋末的“永嘉之乱”使伏生所传的今文《尚书》与孔安国所献的古文《尚书》、“逸书”同丧于战火。东晋初年，豫章内史梅赜向朝廷献上古文《尚书》及孔安国的《尚书传》。唐初整理古籍的结果，致使孔安国所传的古文《尚书》失传，并令后出的伪孔传古文《尚书》成为《尚书》的唯一版本，一直流传至今。今本孔传古文《尚书》虽是伪作，却含有大量真实的成分，其价值虽因其为伪而稍损，却仍是研究华夏上古历史必不可少的文献。

二、作者推测与典籍流传

《尚书》约成书于战国时期，是中国古代最早的一部历史文献汇编。在早期，它被称为《书》，到了汉代被叫作《尚书》，意思是

"上古之书"。汉代以后，《尚书》成为儒家的重要经典之一，所以又叫作《书经》。这部书的写作和编辑年代以及作者情况都已很难确定，但在汉代以前就已有了定本。据说孔子曾经编纂过《尚书》，而不少人认为这个说法并不可靠。《尚书》所记载的历史，上自传说中的尧舜时代，下至东周（春秋中期），历时约1500多年。它的基本内容是古代帝王的文诰和君臣谈话的记录，由此可以推断作者很有可能是史官。作为我国最早的政事史料汇编，《尚书》记载了虞、夏、商、周许多重要史实，真实反映了这一历史时期的天文、地理、哲学思想、教育、刑法和典章制度等，对后世产生过重要影响，是我们了解华夏文明早期社会的珍贵文献。

《尚书》的真伪、聚散过程，极其复杂曲折。汉人传说先秦时《书》有100篇，其中《虞夏书》20篇，《商书》《周书》各40篇，每篇有序，题孔子所编。《史记·孔子世家》也说到孔子修《书》。但近代学者多以为《尚书》编订于战国时期。秦始皇焚书之后，《书》多残缺。今存《书序》，为《史记》所引，约出于战国儒生之手。汉初，《尚书》存28篇，为秦博士伏生所传，用汉时隶书抄写，被称为今文《尚书》。又，西汉前期，相传鲁恭王拆孔子故宅一段墙壁，发现另一部《尚书》，是用先秦六国时字体书写的，所以称古文《尚书》，它比今文《尚书》多16篇，孔安国读后献于皇家。因未列于学官，古文《尚书》未能流布。东晋元帝时，梅赜献伪古文《尚书》及孔安国《尚书传》。这部古文《尚书》比今文《尚书》多出25篇，又从今文《尚书》中多分出4篇，而当时今文本中的《秦誓》篇已佚，所以伪古文与今文合共58篇。唐太宗时，孔颖达奉诏撰尚书《正义》，就是用古今文真伪混合的本子。南宋吴棫以后，对其中真伪颇有疑义。明代梅鷟作《尚书考异》，清代阎若璩著《尚书古文疏证》等，才将古文《尚书》和孔安国《尚书传》乃属伪造的性质断实。2009 年，清华简中发现了部分早期版本的《尚书》，如若竹简来源可靠，可以对《尚书》的进一步研究起到积极的推动作用。

流传至今的《尚书》包括今文《尚书》和古文《尚书》两部分。从唐代以来，人们就把今文《尚书》和古文《尚书》混编在一起。2000 多年来，我国学术界一直对传世的《尚书》存在真伪之争。传统观点认为：现存版本中真伪参半。一般认为通行本的《尚书》59 篇中，有 25 篇伪作（加上书序，共 26 篇），所余 33 篇中，《舜典》合于《尧典》，《益稷》合于《皋陶谟》，《盘庚》上、中、下 3 篇合为一篇，《康王之诰》合于《顾命》，这样便成为 28 篇，与汉代伏生所传今文《尚书》篇目相合。这 28 篇是学术界一致公认的可靠资料。

历来注释和研究《尚书》的著作很多，代表性的著作有唐孔颖达的《尚书正义》、宋蔡沈的《书集传》、清孙星衍的《尚书今古文注疏》等，可供研究者参考。

三、《尚书》的主要思想内容

伪古文 25 篇暂且不论，33 篇真古文的内容大致如下：

《虞书》4 篇记载的是我国上古唐、虞时代的历史传说，包括唐尧禅位给虞舜，虞舜和他的大臣禹、皋陶等人有关政治的谈话等情节，这 4 篇都以虞舜为中心，所以称为《虞书》。

《夏书》2 篇中的《禹贡》记载了禹治水以后全国的地理面貌，是我国古代综述地理面貌的第一部文献，学术价值极高，人们现在普遍把它作为战国晚期的地理文献看待。另一篇《甘誓》记载禹的儿子启征讨诸侯有扈氏的誓师辞，内容都是夏朝初期的事情。

当然，目前学术界大多认为，《虞书》和《夏书》6 篇文辞都不是虞代和夏朝当时的历史记录，而是战国时期，甚至晚至秦代的作品。其中只有《甘誓》一篇已出现于战国前期学者墨子的著作中，只不过《墨子》引作“禹誓”，文字略有出入，可见这一篇的来源较早，至少在战国前期即已存在。

《商书》7篇，除第一篇《汤誓》记载商汤伐桀的事情以外，其余6篇都是商朝后半期的史料。其中《盘庚》3篇记载盘庚迁都于殷的时候告谕臣民的讲话。其余3篇都记载商朝末年的事，有2篇与商纣王有关。在这7篇中，只有《汤誓》被人们认为是后来追叙的历史传说，其余6篇都是比较直接的历史档案。

《周书》20篇可以分为两部分。前一部分包括从《牧誓》到《立政》，这14篇内容最为丰富，是全部《尚书》的精华所在。它们集中记载了周朝灭商以及周人如何巩固对殷人的统治等情况，主要内容以当时最为重要的政治家周公旦为中心人物；后一部分包括《顾命》以下的6篇，其中《顾命》和《康王之诰》从性质和内容、文字来看，本是一篇，所以，也可以说是5篇。一般认为，《周书》20篇大体都是可靠的真实档案文献，其中只有《洪范》似乎应是战国时期五行学家兴起以后的作品。

简言之，《尚书》的全部内容综合起来，大致可分为三组：

1. 关于尧、舜、禹、皋陶、启等人的远古历史传说；

2. 关于周朝建国初年的重要历史文献，尤其重点反映周公旦的活动；

3. 一些零散孤立的档案，所属时代也不尽相同，各篇只涉及某一事件，和其他篇章没有直接、必然的关联。

整体而言，当今学术界普遍认为《虞书》与《夏书》皆非虞、夏两代当时的历史文献，而是战国末期甚至晚至秦代之作。其中《甘誓》的来源不会晚于战国前期，不过，是否为夏后启的誓师辞，则未能确断。《虞书》4篇中的少量字句也被春秋、战国时期的思想家引用过，至于全篇文字的真实性如何，亦难以断定。《禹贡》一篇的内容，未曾见诸任何先秦著作，出现的时代可能最晚。

此外，作为主要记录虞夏商周部分帝王言行的《尚书》，它最引人注目的思想倾向，是以天命观念解释历史兴亡，为国家治理提供有效借鉴。当然，在周初以周公为代表的开明统治群体的倡导下，这种天命观念较之以往已有了理性的内核：一是敬德。比如“德惟善政，政在养民”（《尚书·大禹谟》），“皇天无亲，惟德是辅”（《尚书·蔡仲之命》），等等，从而将政权的合理性建基于统治者自身的道德修养上。二是重民。《尚书·泰誓上》说：“天矜于民，民之所欲，天必从之。”《尚书·泰誓中》云：“天视自我民视，天听自我民听。”《尚书·五子之歌》亦云：“民惟邦本，本固邦宁。”等等。因此，统治阶层不再视神意为最高准则，而是将施政的落脚点放在了民意和民心上。

四、《尚书》之劫难

《尚书》自成书以来，在此后2000多年的时间里，其流传先后经历了三次大的劫难：

（一）第一次劫难

秦始皇统一天下以后，颁布《焚书令》，禁止民间收藏图书，凡是民间收藏的《诗》《书》及诸子百家著作，全部都要送交官府，以集中烧毁。秦朝的焚书给《尚书》的流传带来了毁灭性的打击，原有的《尚书》抄本几乎全部被焚毁。到了汉代，政府开始重新重视儒学，今文《尚书》盛行。当然，关于秦朝焚书及其影响，学术界也有不同的看法。

（二）第二次劫难

西汉时期，相传鲁恭王在拆除孔子故宅的一段墙壁时，发现了另一部《尚书》，是用先秦六国时的字体书写的，人们称之为古文《尚书》。古文《尚书》经过孔子后人孔安国的整理，篇目比今文《尚书》多出16篇。后虽被孔安国献于朝廷，但由于未列官学，故古文《尚书》未能流布。

（三）第三次劫难

在西晋永嘉年间的战乱中，今、古文《尚书》全都散佚了。东晋初年，豫章内史梅赜给朝廷献上了一部《尚书》。这部《尚书》共有58篇，包括今文《尚书》33篇、古文《尚书》25篇。现今流传2000多年的《尚书》，全都是根据梅赜所献的这个本子编修的。

《尚书》版本的形成、流传确实经历了错综复杂的历史过程，而且今天所见到的《尚书》文本也是真伪并存。虽然《尚书》文本当中存在不少伪的内容，但由于它的形成时间较早，且一直备受儒家重视，因而其文献价值依然很大。

五、《尚书》的历史地位及影响

总而言之，《尚书》是儒家经典文献之一，也是一部先秦历史文献的汇编。《尚书》所保存的商、周时期的诰、誓等材料，是历史学家研究先秦史不可或缺的依据，其中的一些述古之作，由于写作时代较早而具有极高价值。它还保存了我国上古时代思想和文化发展的材料，为思想史、文化史的研究者所重视。从汉武帝设立五经博士开始，其经书地位就从未动摇。它一直被视为中国封建社会的政治哲学经典，既是帝王的教科书，又是贵族子弟及士大夫必修的功课，在历史上很有影响。《尚书》的成书、整理、流传过程极为复杂，历史上曾出现过多种书写字体、卷帙构成、具体内容不同的版本；部分内容曾经由帝王朝廷组织学者整理、校勘，颁布为“定本”。今本的主体部分至迟出现于东晋；其部分篇目内容的来源可靠性从南宋开始就遭受怀疑。清初，这些篇目在主流学术界被判定为“伪书”，甚至被排除出《尚书》的内容。近十多年来，随着出土文献研究的不断进展，学界对今本的定位问题也展开了进一步反思。

（李友广）

明道辨事　微言大义——《春秋》

《春秋》以特有的笔法记载历史，于一字一言之中，寓意褒贬，古人称之为微言大义。孟子认为“孔子成《春秋》而乱臣贼子惧”（《孟子·滕文公》）；司马迁肯定《春秋》明王道，辨人事，别嫌疑，明是非，定犹豫，善善恶恶，贤贤贱不肖，暗含着王道政治的重要内容。《春秋》将仁义道德等人性内容作为评判历史人物、事件等的标准，“不怒而人威，不赏而人劝”（孔颖达《春秋正义序》），充分发挥了人文批判、价值评价的社会历史作用，影响十分深远。

一、《春秋》概述

关于《春秋》名称的由来及其含义的变化，许多前辈学者都有过考证分析。目前学界已形成一些基本共识：春夏秋冬四时之名之义均见于《说文解字》，朱骏声《说文通训定声》指出：“春夏秋冬四时并本字本义。”四时之名的出现大概在西周之前，春秋二季的分法基本源自商代。陈梦家《殷墟卜辞综述》认为，春秋时代以前只有两季，卜辞中称为“春秋”。西周时期经常连用“春秋”二季，如“春秋修其祖庙”（《礼记·中庸》）、“春秋，以礼会民而射于州序”（《周礼·地官·州长》）等。

以时节之“春秋”命名典籍史册，较早见于《国语·楚语上》，当时太子傅士亹就关于如何教育太子的问题请教申叔，申叔认为：

“教之《春秋》，而为之耸善而抑恶焉，以戒劝其心；教之《世》，而为之昭明德而废幽昏焉，以休惧其动；教之《诗》，而为之导广显德，以耀明其志；教之《礼》，使知上下之则；教之《乐》，以疏其秽而镇其浮；教之《令》，使访物官；教之《语》，使明其德，而知先王之务，用明德于民也；教之《故志》，使知废兴者，而戒惧焉；教之《训典》，使知族类，行比义焉。”这里的春秋、世、故志、训典等属于历史典籍，有不同的功用，而“春秋”居首位。《国语·晋语七》提到“羊舌肸（叔向）习于春秋”，“春秋”记载各诸侯行为，“以其善行，以其恶戒”。所以，晋悼公命叔向为太子傅。可见，“春秋”是史书的通名。《墨子·明鬼篇》甚至载有“周之春秋”“燕之春秋”“宋之春秋”“齐之春秋”，即四国国史的说法。《左传·昭公二年》，晋韩宣子聘鲁，“观书于大史氏，见《易》《象》与《鲁春秋》”。“鲁春秋”即为鲁国编年史。

“春秋”由通名变成鲁国史书专名，见于《孟子·离娄下》所云：“晋之乘，楚之梼杌，鲁之春秋，一也。”“乘”是晋国的国史书名，“梼杌”是楚国国史书名，依《墨子》说法，即是晋国“春秋”与楚国“春秋”。鲁国国史没有特别的名称，直接称为“春秋”。随着儒家学说的发展与影响，“春秋”的概念范围缩小，最终成为鲁史的专称。

今本《春秋》是鲁国的编年史，也是我国现存最早的编年体史书。书中所记，始自鲁隐公元年（周平王四十九年，前722），终于鲁哀公十四年（周敬王三十九年，前481），包括隐、桓、庄、闵、僖、文、宣、成、襄、昭、定、哀十二公，共242年。

《春秋》16000余字，从所载内容看，包括侵伐、朝聘、会盟、杂事，以及其他国家向鲁国做过正式通报的大事情。这些内容按年分若干条，每条或几个字，或100字左右，类似于现在的报纸标题。因此，后代有学人称《春秋》为“断烂朝报”，或视《春秋》为“流水账簿”。

关于《春秋》的作者，有学者认为不是孔子所作或所修，比较有代表性的人物有近代古史辨派的钱玄同、顾颉刚，以及现代学人杨伯峻、赵伯雄等；有学者认为是孔子所作或所修，比较有代表性的人物有范文澜、白寿彝、卫聚贤、沈玉成、刘宁等。笔者倾向于孔子修订、整理过鲁国旧史，由鲁之《春秋》笔削为儒家后学所传《春秋》，即今天我们所看到的《春秋》。

最早记述孔子作《春秋》的是《孟子》，一处是《滕文公下》，孟子说：“世衰道微，邪说暴行有作，臣弑其君者有之，子弑其父者有之。孔子惧，作《春秋》。《春秋》，天子之事也。是故孔子曰：‘知我者其惟《春秋》乎！罪我者其惟《春秋》乎！’……昔者禹抑洪水而天下平，周公兼夷狄驱猛兽而百姓宁，孔子成《春秋》而乱臣贼子惧。”一方面指出孔子作《春秋》的原因，另一方面指出《春秋》的作用。一处是《离娄下》：“王者之迹熄而《诗》亡，《诗》亡而后《春秋》作。晋之《乘》，楚之《梼杌》，鲁之《春秋》，一也。其事则齐桓、晋文，其文则史。孔子曰：其义则丘窃取之矣。”一方面讲晋国、楚国、鲁国的国史内容相近；另一方面，鲁之“春秋”经过孔子的整理则“义”在其中，这是与晋国、楚国国史不一样的地方，也是孔子成《春秋》而让乱臣贼子有所惧的原因。

至于孔子是如何取鲁国史《春秋》之“义”而成今本《春秋》的，司马迁在《史记·孔子世家》中做了进一步说明：“子曰：‘弗乎弗乎，君子病没世而名不称焉。吾道不行矣，吾何以自见于后世哉？’乃因史记作《春秋》，上至隐公，下讫哀公十四年，十二公。……孔子在位听讼，文辞有可与人共者，弗独有也。至于为《春秋》，笔则笔，削则削，子夏之徒不能赞一辞。”可见，孔子依据旧史记载而作《春秋》，具体方法是“笔则笔，削则削”，即是对旧史的重新处理，有保留，有删减，标准则是“义”。现在来看，与其说孔子作《春秋》，不如说孔子编订、整修鲁国《春秋》而成今日所见《春秋》更精确一些。经过孔子笔削整理，《春秋》成为亦经亦史的文化经典。

二、春秋学的发展历史

孔子在鲁史《春秋》基础上进行编修，突显其中大义，可以说是最初的春秋学。《韩非子·内储说上》载：“鲁哀公问于仲尼曰：‘《春秋》之记曰：冬十二月陨霜不杀菽。何为记此？’仲尼对曰：‘此言可以杀而不杀也。夫宜杀而不杀，桃李冬实。天失道，草木犹犯干之，而况于人君乎！’”本来，《春秋》记载这种现象表示异常，和其他记载的日食、水灾一样，而当鲁哀公问到此问题时，孔子却以天道贯通人道。可见，孔子在解读《春秋》的时候，已经把自己的思想、主张、观点融入其中。

《春秋》大义的阐发，更多体现在解经之“三传”的叙述和议论里。《汉书·艺文志》记载，古代王室都有史官，记言记事。周王朝时，史籍残缺。孔子“以鲁周公之国，礼文备物，史官有法，故与左丘明观其史记，据行事，仍人道，因兴以立功，就败以成罚，假日月以定历数，借朝聘以正礼乐。有所褒讳贬损，不可书见，口授弟子，弟子退而异言。丘明恐弟子各安其意，以失其真，故论本事而作传，明夫子不以空言说经也。《春秋》所贬损大人当世君臣，有威权势力，其事实皆形于传，是以隐其书而不宣，所以免时难也。及末世口说流行，故有公羊、穀梁、邹、夹之传。四家之中，公羊、穀梁立于学官，邹氏无师，夹氏未有书”。

这里提到的首先是成书于战国中叶的《春秋左氏传》。孔子编订鲁史《春秋》后，讲授给弟子。孔子死后，因其弟子众多，所传经义已有分歧。左丘明以史事解释《春秋》，为《春秋》作传。《公羊传》《穀梁传》基本也出现于战国中后期，只是最初没有固定文本，属于师徒父子间的口耳相传。到汉代景帝时，《公羊传》由公羊寿、胡毋生写成定本，而《穀梁传》的定本还要稍晚一些。正因为此，公羊学于汉景帝时被立于学官，穀梁学于汉宣帝时被列入学官。左传学在西汉始终没有受到重视。西汉末年，刘歆站出来大声疾呼，朝廷开始树立研究左传学派的官方地位。经过几次辩论，直到东汉初年，左传学得以立为学官。《邹氏春秋传》为战国时代作品，当时有其定本，但后来失传。《夹氏传》在刘向、刘歆父子编著的《七略》中有收录，但在班固作《汉书·艺文志》时已佚失。所以，最初五家解经之传，最后只有《左传》《公羊传》《穀梁传》“三传”流传较广并最终取得经典地位。

“三传”解经各具特色。《左传》是一部单行独立的书，西汉时今文经博士认为“左氏不传《春秋》”。究其实，左氏以事例解经，通过对经文中所涉及的人或事的详细描述，人们了解了当时的时代背景。如比较有代表性的宣公二年“赵盾弑其君夷皋”，《左传》讲述晋灵公的残暴，赵盾的进谏过程，灵公派人暗杀赵盾，最后赵盾杀灵公，史官记录为赵盾弑其君。可见，《左传》解经是以补充史实为特点。正是因为这种特点，《左传》成为不朽的史学和文学名著。

《公羊传》是经学家所认可的解释《春秋》的“传”，是以义解经。这种解释主要采取自问自答的方式，对经文逐字逐句提出问题，逐个回答，逐渐深入，凸显大义。如《春秋》第一条经文“春王正月”，公羊家解释为：“元年者何？君之始年也。春者何？岁之始也。王者孰谓？谓文王也。曷为先言王而后言正月？王正月也。何言乎王正月？大一统也。公何以不言即位？成公意也。”公羊家正是这样通过对经文的逐字解析，论述大一统的思想。

《穀梁传》也是经学家认可的传义之文，其解经方式与《公羊传》相似，所阐述的经义与《公羊传》也有相似之处。但《穀梁传》发挥经义的方法主要是运用日月时例。日月时例，是指《春秋》记事或记日期，或记月份，或记季节，记法不同，所表达的褒贬大义不同。如隐公元年：“三月，公及邾仪父盟于眛。”《穀梁传》解释：“及者何？内为志焉尔……不日，其盟渝也。”即经文不书日，是此次盟约被破坏了，以不书日表达批评之义。成公十二年：“秋，晋人败狄于交刚。”《穀梁传》解释：“中国与夷狄不言战，皆曰败之。夷狄不日。”其中讲到两个书例，一是中国与夷狄之间发生战争，用“败之”；一是记载与夷狄的战事，是不书日的。通过这两个书例，表达《穀梁传》的排斥夷狄之义。《穀梁传》以日月时例阐发经义，后学者或认为“失之迂”“失之凿”，或认为“精深”。

春秋学从先秦到近代，其研究内容随时代的变化而变化。

先秦时期，春秋学已有所分化，“三传”从各自角度解释《春秋》，孟子则对《春秋》做总体评价，荀子春秋学则兼采“三传”。汉代时，春秋学成为显学尤其是公羊学。一方面，经过董仲舒等学人对春秋的适时改造，《春秋》被用于治国、断狱等，体现出实用的实践意义；另一方面，今文学者们探究《春秋》大义的学术意义，古文经出现后引起了经学内部的派别斗争，使春秋学也各具师承特色。当然，也有经学家主攻一传，兼采其他，如郑玄既宗《左传》，又兼《公羊传》《穀梁传》之义。正是由于两汉《春秋》经学性质的大书特书，《春秋》本身的史学性质有被忽略的倾向。

魏晋南北朝时期，社会政治动荡，经学地位有所下降，但对《春秋》的研究却出现了一个小综合时期。这一时期的“三传”各有其注疏集解著作，偏于训诂义疏，影响深远。如杜预《春秋经传集解》是对《左传》的注解，后学者研究《春秋》《左传》，或推崇杜注，或批判杜注，可见其影响力。范宁《春秋穀梁传集解》虽是对《穀梁传》的解释，但其中也有对“三传”的总体评价：“左氏艳而富，其失也巫；穀梁清而婉，其失也短；公羊辩而裁，其失也俗。”从而对《公羊传》《左传》某一方面的解经也有所吸收。北朝徐彦《公羊传疏》不仅对《公羊传》中的问题有进一步的说明，而且对汉代何休注解《公羊传》做了进一步解释、阐发。可以说，徐彦《公羊传疏》是对前人《公羊传》注解的总结。同时，这一时期，学人重视《春秋》的史学性质，推崇《左传》，出现了一批编年体史书，如《汉魏春秋》《后汉纪》《晋纪》等。

隋唐五代时期，国家统一为学术发展提供了比较稳定的环境。一方面，经学实现统一，《五经正义》中《春秋左传正义》被定为官学，成为当时科考的标准。另一方面，怀疑、不满官方注疏之经的风气日盛，开启唐中后期以至宋庆历年间的疑经惑古的新学风。刘知几对《春秋》经文提出“未谕”者十二，“虚美”者五，进而又从史学角度讨论《春秋》的性质，指出《春秋》开启了史学体例；啖助、赵匡、陆淳春秋学派以经批判“三传”，提出要直探经旨，又提出《春秋》“以史制经，以明王道”（《春秋集传纂例》卷一《春秋宗旨议》），突显了《春秋》以史济世的功能。

宋代，春秋学成为显学，其经学和史学的特性互相映照。从经学特性看，宋代春秋学经历了一个演变过程：初则间接参与理学的形成，后来完全从属于理学，最终在最高层面发挥其现实作用。如“宋初三先生”中孙复《春秋尊王发微》，批判汉唐训诂式《春秋》研究，重申《春秋》中的伦理道德规范。王安石虽有《春秋》“断烂朝报”之说，但间接地为春秋学发展指明了新的致思方向。二程以

“理”阐释《春秋》，《春秋》成为“理”的现实载体。朱熹承认《春秋》的经典地位，反对前人注解《春秋》的主观性、臆度性，主张在《春秋》所载史事中掌握《春秋》大义，并依此更深刻地理解“天理”。

宋代学人治史深受《春秋》书例、尊王观、夷夏观、大一统观念等影响，如李焘《续资治通鉴长编》即为编年体史书；欧阳修《新五代史》中“家人传”列传之首，记录五代宗室与后妃；欧阳修作《正统论》，提出正统的标准是“王者大一统”“君子大居正”；司马光《资治通鉴》也认为九州统一是评判正统的标准。

元明时期，经学衰微。一方面是官方的统一经义，如元朝时科考中《春秋》以“三传”及宋代胡安国《春秋传》为准，明代官方颁行《五经大全》，其中的《春秋大全》借用元人汪克宽《春秋胡传附录纂疏》，其书也是以胡安国《春秋传》为主；另一方面，春秋学在民间的发展继续义理化，如吴澄、程端学、赵汸等人对《春秋》的研究。此外，这一时期学人也探讨《春秋》“史法”“经法”等。

清代初期，学者反对宋人的臆度说经，主张实证、考据，汉学盛行。这一时期的春秋学主要表现为训诂、校勘，涉及礼制、地理、音韵、天文历法等，于经义发挥有限。如毛奇龄《春秋毛氏传》、顾栋高《春秋大事表》、惠栋《左传补注》、洪亮吉《春秋左传诂》等。晚清时，因时代所至、学术所归，《春秋》公羊学成为主流。刘逢禄《春秋公羊经何氏释例》，是对汉代何休《公羊解诂》的全面解释、阐发。廖平著有《公羊解诂十论》《公羊解诂续十论》等公羊学专著，是对汉代董仲舒、何休的公羊学理论的修正和补充，其中对“素王”的解释启发了日后维新派的变法主张。康有为治《春秋》推崇公羊学，推尊董仲舒春秋学，通过改造公羊学中的孔子改制思想、三世说，为其变法奠定理论基础。清代春秋学的史学性质也有所体现，如章学诚大力阐发“六经皆史”说。

近现代以来，对《春秋》的研究方式基本由经学转向史学，集中于《左传》研究，并逐渐科学化。这方面影响较大的是古史辨派，代表人物是顾颉刚、钱玄同，他们延续了明清疑古考辨学风。顾颉刚提出“层累地造成的古史观”，并撰写文章证明《左传》是刘歆改造之书。以疑古为理论基础的学人们虽然提出了一些新的论断，但也在一定程度上表现出武断、偏激的一面。其后学者开始反省古史辨派学说的极端，采取了比较审慎的态度，如杨向奎提出《左传》是《春秋》之传，成书年代不会在战国中期以后；童书业直接指出所谓刘歆伪造说是武断之论，不可信；周予同谈到关于《春秋》《左传》的问题，更多采用陈列各方观点，做经学史的研究；杨伯峻为《左传》作注，并指出《左传》成书时间在战国中期。

当代对《春秋》的研究，呈现出或通史或专史的学术研究特点，视角多元，有一定的理论深度与广度。如赵伯雄《春秋学史》，论述了先秦至清代春秋学的发展；沈玉成、刘宁《春秋左传学史》梳理了左传学的发展历史；马勇《汉代春秋学研究》专门阐述汉代春秋学的发展特点；陈苏镇《汉代政治与春秋学》从政治文化的角度论证汉代春秋学的作用；陈其泰《清代公羊学》探讨公羊学与清代社会变迁、学术风气的关系；等等。

三、《春秋》的研究价值

《春秋》是孔子笔削鲁国旧史而成的编年体史书，兼具经学和史学的性质，其研究价值，主要表现在以下几个方面：

其一，《春秋》大义。学者研究《春秋》，离不开所谓“大义”。旧史《春秋》经过孔子修订，文辞简略，16000 多字，字字句句蕴含深刻内容，即“微言大义”，这也是大多数学者治《春秋》的方向和目标。汉代司马迁肯定《春秋》之“义”，认为“《春秋》之义行，则天下乱臣贼子惧焉”；《孔子世家》指出《春秋》大义的政治功用。《史记·太史公自序》称：“《春秋》以道义……为人君父而不通于《春秋》之义者，必蒙首恶之名。为人臣子而不通于《春秋》之义者，必陷篡弑之诛，死罪之名。”意指社会各阶层应通晓《春秋》大义。《春秋》大义内容是什么？司马迁说：“余闻董生曰：‘周道衰废，孔子为鲁司寇，诸侯害之，大夫壅之。孔子知言之不用，道之不行也，是非二百四十二年之中，以为天下仪表，贬天子，退诸侯，讨大夫，以达王事而已矣。’……夫《春秋》，上明三王之道，下辨人事之纪，别嫌疑，明是非，定犹豫，善善恶恶，贤贤贱不肖，存亡国，继绝世，补敝起废，王道之大者也。”（《史记·太史公自序》）孔子所持之义，关键在于“达王事”“明王道”。后学者继续探寻其中大义，或着眼于学术意义的论证，如春秋学，或着眼于史学意义的阐述，如春秋笔法，或着眼于现实价值的发挥。

其二，春秋笔法。即书例，就是孔子修订《春秋》的书写原则，在文笔曲折中寄寓褒贬之义的写作方法。司马迁讲孔子因史作《春秋》：“约其文辞而指博。故吴楚之君自称王，而《春秋》贬之曰‘子’；践土之会实召周天子，而《春秋》讳之曰‘天王狩于河阳’：推此类以绳当世。贬损之义，后有王者举而开之。”（《史记·孔子世家》）文约而指博，即在词语运用上，蕴含贬损之义，以一字褒贬来体现微言大义，也就是春秋笔法。西晋杜预在注解《左传》时，对书中的记事体例进行了总结，并著有《春秋释例》。后来学者虽对释例的牵强附会不甚满意，但仍旧认同笔削含有大法，出现了专门研究书例的著作。春秋笔法对后世史学著作、史学理论、史学思想都有深刻影响，以至于有学者从经学角度专门探讨春秋笔法，更延伸至文学、新闻学、语言学等学科领域。

其三，政治思想。传统观点认为《春秋》是孔子所作，或者经过孔子的修订，寄托着孔子的政治理想。虽然在《春秋》的性质与作者方面，人们还有不同的看法，但毋庸置疑的是，《春秋》中包含着大量的政治思想，可以被视作政治学著作。通过对历史得失成败的总结，以及蕴藏在字里行间的扬善抑恶的伦理评价，《春秋》对后世政治理念与实践产生了深远影响。

（侯步云）

修道保法　重人尚变——《孙子兵法》

《孙子兵法》是我国现存最古老的兵书，也是我国军事文化的重要经典。它排除宗教想象对军事活动的干扰，完全理性地探讨治军、用兵等军事活动规律，总结取得战争胜利的战略、战术、实战经验等，蕴含着丰富的军事辩证思想，对后世影响深远，在世界军事史上也占有重要地位，产生了跨领域的国际性影响。

一、《孙子兵法》概述

《孙子兵法》的作者是春秋末期著名的军事家孙武。

孙武，字长卿（生卒年月不详，约与孔子同时，约前545—前470），齐国贵族的后裔，曾潜心研究兵家之学。公元前532年（齐景公十六年），齐国发生“四姓之乱”，孙武出奔吴国，“以兵法见于吴王阖庐”（《史记·孙子吴起列传》），阖庐亦称阖闾。1972年山东临沂银雀山一号汉墓出土的《吴问篇》残简，记载了孙武和吴王关于晋国六卿“孰先亡，孰固成”的答问。孙武认为亩大、税轻者可以“固成”，得到吴王的赞许。可见，孙武不仅擅长军事，而且也是具有改革图强意识的政治家。

孙武受到吴王阖闾重用，同伍员（伍子胥）等大臣辅助吴王治国练兵。经过数年准备，公元前506年（吴王阖闾九年），孙武建议与蔡、唐两国联盟。他辅佐吴王率大军进攻楚国，柏举之役，大败楚军，占领了楚国首都郢（今湖北江陵北）。因此《史记·孙子吴起列传》说："西破强楚，入郢，北威齐晋，显名诸侯，孙子与有力焉。"后来，由于吴国内部纷争不断，孙武闭门不出，对历史上和他自己经历的战争经验进行总结和理论提升，授徒讲学，经过许多门徒、学生和前来请教者的口传笔录，代代相传，从春秋末到战国初，逐渐形成一部内容丰富的军事理论著作。

班固《汉书·艺文志·兵书略》著录的《孙子兵法》有两种，一为《吴孙子兵法》，另一为《齐孙子（兵法）》。这里，《吴孙子兵法》是孙武的兵法，即人们习称的《孙子兵法》；而《齐孙子（兵法）》是孙武的后代孙膑所写的兵法。这两部兵法之间的关系，过去曾引起学者间的争论，有人认为二者其实就是一部书，有人主张是不同的两部书。直到银雀山汉墓竹简出土，人们发现其中有《孙子兵法》和《孙膑兵法》两种书，二者并不相同。竹简本《孙子兵法》13 篇已单独成书，另附佚书 5 篇；《孙膑兵法》16 篇，即久已失传的孙膑所著《齐孙子（兵法）》①。

"兵法"就是《孙子兵法》中频繁出现的"用兵之法"（见《作战》《谋攻》《军争》《九变》《九地》等篇）的简称，主要讲治兵、用兵等军旅之事。我国春秋时代的贵族已有讲兵法的书，叫作《军志》《令典》，提出了"先人有夺人之心，后人有待其衰"（《左传·昭公二十一年》）、"允当则归""知难而退"（《左传·僖公二十八年》）等简要的作战原则。到春秋战国之际，由于兼并战争规模扩大和战争方式的改变，产生了专门指挥作战的将帅和研习用兵之法的军事理论家，孙武是其中最杰出的代表。

今本《孙子兵法》共有 13 篇，约 6000 字。从结构上看，大致可

① 曾宪通：《试谈银雀山汉墓竹书孙子兵法》，《中山大学学报》1978 年第 5 期；兰永蔚：《〈孙子兵法〉时代特征考辨》，《中国社会科学》1987 年第 3 期。

分为四个部分。《计》《作战》《谋攻》3篇组成第一部分，主要讲战略。以计谋为先，重视出兵之前的“庙算”，把战争作为一个综合事件，从道、天、地、将、法等方面进行通盘考虑，继而讲野战和攻城，使人对战争有总体上的了解。第二部分包括《形》《势》《虚实》3篇，主要讲战术，如何因时、因地、因敌采取相应的措施，兵力的投入什么地方多、什么地方少，即所谓用兵之妙。第三部分包括《军争》《九变》《行军》《地形》《九地》5篇，讲实战，如何在战场上灵活、机动、迅速、多变地打击敌人，所谓“雷动风举，后发而先至，离（分离）合（汇合）背（后退）乡（向前），变化无常，以轻疾制敌者也”（《汉书·艺文志·兵书略》）。第四部分由《火攻》《用间》两篇组成，讲火攻和间谍的具体使用方法，是对实际战争经验的总结。

《孙子兵法》在现当代影响较大的注本有郭化若将军《孙子译注》（上海古籍出版社1983年版），研究著作可参考杨丙安《十一家注孙子校理》（中华书局1999年版）和李零《〈孙子〉十三篇综合研究》（中华书局2006年版）等。

二、《孙子兵法》的主要思想内容

从思想内容上看，《孙子兵法》表现出把握整体、强调人的主观努力、注重变化的思想特征。下面对此进行简要说明：

第一，从整体上认识和把握军事活动。《孙子兵法》没有简单地以兵论兵，而是把军事活动放到人类社会活动的整体中考虑，重视敌我双方政治经济实力的比较，讲大计、重谋略，具有明显的系统性思维特征。

《孙子兵法》一开篇就提出“兵者，国之大事，死生之地，存亡之道，不可不察也”（《孙子兵法·计》），指出用兵打仗是国家大事，关系到军民的生死、国家的存亡，必须高度重视，认真考察研究。就是说，国君和大臣在战争发生之前必须进行全局谋划，仔细比较敌我力量，权衡利弊得失，如果胜算大，才选将出征。

从哪些方面着手制定战略计策呢？孙子明确提出，“五事”“七计”是决定战争胜败的基本因素。“五事”就是“道”“天”“地”“将”“法”；“七计”是围绕“五事”进行七个方面的比较。

在“五事”“七计”中，“道”都居于首位，最为重要。按照孙子解释，“道者，令民与上同意”（《孙子兵法·计》）。“道”是民众与君主心往一处想，劲往一处使，即老百姓与统治者的关系，实质上是战争背后的政治，包括战争的合法性、通过战争要达到的政治目的、确立的政治原则，孙子将其视为决定战争胜败的首要因素。

除此之外，“天”“地”即天时（昼夜、阴晴、寒暑等季节情况）、地利（高山洼地、远途近路、险要平坦、广阔狭窄、死地生地等地形条件），这也是制定战略时要考虑的。①

“将”是军队的管理者和指挥者，是整个军队的核心，对战争胜败负有直接责任，孙子认为将领必须具备“智、信、仁、勇、严”五德，有深谋远虑之智、赏罚分明之信、爱兵如子之仁、冲锋陷阵之勇、令行禁止之严。

“法”是军法，凡与军队编制、后勤、配给、训练有关的诸多事项都属于军法，孙子主要强调“曲制、官道、主用”三个方面，就是军队的组织建制，在此基础上形成的将吏职责即军队指挥系统，还有粮道和军需军械等与后勤保障有关的情况。

“五事”既明，再从七个方面比较敌我双方的优劣：“主孰有道？

---

① “高山洼地”等词请参见孙武撰、曹操注、郭化若今译：《孙子兵法》，上海古籍出版社，2006，第5页。也见于郭化若：《孙子译注》，上海古籍出版社，1984，第37页。

将孰有能？天地孰得？法令孰行？兵众孰强？士卒孰练？赏罚孰明？”（《孙子兵法·计》）看哪一方君主的政治开明；哪一方将帅的指挥高明；哪一方占有天时地利；哪一方法令能贯彻执行，纪律严明，令行禁止；哪一方军队装备配给有充分保障；哪一方兵卒训练有素；哪一方赏罚公正严明。

由上面列举的“五事”“七计”可以看出，孙子认为应从整体上把握军事现象，在战前全面系统地考虑涉及战争的各个方面，如古人所论“凡攻伐之道，计必先定于内，然后兵出乎境”（《管子·七法》）。要打胜仗必须有战略眼光，能够看到战争不仅靠战场上的厮杀，也是战争指挥者智慧的比拼，更是敌我双方国力（以政治、经济为主）的较量。

孙子还具体指出：“兵法：一曰度，二曰量，三曰数，四曰称，五曰胜。地生度，度生量，量生数，数生称，称生胜。”（《孙子兵法·形》）敌对双方力量的对比是这样产生的：双方都有面积不同的土地（度），一定面积的土地缴纳一定容量的军粮（量），征发一定数量的士兵（数），于是敌我的实力就可以比较（称），比较的结果，有优势的一方胜算就大（胜）。在当时的历史条件下，兵、农是战争之本，这就突显了经济基础在战争动员等军事活动中的重要地位和作用。

在比较双方实力以后，孙子指出，百战百胜不算是最高明的，不用战争而以政治经济等综合实力迫使敌人屈服，才是最明智的，即所谓：“百战百胜，非善之善者也；不战而屈人之兵，善之善者也。”（《孙子兵法·谋攻》）

正是基于这些认识，孙子提出“兵贵胜，不贵久”（《孙子兵法·作战》）的作战原则。战争如果不能迅速取得胜利，旷日持久，必然导致国力衰竭，甚至国破家亡，“其用战也，胜久则顿兵挫锐，攻城则力屈。久暴师则国用不足。夫顿兵挫锐，屈力殚货，则诸侯乘其弊而起，虽有智者，不能善其后矣。故兵闻拙速，未睹巧之久也。夫兵久而国利者，未之有也。”（同上）孙子对用兵之害保持着清醒的认识。所以，他主张：“善用兵者，修道而保法，故能为胜败之政。”（《孙子兵法·形》）要掌握战争胜败的决定权，就要修明政治，军民一心，积极发展生产，充实国家的财力物力。

第二，重视人的自觉性（或主观能动性）。《孙子兵法》强调在战争过程中，对敌我行动的分析研判、战争主动权的取得、行动计划的落实等都离不开人的主观努力。

大敌当前，一切都以实力为依据，感情用事或依赖鬼神都将造成不可挽回的损失。因此，孙子论人的自觉性，首先表现在对人之清醒冷静的理智态度的充分重视。孙子屡言“知”（即人的预见性，分析、判断、理解的能力）。在《计》篇，通过“五事”“七计”对敌我双方实力进行比较，看谁得胜的可能性大，“以此知胜负”，就是说战争胜负的大局是能够经过比较计算来判断的。《谋攻》篇更有孙子的名言：“知彼知己，百战不殆；不知彼而知己，一胜一负；不知彼不知己，每战必殆。”《地形》篇也说：“知彼知己，胜乃不殆；知天知地，胜乃可全。”孙子认为战争的指挥者只有对彼己双方的情况、天时地利等影响战争的因素有清晰认识，才能做出正确判断，制定相应的行动方案。孙子把从实际情况出发的理智思考（知）作为其思想的重要基础，具体的战略部署和实战原则都在这个思想指导下制定。

将领是军队的统帅，战争的实际指挥者，孙子非常重视将领的作用。“夫将者，国之辅也。”（《孙子兵法·谋攻》）“知兵之将，民之司命，国家安危之主也。”（《孙子兵法·作战》）他认为将领是辅助国家的骨干，关系到国家的强弱，并把深知用兵之法的将领比作天上专门掌管民众性命的“司命”之星，能够使人民避免过多的牺牲，使国家转危为安。

孙子提出两个重要命题，一个是“胜可知，而不可为”（《孙子兵法·形》）；另一个是“胜可为也”（《孙子兵法·虚实》）。二者看似互相矛盾，实则大有深意。

前一个命题是说，敌我实力的强弱可通过事先比较计算而知道，实力强的一方取胜的可能性大，但并不等于一定会取得胜利，历史上以弱胜强的战争实例很多。所以，实力强只是一方面，另一方面还要看将领如何用兵，扬长避短，把己方的优势发挥到极致，这就引出了后一个命题——“胜可为也”。孙子认为战争的胜利是可以通过人的主观努力获得的，优秀的将领是“善战者”或“善用兵者”，能够根据战场具体情况采取应对措施，克敌制胜。其突出表现是“致人而不致于人”（《孙子兵法·虚实》），牢牢掌握战场主动权，能够调动敌人而不被敌人调动。具体而言，就是要求军队指挥者在确保己方不犯错或少犯错的前提下，制造假象，迷惑敌人，尽量引导敌方多犯错、犯大错，进而抓住时机，“攻其无备，出其不意”（《孙子兵法·计》），给敌人意想不到的致命打击。

因此，“兵非贵益多也，惟无武进，足以并力、料敌、取人而已”（《孙子兵法·行军》），兵力并不是越多越好，只要不盲目冒进，并且能够集中力量、判明敌情、战胜敌人，就有望取胜。可见，对于将帅来说，用兵在于发挥主观能动性，讲究足智多谋。

第三，重视变化，强调在变化中思考和行动。战场局势，瞬息万变，各种现象错综复杂，用兵之法，讲求因敌变化。《孙子兵法》对军事活动的理论思考揭示了许多由敌我形势变化而起的相反相成的对立范畴，具有很强的辩证性。

战争是事物矛盾运动最尖锐、最剧烈的一种形态，它要求参战者迅速掌握战场的具体情形，不断观察、了解、分析、权衡、判断、决策，直接针对对方采取行动。战争中的任何一方都不是全知全能的，任何军事计划都要落实到军队的实际行动中，在行动中不断修正、改变。战争的动态性本质说明人们不能局限、拘泥、束缚于现成的认识框架，它不允许人们从容不迫地论辩、剖析，而是迫使人们最大限度地进行开放性思考，通过战争的艰苦实践训练出来的思维方式是灵活多变、注重实效的。

孙子清楚地认识到这一点，提出“兵者，诡道也”（《孙子兵法·计》）、“兵以诈立”（《孙子兵法·军争》）等命题，就是说用兵是一种诡诈的行为，它千方百计地隐蔽己方的意图，又想方设法诱导敌方犯错。孙子进一步用“形”和“势”这两个概念进行解释。

“胜者之战民也，若决积水于千仞之溪者，形也。”（《孙子兵法·形》）孙子用比喻的方法说胜利者指挥军队作战，就像掘开在极高处的积水一样，积水的重量加上奔腾而下的速度能产生巨大的冲击力，打垮对方。“形”首先是拥有强大的实力基础，然后在运动变化中使实力得到最大的发挥，善于防守，则“藏于九地之下”；善于进攻，则“动于九天之上”（《孙子兵法·形》），自己立于不败之地，而迫使敌人露出破绽。“善战人之势，如转圆石于千仞之山者，势也。”（《孙子兵法·势》）“势”就像高山之上的圆石飞滚而下，形成不可阻挡的力量，就是说在战场上要造成对己方有利的态势，顺势而下形成强大的攻击力。“形”与“势”互为表里，不可分离，目的就是在运动变化中寻找机会，通过高效的指挥系统，根据敌情及时调整计划，取得胜利。

孙子用“神”和“巧”说明善于应变带来的效果。他把实战比喻为水的流动，说：“兵形象水，水之行，避高而趋下，兵之形，避实而击虚。水因地而制流，兵因敌而制胜。故兵无常势，水无常形，能因敌变化而取胜者，谓之神。”（《孙子兵法·虚实》）因敌变化就是不凭主观臆断制订作战计划，也不墨守成规，而是随机应变，使己方始终处于主动和有利的地位，取得战争胜利，这就是“神”。只有善变，出其不意，才能在决战中以隐蔽性和突然性给敌方造成致命打击。孙子将变化的高超技巧称为“巧”，所谓“为兵之事，在于顺详敌之意，并敌一向，千里杀将，此谓巧能成事者也”（《孙子兵法·九地》）。

值得注意的是，在探讨战争变化的过程中，孙子揭示了军事领域中的许多对立范畴，如敌我、众寡、强弱、攻守、进退、胜败、动静、虚实、正欹、劳逸、勇怯等，并注意到对立双方发生转化的可能性和条件。他要求将帅凡事都要考虑到战争的正反两个方面，“智者之虑，必杂于利害”（《孙子兵法·九变》），在不利的情况下，要看到有利的因素，才不会失去信心；在有利的条件下，要看到不利的因素，才能避免挫折。这就表明孙子提出重变思想是为了对战争进行全面的、有联系的观察，并注意战争形势的变化。

简言之，我们可以从重全（即战争是人类社会政治、经济活动系统中的一个方面）、重人（即战争要求充分发挥人的自觉性）、重变（即因敌变化是战争中产生的一种重要的思维方式）这三个方面理解《孙子兵法》的思想特色。三者密切联系，形成一个有机整体，其中“重全”是战争的基础，“重人”是战争的关键，“重变”是战争的本质。

另外，《孙子兵法》含有可贵的道德化色彩，攻城略地、伤人性命并不是其最终目的，“不战而屈人之兵”才是理想的战争方式和境界。战争是政治与外交的延伸，《孙子兵法》的战争观具有重要的现代价值。

三、《孙子兵法》的历史地位

《汉书·艺文志·兵书略》把兵书分为权谋、形势、阴阳、技巧四家，指出兵权谋家的特点是“以正守国，以奇用兵，先计而后战”，主要讲求战略战术的运用，兼采其他三家之长，理论性和综合性强，是兵家最主要的一派。《艺文志》著录的兵权谋家著作有13种，《孙子兵法》位列第一，可见其在兵家之中的显赫地位。

东汉时期，曹操最早对《孙子兵法》进行整理和注释，其后注释之书历代不绝。南宋时期《孙子兵法》被列为“武经七书”（即《孙子》《吴子》《司马法》《尉缭子》《李卫公问对》《三略》《六韬》）之首，号称“兵经”。《孙子兵法》约7世纪时传入日本，18世纪以后陆续出现法、英、德、俄等文译本，受到外国军事理论界的关注，享誉世界。有人认为它在思想深度上超过一向被西方称道的近代军事理论家克劳塞维茨，而且其重要性随着毁灭性的核武器的发展正显得日益突出。①

当然，《孙子兵法》是一部重要的军事著作，但它还具有很强的文学性和哲理性，影响波及商业管理、中医药学及文学艺术等领域。它远播日本、欧美，在海外也有重要影响。

（夏绍熙）

① ［美］塞缪尔B. 格里菲斯（SamuelB. Griffith）：《孙子兵法》英译本前言，牛津大学出版社，1963。

忧道怀德　亲仁复礼——《论语》

《论语》是中华优秀传统文化中影响最为广泛而深远的文化经典，是儒家开创者孔子思想的集中体现。要了解儒家思想，不能不读《论语》。相应地，对孔子思想产生发展的历史背景、《论语》的形成和流传情况，以及《论语》思想的具体内容、《论语》的地位和影响等，也应有所把握。

一、《论语》及孔子思想的产生

《论语》这部儒家经典，是孔子的弟子、再传弟子对孔子及其弟子言行的记载，并由其再传弟子编辑成书。该书中的大部分内容，都采取孔子和他的弟子对话的方式叙述。《论语》在汉代有三种本子：古文本《古论》21篇，《齐论》22篇和今文本《鲁论》20篇。东汉末，经学大家郑玄根据张禹的《张侯论》，参照《齐论》和《古论》，作《论语注》，共20篇，流传至今。《论语》历来注解很多。比较有影响的注本，有三国时魏国何晏的《论语集解》，该书汇集了当时所能见到的所有注解，对后世影响很大。南朝时梁朝皇侃的《论语集解义疏》、北宋时期邢昺的《论语注疏》，都是对何晏的《论语集解》所作的“疏”，即再注解。南宋时期，理学大家朱熹的《论语集注》，是宋代注解《论语》的代表作。南宋、元朝时期赵顺孙的《论语纂疏》，则是对朱熹《论语集注》作的疏。清朝刘宝楠的《论语正义》，考证较前代注本都详，也是很好的注本。杨树达的《论语疏证》和杨伯峻的《论语译注》则是近现代有代表性的注译本。

《论语》所蕴含的思想是孔子在当时历史条件下对前人思想继承和发展的结果，体现了孔子生活时期的特点。

孔子（前551—前479），名丘，字仲尼，鲁国人。据司马迁《史记》记载："孔子生鲁昌平乡陬邑。其先宋人也，曰孔防叔。防叔生伯夏，伯夏生叔梁纥。纥与颜氏女野合而生孔子，祷于尼丘得孔子。鲁襄公二十二年而孔子生。生而首上圩顶，故因名曰丘云。字仲尼，姓孔氏。"（《史记·孔子世家》）孔子出生在鲁国，时间为鲁襄公二十二年；孔子的先世是宋国的贵族，乃宋微子之后，他的曾祖父孔防叔因避难而到达鲁国。鲁国是周公的长子伯禽的封地，是实行周礼的著名诸侯国，保存了丰富的历史文化，如西周的典籍、文物、制度等，是当时东方各国的文化中心。晋国的韩宣子于公元前540年到鲁国，曾感叹说："周礼尽在鲁矣。"（《左传·昭公二年》）这说明鲁国作为周礼荟萃之地，在当时是获得大家公认的。宋是殷商的后代，也是保存商周历史文化的旧国。孔子思想的产生，和鲁、宋两国丰富的历史文化传统有密切的关系。

孔子自幼受到传统礼制的熏陶，"为儿嬉戏，常陈俎豆，设礼容"（《史记·孔子世家》）。他自己也说："吾少也贱，故多能鄙事。"（《论语·子罕》）他年轻的时候做过鲁国大夫季氏的家臣，当过管仓库的会计（委吏）和管牛羊的小吏（乘田）。他也曾经依靠"儒"的职业为生，即为富贵人家办理丧事赞礼，接近下层民众，"出则事公卿，入则事父兄，丧事不敢不勉"（《论语·子罕》）。对于自己的一生，孔子也有总结，他说："吾十有五而志于学，三十而立，四十而不惑，五十而知天命，六十而耳顺，七十而从心所欲不逾矩。"（《论语·为政》）他15岁就有志于学习和掌握古代传下来的历史文化知识，继承和发展西周以来的礼乐文化。

孔子35岁时，季平子和孟孙氏、叔孙氏把鲁昭公赶到齐国，孔子随即也到了齐国，做高昭子家臣。他对齐景公讲“君君、臣臣、父父、子子”的观点。他主张“张公室”，得罪了齐国当权大夫，只好返回鲁国。50岁时，鲁国发生内乱。孔子先后被任命为中都宰、司空、大司寇，随鲁定公与齐侯会于夹谷，诛杀了乱政大夫少正卯，堕三都。55岁时，孔子见不能够实现自己的理想，借故辞去了大司寇的职务。

孔子为了行道，于是周游列国。他说：“我岂匏瓜也哉？焉能系而不食？”（《论语·阳货》）他自称不是“系而不食”的葫芦，不得不东西南北，栖栖惶惶，四处奔走，以寻求行道的实践机会。他自信地说：“苟有用我者，期月而已可也，三年有成。”（《论语·子路》）历经14年，孔子周游了宋、卫、陈、蔡、齐、曹、郑、蒲、叶、楚诸国，他的愿望始终未能实现，反而在周游途中，接连遭受磨难，先不见容于卫，后则拘畏于匡，被斥逐于蒲，困厄于陈、蔡，危难于宋、郑，受阻于晋、楚。孔子几乎到处碰壁，多次陷入困境，但这并没有动摇他的思想和信心。

晚年，孔子全力从事教育事业，大力讲学，以《诗》《书》《礼》《乐》等教育学生。他的弟子据说达三千人之众，其中身通“六艺”者七十二人。此外，孔子还收集了周、鲁、杞等故国的历史文献，整理编选出《诗》《书》《礼》《乐》《易》《春秋》等教本教授弟子，打破了此前“学在官府”、由贵族垄断教育的局面，开创了私人讲学的新风。

孔子所处的时代，是“天下无道”“礼坏乐崩”的春秋社会。就“天下无道”而言，他说：“天下有道，则礼乐征伐自天子出；天下无道，则礼乐征伐自诸侯出。自诸侯出，盖十世希不失矣；自大夫出，五世希不失矣；陪臣执国命，三世希不失矣。天下有道，则政不在大夫。天下有道，则庶人不议。”（《论语·季氏》）“天下无道”，指当时社会秩序混乱不堪。在政治和社会秩序都很好的时候，“天下有道”，制礼、作乐、出兵征伐这一类的大事，都由最高统治者天子做决定。在政治、社会秩序遭到破坏的时候，“天下无道”，这一类的大事，变成由诸侯、大夫和陪臣来决定了。这种“礼乐征伐”、权力层层下移的现象，就是孔子所说“天下无道”的第一种现象。第二种“天下无道”的现象，即“政在大夫”乃至陪臣手中，政治秩序混乱，以致“庶人”们也议论起政事来了。其中“政在大夫”，甚至在陪臣手中这种“天下无道”的情况，实际上和“礼乐征伐”、权力层层下移的第一种现象是紧密联系在一起的。谁执掌了政权，则“礼乐征伐”等大事必然由谁来决定，二者是一体的。

“天下无道”与“礼坏乐崩”紧密相关，“天下无道”是结果，是表象，“礼坏乐崩”，旧制度崩溃解体是原因，是实质。西周“礼坏乐崩”体现的是“亲亲”“贵贵”的精神，即人有亲疏贵贱之分，但随着封建生产关系的产生所带来的政权层层下移、庶人议论政事等现象的出现，西周“礼乐文明”所体现的社会等级制度遭到了破坏，社会上违反旧礼，甚至僭礼现象层出不穷。《论语》中记载了大量的例子。如：“孔子谓季氏：‘八佾舞于庭，是可忍也，孰不可忍也？’”（《论语·八佾》）从孔子的话看，鲁国的季氏是当时“僭礼”的一个恶劣代表。他不仅平时僭用天子八佾之礼乐，而且还冒天下之大不韪，像天子一样去祭泰山。像季氏这样僭礼的，当时不在少数。

此外，在思想界，还出现了所谓“邪说”，直接动摇了“周礼”在人们心中的地位。关于“邪说”，据胡适考证①，孔子所处的春秋

① 胡适：《中国哲学史大纲》，上海古籍出版社，1998，第51—52页。按：胡适先生的考证有其科学道理，但孔子是否就将这些学说视为“邪说”，有后人那样强的区分正邪的观念，恐怕还是疑问。

时代，“邪说”主要有以下几种：第一种为老子的思想；第二种为少正卯的学说；第三种即为邓析的思想。而且当时的极端厌世派人物，如晨门、长沮、桀溺等隐士们的思想，对于旧的价值标准和社会制度，同样也形成了强烈的挑战。

面对社会转型时期出现的新问题，孔子希望对历史上流传下来的文明制度——“周礼”进行“损益”式继承和改造，创造出一种适应新社会需要的文明制度和价值标准。孔子思想的产生，从思想渊源上说，也就是孔子对夏、商、周三代的思想进行“因革”和“损益”的结果。

夏、商、周时期的宗教思想对孔子的影响也很大。孔子对夏、商、周宗教思想的吸取主要集中在天人关系方面，具体有这样几点：其一，承认并且相信天命的威力，但含蓄地认为天命是与人的“德”性有内在关联的。孔子提出了“天生德于予”等看法，具体化了天命与人“德”的关系。其二，尊敬、崇敬天，但不用力于研究天，而着力于人“德”的修养。孔子为此提出了“仁”和“礼”两个范畴，细化了周人关于“德”的思想内涵。其三，相信人与天命之间，有一种内在的关系。人的所作所为，要求能符合天的意旨，人要追求具备上天所欣赏的“德”，必须努力学习，提高自己的综合素养，实现人的意义与价值，这本身就是天赋予人的使命；至于人能否在功利方面最终获得成功和利益，这些都是天命决定的事情，非人力所能为的。

二、《论语》的主要思想内容

《论语》集中体现了儒家开创者孔子的思想，其主要思想内容包括天命论、人性论、修养论、德治思想、教育思想等，这构成了儒学思想体系的基本内容框架。

《论语》的天命论涉及对天、命、鬼神的探讨。孔子继承西周人关于“天”的思想，承认“天”对于人生死寿夭、富贵贫贱等的主宰作用。在《论语》中，这样的例子很多。比如：“获罪于天，无所祷也。”（《论语·八佾》）“颜渊死。子曰：‘噫！天丧予！天丧予！’”（《论语·先进》）“子见南子，子路不说。夫子矢之，曰：‘予所否者，天厌之，天厌之！’”（《论语·雍也》）在孔子的观念里，从人的功利眼光看，“天”有给人降罪的能力，有“丧”害人的能力，有“弃绝”人的能力。所以，世人总要向“天”祷告，以图趋利避害。但是，孔子指出，如果一个人已经“获罪于天”，那么，他即使要祷告也找不到地方，且无论怎么祷告也没有用处。这样的“天”，具有一定的超越人间的意义。值得注意的是，“天”与人还有内在联系。在孔子看来，“天”具有“生德”的能力，使世人的天性“直”。《论语》记载：“子曰：‘人之生也直，罔之生也幸而免。’”（《论语·雍也》）孔子还从人文（人创造的文化）的历史命运角度看天。《论语》记载：“子畏于匡，曰：‘文王既没，文不在兹乎？天之将丧斯文也，后死者不得与于斯文也；天之未丧斯文也，匡人其如予何？’”（《论语·子罕》）在孔子那里，“天”还有主宰“斯文”命运的能力，可以“丧斯文”或不“丧斯文”。可见，孔子所谓的“天”，不仅是人的本性（德）的源泉，而且还主宰着人的功利得失，主宰着人所创造的历史文化的命运。

孔子还谈到“命”。在孔子看来，“天”所决定的结果，就是“命”。《论语》记载：“伯牛有疾，子问之，自牖执其手，曰：‘亡之，命矣夫！斯人也而有斯疾也！斯人也而有斯疾也！’”（《论语·雍也》）孔子的学生子夏曾经说：“死生有命，富贵在天。”（《论语·颜渊》）这就是说人生什么病，人的长寿或早夭，乃是由“命”决定的事情，不完全能够为人的努力所改变。这个“命”是谁发出的呢？恐怕只能是“天”发出的。所以，这个“命”，也可以称为“天命”。《论语》还记载：“道之将行也与，命也。道之将废也与，命也。公伯寮其如命何?”（《论语·宪问》）孔子认为，“道”——他所认为的人之成为真正的人的真理——能不能在当时的现实世界中实现出来，是天命决定的事情，现实世界中的权臣对于这种天命也无可奈何。孔子从人的角度，运用人的理性和直觉，来敬畏人不能影响或改变的外在天命，力求认识（知）天命之赋予人的本性，即人内在的使命或天职。

对于天命应该持什么态度?《论语》认为就是要知天命和畏天命。《论语》记载：“吾……五十而知天命。”（《论语·为政》）“君子有三畏：畏天命，畏大人，畏圣人之言。小人不知天命而不畏也，狎大人，侮圣人之言。”（《论语·季氏》）“回也其庶乎！屡空。赐不受命，而货殖焉，亿则屡中。”（《论语·先进》）孔子“畏天命”，指敬畏外在于人的天命，而“知天命”或“知命”，则是认识到天赋予人的、又由人的内在本性发出的人的使命。而子贡“不受命”，则指子贡本来并不富裕，但他就是不接受外在于人的天命——决定人的生死寿夭、富贵贫贱——的摆布，而去“货殖焉”，经商做生意，结果还多次让他猜准了，发了大财。

《论语》的天命论，还包括对鬼神的态度。《论语》记载：“子不语：怪、力、乱、神。”（《论语·述而》）“樊迟问知。子曰：‘务民之义，敬鬼神而远之，可谓知矣。’”（《论语·雍也》）孔子平时不谈鬼神，采取“敬而远之”的态度。这种态度是，承认它，尊敬它，但并不去认识它、追求它，因为人还有更加重要的事情要做，如人能否成为理想的人这个更大问题等。所谓“务民之义”，“民”即是“人”的意思，“务民之义”，就是将主要的基本力量，放在“人”的问题上。换言之，人首先力求解决好“成人”的问题，这是主要的任务。

所以，《论语》记载：“季路问事鬼神。子曰：‘未能事人，焉能事鬼？’曰：‘敢问死。’曰：‘未知生，焉知死。’”（《论语·先进》）在孔子看来，人把自己“成人”的事情没有办好，就没有能力去办“事鬼”的事情，对人“生”的真理没有认识掌握，就不可能认识掌握人“死”的道理。将人自己成为理想的人这个问题摆在基础地位上，而将认识鬼神或“事”鬼神的事情放在后面去。“敬”鬼神而落实于“成人”事业上，“远”鬼神而近人事。

其次，《论语》的人性论思想。

《论语》中，孔子提出“性相近也，习相远也”（《论语·阳货》）的看法。这是根据现实经验观察来看人性。意思是现实中的人，在“性”质上是相近的，但经过生活、学习以后，互相之间差距就远了。从孔子的这些经验观察看，孔子不认为“人性善”。但是，孔子对于现实中的这种人性状况又是非常不满意的。他的思想，在一定程度上，可以说就是针对这种不能令人满意的现实人性状况，而力求开掘出人的真正本性来。

孔子观察人性的第二个角度，是从人的根源、共同规范和理想等方面，深刻直观到人的本性，就是仁义道德。从他的这些直觉性言论看，孟子“人性善”的思想，在孔子那里已经萌芽了。《论语》有：“天生德于予，桓魋其如予何？”（《论语·述而》）孔子明确断定，人的“德”是“天生”的，或天赋的，而不是后天教化或改造而成的。这是从人性的根源上，指出人的共性之一是“天生德”于人。《论语》还记载：“德不孤，必有邻。”（《论语·里仁》）“谁能出不由户？何莫由斯道也？”（《论语·雍也》）孔子又断定，人们的“德”性并非只是一个人或几个人具备，一定是有许多人（必有邻）都具备的。就像一个人出门必然经过他家的门户一样，他之做人，也必然要遵循做人之道，也就是遵循“斯道”而行。那么，“斯道”是什么呢？综合孔子的思想看，他所说的“道”，就是人之成为真正的、理想的人的真理，用他自己的概念或范畴表示，就是“德”或“仁”。“德”不是一个人或几个人所具备的东西，而是大家都必须遵循的东西。这种说法，已经非常明确地暗示了人的共性所在。即孔子从人言行活动的规范角度，指出人的共性之一是人人都遵循“德”或者“仁”这样的共同规范。

第三，《论语》的修养论思想。

《论语》追求的理想人格是“君子”，孔子认为“君子”是比较现实的，是社会中绝大多数成员可以共同向往、追求的人格。在《论语》中，“圣人”也是一种理想人格，其综合素养比“君子”还要高，它是人所能够达到的最高境界。在孔子看来，“圣人”是完全理想的人，即使尧、舜等还“其犹病诸”（《论语·雍也》）。孔子教人，多针对一般人立论，其理想人格，也多讲“君子”，而少讲“圣人”。

就君子来说，《论语》从君子的志向、精神状态以及情感特征等方面进行描述。比如《论语》记载：“君子谋道不谋食。……君子忧道不忧贫。”（《论语·卫灵公》）“君子怀德，小人怀土。君子怀刑，小人怀惠。”（《论语·里仁》）这就认为君子所立的志向就是求“道”，而不是局限于只追求解决吃饭、穿衣等个人浅层面的功利问题；同时君子在言行活动中，总想着自己的内在素养问题，同时也想着社会规范（“刑”在其中）的问题。《论语》还记载：“君子坦荡荡，小人长戚戚。”（《论语·述而》）“君子泰而不骄，小人骄而不泰。”（《论语·子路》）“君子不忧不惧。”（《论语·颜渊》）“知者不惑，仁者不忧，勇者不惧。”（《论语·子罕》）“君子道者三，我无能焉：仁者不忧，知者不惑，勇者不惧。”（《论语·宪问》）意思是说君子的为人光明磊落，胸怀坦荡，没有什么见不得人的想法和言行；他们的心态平和舒坦，既不自卑，也不骄傲。他们有追求真理的自信，因为他们努力学习，不断提高自己的修养，积极进取，活到老，学到老，所以基本上没有什么东西能让他们迷惑。他们对于现实的功利，没有什么特别的追求，不会去算计得失，筹谋利害，所以，他们没有什么可以忧愁的，也没有什么东西能够让他们感到害怕。孔子认为君子作为一种理想人格，在人际关系交往中，在社会政治活动中，就应该推己及人。《论语》记载："夫仁者，己欲立而立人，己欲达而达人。"（《论语·雍也》）"立人"，是使众人能够"立"起来，"达人"是使众人能够"达"起来。孔子主张，真正理想的君子，不仅能够自立自达，提高自己一个人的素养，而且要能够立人达人，提高整个社会成员的素养。只有这样，真正的理想社会才有可能实现。

人们如何才能成为君子呢？孔子希望人们一是学习，二是克己，让内外两个方面结合起来提升修养。学而时习，见贤思齐，让自己具备仁德，成为仁人。这是强调人性内在修养的提高，可谓内在修养。从外在修养来说，《论语》提出了用礼来规范人们的行为，就是要"复礼"。需要说明的是这里的"复礼"并不是指恢复周代之礼，而是有所损益的。在《论语》中有许多用"礼"来规范人行为的例子，比如"非礼勿视，非礼勿听，非礼勿言，非礼勿动"（《论语·颜渊》）。具体到饮食礼仪方面，"食饐而餲，鱼馁而肉败，不食。色恶，不食。臭恶，不食。失饪，不食。不时，不食。割不正，不食。不得其酱，不食"（《论语·乡党》）。

在《论语》中，"礼"的意义，也许已经不仅仅局限于礼制、礼仪层面，而增加了礼意或礼的精神这一内涵在其中。《论语》给"礼"增加的礼意或精神意义是什么呢？那就是孔子非常重视的"仁"或"义"。《论语》记载："人而不仁，如礼何？人而不仁，如乐何？"（《论语·八佾》）"君子义以为质，礼以行之，孙以出之，信以成之，君子哉！"（《论语·卫灵公》）这就是说，一个人如果没有

“仁”德做基础，他所主张或实行的“礼”也只是虚文，就不能是真正的“礼”；君子这种理想人格，是以“义”作为人修养的内在内容，而以“礼”作为人修养的行为表现形式。此外，在《论语》中，孔子还在多处批评当时人实行“礼”时的毛病，就是缺乏内在的“仁”或“义”做必要的基础，结果，导致“礼”无法成为真正的礼。比如：“子游问孝。子曰：‘今之孝者，是谓能养。至于犬马，皆能有养；不敬，何以别乎？’”（《论语·为政》）在家庭中，子女孝敬父母，赡养父母，让他们有饭吃，有衣穿，有房住，当然是其中的一个方面。但如果我们在赡养父母时，内心里面毫无尊敬的情感，孔子说，这样赡养父母，和养猫养狗有什么区别呢？此外，《论语》“礼”论，又扩大了“礼”在社会各阶层中的有效范围，使“礼”成为维系所有社会成员的规范，暗中提升了普通百姓的文明地位。

孔子通过内在的反省以及外在礼的规范，其目的就是达到对“仁”的追求。那么，“仁”究竟有哪些方面的含义呢？从《论语》中孔子关于“仁”的讨论看，“仁”的具体意义有两层：

第一层为“恭”“敬”“惠”等具体道德规范，以及由这些规范组合而成的最高道德观念。比如，孔子在评论子产时，说他：“有君子之道四焉：其行己也恭，其事上也敬，其养民也惠，其使民也义。”（《论语·公冶长》）这四种所谓的“君子之道”，都是属于“仁”的范畴。孔子的弟子子张向孔子请教“仁”德，孔子回答说：“能行五者于天下，为仁矣。”是哪五者呢？孔子解释说：“恭、宽、信、敏、惠。恭则不侮，宽则得众，信则人任焉，敏则有功，惠则足以使人。”（《论语·阳货》）在这个基础上，孔子还有将“仁”看成是各种具体道德德目总和的意思。“仁”包含了任何具体的道德德目，但任何具体的道德德目均不完全等于“仁”。这样，“仁”便成为包罗众德的最高观念。

第二层为“爱人”，这是一种理性的情感活动。孔子学生樊迟问孔子什么是“仁”，孔子回答说“爱人”（《论语·颜渊》）。“爱人”就是人们“爱”所有的人，包括自己在内。这种“爱”的情感，就可以叫作“仁”。孔子在这里显然是从人的情感角度，来直观“仁”的意义。孔子说：“刚毅木讷近仁。”（《论语·子路》）又说：“巧言令色，鲜矣仁。”（《论语·学而》）他认为人以自己的内在修养为基础，凭着自己的真情实感做事，表里如一，才接近于“仁”；而如果一个人说话做事，专讨别人喜欢，为人虚伪，是很难达到“仁”的境界的。从这个对比中可以明显地看到，孔子认为“仁”的基础是人的真认识、真性情；而“仁”爱则是人们以自己的真认识、真性情对待他人，对待周围的世界，使他人和周围的世界都达到理想的境界。那么，在人生中，人的真认识、真性情首先表现为什么呢？孔子批评宰我不守“三年之丧”的提议说：“予之不仁也。子生三年，然后免于父母之怀。夫三年之丧，天下之通丧也。予也有三年之爱于其父母乎？”（《论语·阳货》）孔子认为人的最真切的认识和最真挚的情感莫过于其对父母的认识和情感。子女出生三年，然后“免于父母之怀”，才能离开父母亲的怀抱，子女对于父母，自然有最真切的认识和最真挚的爱慕情感。父母去世了，这种认识和爱慕之情也就自然地表现为“三年之丧”。对自己父母亲行“三年之丧”，是子女内心真实感受的自然流露。“仁”这种“爱”的情感，或者说仁爱情感，以及这种情感背后潜藏着的认识，是有孔子时期社会的家庭血缘关系做基础的。每一个人都有其父母，也都有其血缘关系和血缘亲情。以此为基础，孔子断定了“仁”爱在现实人们内心中存在的普遍性。如果再进一步，将这种“仁”爱心理推行到政治活动中，就是“泛爱众而亲仁”（《论语·学而》）。这样，孔子“仁”爱的范围就从爱亲人，推及爱众人。由此也可以看出，孔子“仁”爱的对象，不只是亲人，更是天下所有的人。

第四，《论语》的“德治”思想。

《论语》记载：“道之以政，齐之以刑，民免而无耻；道之以德，齐之以礼，有耻且格。”“为政以德，譬如北辰，居其所而众星共之。”（《论语·为政》）孔子主张，治理国家的人，关键在于自己要具备较高的素养，然后用自己的素养，来引导老百姓也成为比较有素养的人，老百姓才可能像众星拱北极星一样，尊敬统治者，服从其统治，这叫作“道之以德”，而有关的法制禁令的制定和执行（道之以政），反倒是次要的事情；同时，在规范老百姓的行为方面，以符合人性的“礼”为主要的社会政治规范，启发人自觉向着理想的方向走，老百姓自己也会有是非羞耻之心，这叫作“齐之以礼”，而不仅仅是用残酷的刑罚来威胁、恫吓、处罚，甚至杀戮老百姓（齐之以刑）。孔子的这些主张，核心在于以“德”治国，我们也可以称之为“德治”思想。

《论语》的“德治”思想，具体展开为以下几点：

首先，“正名”是基本方法。用“名”（概念）来引导、规范、评判、矫正“实”（事实或事物）。以“名”正“实”，“名”体“实”用，是孔子“德治”思想的基本原则。而“名”的意义主要就是他所讲的“仁”或“道”或“德”等内容。孔子明确主张“君君，臣臣”，意思是说，现实的君要努力成为真正的、理想的君，现实的臣要努力成为真正的、理想的臣，各自努力尽到自己的职责。《论语》记载：“齐景公问政于孔子。孔子对曰：‘君君，臣臣，父父，子子。’公曰：‘善哉！信如君不君，臣不臣，父不父，子不子，虽有粟，吾得而食诸？’”（《论语·颜渊》）君能遵守作为君主的要求原则，叫作“君君”；“臣”能恪守臣的基本准则，叫作“臣臣”。在政治活动中，采取各种措施，使现实中的君主成为理想的君主，使现实中的大小臣工成为理想的臣，使家庭中父母子女成为理想的父母子女。一句话，让社会上各行业、各阶层的人们，都成为理想的人，即“人人”，就是“正名”。孔子认为每一个“名”，例如“君”“臣”等，都有一定的意义。这个“名”的内涵，即它的意义，是它所指的事物所应该如此的标准或理想。比如，“人”这个名有它的内涵，那就是“仁”“义”“道”“德”等，也可以统称为人之“道”。“君”“臣”“父”“子”等也是名，它们分别指称社会政治领域中的君、臣、父、子等人，同时，它们也有它们的内涵意义，这些意义，可以用君之道、臣之道、父之道、子之道等来表示，实际上也就是人之道在具体的社会分工角色上的表现。

其次，以“德”治国，是《论语》“德治”思想的核心内容。在《论语》中，以“德”治国，包含几个方面的具体内容，即统治者治理国家时，要以自己较高的综合素养（德）作为治国的基础，以提高全社会成员的综合修养（德）为治理国家各项工作的重心，最终提高整个社会所有社会成员的综合素养（德）。在孔子看来，以“德”治国是统治者以自己的“正”做基础，带领天下人都归于“正”。《论语》记载：“季康子问政于孔子。孔子对曰：‘政者，正也。子帅以正，孰敢不正？’”（《论语·颜渊》）所谓“政”，其基本意义就是“正”。统治者自己“正”了，自己的言行活动才有感染力，所制定的政策或法令才可能有效率，天下才可能因此而“正”。俗语说“上梁不正下梁歪”，与此同义。那么，这里的“正”是什么意思呢？以“德”治国的“正”，其意义应该与“正名”的“正”意义相同，即是符合道义标准、礼仪规范以及人性的意思，人们通常称之为正义。“政者，正也”，治国者有正义品德是德治的前提，正义是政治活动合理合法的根据和评价标准，实现正义是社会政治活动的主要内容和最终目的。这就确立了儒家政治哲学的基本原则。

统治者具体怎么样起到带头和表率作用呢？孔子也明确地提出了自己的看法，那就是统治者要注意不断学习，具备治理国家所必需的知识、规范和能力（德），使自己成为高素质的人。《论语》记载：“子路问君子。子曰：‘修己以敬。’曰：‘如斯而已乎？’曰：‘修己以安人。’曰：‘如斯而已乎？’曰：‘修己以安百姓。修己以安百姓，尧舜其犹病诸！’”（《论语·宪问》）“修己以安百姓”，说起来简单，但最不容易做到，即使圣王如尧、舜，也不是就完全做到了。《论语》中又有：“季康子问：‘使民敬、忠以劝，如之何？’子曰：‘临之以庄则敬，孝慈则忠，举善而教不能则劝。’”（《论语·为政》）意思是统治者不是直接要求下级或老百姓“敬”或“忠”，而是自己首先要不断学习，提高自己的素养，具备“庄”“孝慈”“善”等政治素养，以此为基础，重视下级、老百姓等社会成员的素质提高，提拔和使用有较高素质的人来领导国家，实行以素质提高（德）为核心的政策，最终使整个社会成为高度文明（天下归仁）的理想社会。

《论语》的“德治”思想强调以内在修养为基础，才可能治理好国家；以统治者内在修养的提高为关键，在统治者较高素质的感化下，老百姓自然会主动效法而变化气质。

第五，《论语》的教育思想。

《论语》的教育思想是自成体系的，它从“为师”的条件、教育的对象和目标、教育的方法和阶段等几个方面，表达了孔子的教育思想。

就“为师”的条件，简单说来，就是已经具备了一定的学习经验，在素养上已经对于“道”有所认识或领悟。教师必须自己要有可以教授给学生的东西，才可能成为一个好的教师。如果自己的修养不够，对“道”理都没有理解透彻，为人不正，却要去给学生讲解，让他们明白，让学生做正人，那是徒劳的。“私淑”孔子的孟子将这个意思说得非常明白。《孟子》记载："贤者以其昭昭，使人昭昭。今以其昏昏，使人昭昭。"（《孟子·尽心下》）"教者必以正。"（《孟子·离娄上》）"昭昭"，就是认识道理明白清楚，"昏昏"就是认识不清楚。自己昭昭，才可能使他人昭昭，自己昏昏，却想让人家昭昭，这当然是不可能的事情。昭昭只是结果，它是现实的人通过努力学习的结果。任何人通过努力，都能够达到对道理昭昭的境界，所以，任何人都可以成为一个合格的教育者，前提是对道有领悟。同时，只是在认识上昭昭又不够，还必须在整个为人上达到"正"的高度或境界，才可能成为一个合格的老师。

在教育对象上，《论语》提倡"有教无类"，就是不管学生是贵族还是平民，只要他们真心来求学，孔子都一视同仁地培养教育他们。《论语》记载："有教无类。"（《论语·卫灵公》）"自行束脩以上，吾未尝无诲焉。"（《论语·述而》），意味着不管来问学的学生是哪一类人，只要前来问学，孔子都尽力给予解答和教诲。这就使孔子的学生千差万别，各种人都有。事实上，接受过孔子教育的弟子很多，他们的家庭出身、社会政治地位也各不相同。据统计，只有南宫敬叔等少数人出身贵族家庭，其他绝大部分来自社会中下层。孔子教学，实行"有教无类"，对比只有贵族才有学习文化机会的西周而言，极大地扩大了文化教育的对象，使普通老百姓也从此获得了接受文化教育的机会，这对于人类文化知识的普及和发展，无疑具有非常重要的意义。

从教学内容上看，孔子不对学生讲"怪、力、乱、神"（《论语·述而》）这些东西。他教育学生，主要教材是《诗》《书》等传世经典。他自己曾经说："不学《诗》，无以言。""不学礼，无以立。"（《论语·季氏》）他将人在社会中的言行活动规范（礼）和《诗经》《尚书》作为教学内容，将《诗经》《尚书》等经典中包含的道理，作为一个人立身行事和表达交流所必须具备的素养。他希望他的学生们“兴于《诗》，立于礼，成于乐”（《论语·泰伯》），通过学习《诗》《书》、礼、乐而树立远大志向，立身行世有礼节，能够给人以文明的美感。此外，孔子还给学生教文字、行礼和忠、信等一个文明人的基本修养。

对《诗》《书》等的学习，其目的就是认识和觉悟“道”，掌握了“道”，人才能够成为真正的、理想的人。让现实的人成为真正的、理想的人，是孔子教育的宗旨或最终目的。但是，在这个最终目的达到之前，在人文教育过程当中，孔子也注意到了人文教育活动对于现实社会政治等领域的其他功能。比如，《论语》记载：“子之武城，闻弦歌之声。夫子莞尔而笑，曰：‘割鸡焉用牛刀？’子游对曰：‘昔者偃也闻诸夫子曰：“君子学道则爱人，小人学道则易使也。”’子曰：‘二三子！偃之言是也，前言戏之耳。’”（《论语·阳货》）孔子认识到，通过人文教育（学道），统治者（君子）可以在治理国家的政治活动中，自觉地仁“爱”老百姓（爱人），以“德”治国，而被统治者（小人）因为学习也比较理性，懂道理，有修养，也会少给统治者添麻烦（易使）。尽管教育对于“君子”和“小人”的功能和作用不同，但不管是“君子”还是“小人”，都必须接受教育，都不可以不学习。

在教学方法上，孔子采取了因材施教的方法。照《论语》的记载看来，孔子对于学生所提出的问题，总是因具体环境的不同，或学生具体思想情况的不同，而给予不同的回答。因材施教，可以说是孔子教学最显著的教学方法。根据《论语》记载，因材施教教学法可以表现为具体的“叩问”教学法、讲授内容深浅不同法、克服弱点教学法、启发教学法、分科教学法。比如，启发教学法，就是指因学生的认识情况不同，而进行不同讲解的方法。《论语》记载：“不愤不启，不悱不发，举一隅不以三隅反，则不复也。”（《论语·述而》）对有些学生，要给他们讲解、启发，对有些学生，不给他们讲解、启发。“不愤不启，不悱不发”，意思是说，必须等到学生学习、思考，自己已经有所领会，但想说又说不出来，还差一点就可以透彻了解、豁然贯通的时候，教师才去启发引导学生。在这样关键的时刻，去启发教育学生，才能真正提高学生的学习水平。在学生没有到“愤”“悱”的地步时，则不启发他。

三、《论语》的历史地位及影响

《论语》作为孔子及其后学思想的集中体现，在中国文化史上占有重要历史地位，对中国文化产生了广泛而深远的影响。要了解儒家开创者孔子的思想，《论语》是不可或缺的，它提供了有关孔子思想最为重要的材料。比如，通过《论语》，我们可以发现孔子的思想体系。

儒家思想的核心是对人的讨论，解决现实的人成为理想的人的问题，《论语》中人性论、修养论、德治思想、教育思想都是围绕着人展开的。孔子思想是一种人学思想体系。他希望通过人自身理性能力的提高来使人成为理想的人。这极大提高了人在自然界、神灵等面前的地位，提高了人的理性能力在信仰、情感等面前的地位。《论语》留给我们的这个思想体系，影响中国2000多年之久，现在仍然具有顽强生命力。此外，《论语》还在文化史上立下了不朽功勋。《论语》中“有教无类”的教育思想，打破了“学在官府”教育垄断的局面，开创了私人讲学的风气，促进了文化知识向普通老百姓的广泛传播。“温故而知新”“学而不思则罔，思而不学则殆”（《论语·为政》）等学习方法，以及“发愤忘食，乐以忘忧”（《论语·学而》）等学习精神都不断地激励着后人。

《论语》还是研究孔子后学不可或缺的资料，要了解孔门弟子及其思想分化离不开《论语》。在孔子去世后，他的弟子就在思想上发生了分化。据《韩非子》记载："自孔子之死也，有子张之儒，有子思之儒，有颜氏之儒，有孟氏之儒，有漆雕氏之儒，有仲良氏之儒，有孙氏之儒，有乐正氏之儒。"（《韩非子·显学》）这实际上就认为在孔子去世后，弟子分为子张、子思、颜氏等八派。在这儒家八派中，最奇怪的是曾子、子夏、子游等这些孔子亲传的著名弟子，在《论语》中多处出现，而在《韩非子》中则都被排除在儒家八派之外。要了解他们及子张、颜回等人的思想，就离不开《论语》。比如，就子夏一派而言，它应该是孔门弟子中较为保守的一派，他们特别注重礼仪。《论语》记载，子游就批评说："子夏之门人小子，当洒扫应对进退，则可矣，抑末也。本之则无，如之何？"子夏闻之，曰："噫！言游过矣！君子之道，孰先传焉？孰后倦焉？譬诸草木，区以别矣。君子之道，焉可诬也？有始有卒者，其惟圣人乎！"（《论语·子张》）所谓"洒扫应对进退"，指礼仪而言。子游认为，子夏的学生只注重礼仪这些末节，而不懂得孔子思想的根本。子夏听了这话，表示不满，进行了反驳。子夏所谓"君子之道"，是针对子游的"本"而言的。子游认为，儒家的根本在于"学道"，在于实质性的东西，而不仅仅是礼仪等表面的东西。子夏则认为孔子的"礼"是本末兼备的，绝不是不讲礼仪而空言"学道"。从子夏与子游的互相辩难中可见，子夏之儒是非常注重礼仪的，这也是对孔子思想中"重礼"方面的继承；同时我们也可以获悉，子夏也注重"礼"与"道"的结合，认为所谓"道"要在"礼"中体现出来，离开了"礼"，就没有什么"道"可言了。

伴随孔子地位的上升，《论语》地位也不断上升，在宋代成为

“四书”之一，成为自明代以来封建王朝科举制必考的教材。《论语》地位的上升，经过了一个漫长的过程，这个过程同时也是儒家经典由“五经”提炼出“四书”的转变过程。儒家开始重视的经典被称为“六经”，后来《乐经》失佚后，只剩下了《诗》《书》《易》《春秋》《礼》“五经”，到东汉时在“五经”的基础上加上了《论语》和《孝经》形成“七经”，《论语》的地位开始上升，逐渐从子学变成了经学。隋唐时从“七经”变成了“九经”，不过此时的“九经”不包括《论语》，它是“三礼”（《周礼》《仪礼》《礼记》）、“三传”（《左传》《公羊传》《穀梁传》）、《易》《书》《诗》。到宋代以后，又在“九经”的基础上先后加入了《孝经》《论语》《尔雅》《孟子》，从而变成了“十三经”，也最终确定了《论语》的经学地位。不过《论语》地位的进一步提高则是在南宋朱熹时。朱熹确定了“四书”的名目、次第及义理，认为“学问须以《大学》为先，次《论语》，次《孟子》，次《中庸》。《中庸》功夫密，规模大”（《朱子语类》卷十四），同时又说“《语》《孟》《中庸》《大学》是熟饭。看其他经，是打禾为饭”（《朱子语类》卷十九）。这就确立了《论语》不可动摇的思想地位。明代时，科举考试以“四书”为教材，从而最终确定《论语》为士子必读之书。

作为儒家重要的文化经典，《论语》对中华文化的形成和发展，对中国历代社会政治均有深刻的影响。在东亚、东南亚等地以及世界华人文化中也有重要的地位。《论语》中的许多伦理规范、道德要求及道德理想，仍然具有重要的借鉴意义和时代价值。

（郑　熊）

兼爱非攻　尊贤尚同——《墨子》

《墨子》是先秦墨家的代表作，其中不仅记载了墨子兼爱、非攻，尚贤、尚同等十大主张，而且可以看出，墨子本人很重视逻辑界定和推论。《墨经》还讨论了逻辑界定和推论的原则、形式。《墨子》包含了当时的天文学、光学、几何学、力学等自然科学技术成就，可谓我国古代最重要的科学文化经典。

一、墨子与《墨子》

墨子（约前468—前376），名翟，春秋末战国初期宋国（今河南商丘）人，一说鲁国（今山东滕州）人，是战国时期著名的思想家、政治家。作为墨家学派的创始人，他提出了“兼爱”“非攻”“尚贤”“尚同”“天志”“明鬼”“非命”“非乐”“节葬”“节用”等观点。后来弟子收集其语录，编成《墨子》一书传世。

墨子的先祖是宋国的公族。顾颉刚《禅让说起源于墨家考》说：“墨确是他的真姓氏，而且从这个姓氏上，可知道他是公子目夷之后，原是宋国的公族。”童书业《春秋左传研究》说：“墨子实目夷子后裔，以墨夷为氏，省为墨也。”墨取自刑罚名称。钱穆的《墨子传略》从墨刑是古代刑名之一的角度展开研究，认为古人犯轻刑，则罚做奴隶苦工，故名墨为刑徒，实为奴役，而墨家生活菲薄，其道以自苦为极。墨子和弟子们都“手足胼胝，面目黧黑，役身给使，不敢问欲”

(《墨子·备梯》)，人人皆可使“赴火蹈刃，死不还踵”（《淮南子·泰族训》）。这样，就被称为墨了。

墨子生于何处，传世文献并无明确记载，历史上也有不同的说法，曾有宋人说、楚人说、鲁人说、印度人说等。其中宋人说已为墨学界绝大部分学者所认可。具体而言：1. 宋人说。《史记·孟子荀卿列传》：“盖墨翟，宋之大夫，善守御，为节用。或曰并孔子时，或曰在其后。”据此有学者称其为宋人，此说一直流行到清代。2. 楚人说。清代毕沅注《墨子》时，据《吕氏春秋》高诱注，并参照墨子与鲁阳文君的诸多对话，推定其为鲁阳人，即楚人。3. 鲁人说。清代孙诒让作《墨子间诂》，在附文《墨子传略》中，第一次提出墨子为鲁国人。后来，宋人说和楚人说遭到梁启超的批驳。在《墨子学案》中，他据《墨子·公输》“归而过宋”，力证非宋人；又据《墨子·贵义》“墨子南游于楚”，认为若墨子是楚国鲁阳人，则当为“游郢”，从而否定墨子为楚人之说。另外，方授楚《墨学源流》、张纯一《墨子鲁人说》都对墨子宋人说、楚鲁阳人说进行了批判。在鲁人说的基础上，又有人进一步提出了滕州说。张知寒在《墨子原为滕州人》《墨子里籍新探》等论文中进一步考证，墨子出生地应为古代郲国的“滥邑”（现山东滕州境内），滥邑后来归属鲁国。该学说得到了许多墨学研究者的认同。4. 其他学说。胡怀琛撰《墨翟为印度人辩》《墨子学辩》等论著，首次提出墨子为印度人。他认为墨并非姓，翟也不是姓，更不是名，而是“貊狄”或“蛮狄”之音转；而且墨子长得黑，主张兼爱、非攻，显示墨子应该是婆罗门。金祖同、陈盛良则说墨子可能是穆罕默德以前的回教徒，卫聚贤则考证墨子应为印度人或阿拉伯人。

墨子一生所从事的活动主要集中在两个方面：一是广收弟子，积极宣传自己的学说；二是不遗余力地反对兼并战争。为了宣传自己的主张，墨子广收门徒，一般的亲信弟子达到数百人之多，形成了声势浩大的墨家学派。墨子的行迹很广，东到齐、鲁，北到郑、卫，南到楚、越。其主要事迹有：阻止鲁阳文君攻郑，说服公输班而止楚攻宋。楚惠王打算以书社封墨子，越王也打算以吴之地方五百里封墨子，但墨子都没有接受。宋昭公时墨子曾做过宋大夫，但以后地位下降，接近于劳动者。

墨子死后，墨家分裂为三派：相里氏一派、相夫氏一派、邓陵氏一派。《庄子·天下》所说的相里勤的弟子和邓陵子的弟子，即是这三派中的两派。墨家后学都传习《墨子》，但各有侧重，互相攻击对方是“别墨”。在今存的《墨子》中，每篇都有上、中、下三篇，很有可能就是墨家分裂为三派的证据。据郭沫若研究，墨者集团到了秦惠王的时候，有集中于秦的趋势。因此，从第四代“巨子”时起，墨学的中心已经转移到了秦国。此后还有记载，东方的墨者谢子，不远千里入秦见秦惠王，这说明墨学在当时还是比较兴盛的。但是到了汉代，墨家已逐步走向消亡。至于墨家在汉代消亡的原因，学界虽做了相应探索，但分歧仍然很大，还需要进一步研究。

《墨子》一书，大部分是墨子的弟子或再传弟子对墨子言行记录的汇集，是研究墨子思想的直接材料。《墨子》的内容分两大部分：一部分记载墨子言行，阐述墨子思想，主要反映了前期墨家的思想；另一部分有《经上》《经下》《经说上》《经说下》《大取》《小取》6篇，一般称作墨辩或墨经，着重阐述墨家的认识论和逻辑思想，反映了后期墨家的思想，在逻辑史上被称为后期墨家逻辑或墨辩逻辑（古代世界三大逻辑体系之一，另两个为古希腊的逻辑体系和佛教中的因明学），其中还包含了许多自然科学的内容，特别是天文、几何、光学、力学等。

有关《墨子》一书的作者和真伪问题，在学术界存有不同的看法：一种是三项分类法，把《墨子》全书分为《墨经》《墨论》《杂篇》3类，《墨经》类有《亲士》《修身》《非儒》《经》上下、《经说》上下、《大取》《小取》，因为这些篇没有“子墨子曰”字样，所以被认为是墨子自著。《墨论》从《所染》到《非命》共28篇，被认为是墨子弟子所记。《杂篇》从《耕柱》到《杂守》共16篇，记载了墨子的言行，与前两类体例不同，当是后期墨家学派的东西。另一种是五组分类法，第一组是《亲士》《修身》《所染》《法仪》《七患》《辞过》《三辨》共7篇，有的认为是墨家著作，有的认为是儒家作品，还有的认为前3篇是伪作，后4篇是墨家记述的墨学概要。第二组是《尚贤》《尚同》《兼爱》《非攻》《节用》《节葬》《天志》《明鬼》《非乐》《非命》等共23篇，这是墨学大纲，是墨子弟子所记。墨子死后，墨家分成三派，有相里氏之墨、相夫氏之墨、邓陵氏之墨，因三派所传的学说不同，后人在汇编此书时，便把三派所传之学分上、中、下三篇并列，这种说法有一定的道理。《非儒》篇，有的认为不是墨家学派的作品，有的认为是墨家学派的著作，成书年代较晚。第三组是《经》上下、《经说》上下、《大取》《小取》共6篇，又称《墨经》或《墨辩》，有的认为是墨子所作，但多数学者认为是后期墨家的作品。第四组是《耕柱》《贵义》《公孟》《鲁问》《公输》共5篇，记载了墨子的言行，是墨子弟子所记，成书年代较早，是研究墨子的可靠资料。第五组是从《备城门》到《杂守》共11篇，讲的是守城兵法。有的认为是墨子弟子记载墨家的军事思想史料，有的认为是汉人作品。

墨家在当时影响很大，《孟子·滕文公下》云：“杨朱、墨翟之言盈天下，天下之言，不归杨，则归墨。”可知战国之世，墨家确属显学。自秦以后，墨子及其弟子的言论，散见于各种典籍，如《新序》《尸子》《晏子春秋》《韩非子》《吕氏春秋》《淮南子》《列子》《战国策》《诸宫旧事》《神仙传》等。《汉书·艺文志》将散见各篇辑录成《墨子》共71篇。经历代亡佚，到宋时，只存60篇。现在通行本《墨子》只存53篇，已亡佚18篇，其中已亡佚的有：《节用》下篇，《节葬》上、中篇，《明鬼》上、中篇，《非乐》中、下篇，《非儒》上篇，除此8篇外，另10篇连篇目皆亡佚。在这10篇中，只有《诗正义》曾提到过《备卫》篇目，其余无可考。关于《墨子》的亡佚情况，学界有两种不同的说法，一种说法是从汉代开始的，另一种说法是在南宋时佚失10篇，其余8篇是南宋以后佚失的。

《墨子》文字虽比较质朴，但保存了不少古字，讹夺错乱又多，不便阅读。西晋鲁胜、乐壹皆曾为《墨子》一书作注，已佚。清乾嘉年间，《墨子》研究兴起，陆续涌现出许多注释或阐发墨学的著作，有清毕沅的《墨子注》、孙诒让的《墨子间诂》（吸取各家研究成果，是比较详备的注本），近人吴毓江的《墨子校注》、梁启超的《墨子学案》、陈柱的《墨学十论》、方授楚的《墨学源流》等。现在通行的版本主要为新编《诸子集成》本。

二、《墨子》的主要思想内容

墨子生活的时代为春秋晚期战国初期，当时兼并战争愈演愈烈，社会动荡、政治秩序混乱，百姓过着朝不保夕、痛苦不堪的生活。这个时候，如何在动荡的社会环境里消弭战乱以让政治秩序恢复稳定，让百姓过上和平安乐的生活，是墨子本人及墨家学派所要解决的重大时代课题。

据说墨子曾经师从儒者，学习孔子之术，称道尧舜大禹，学习《诗》《书》《春秋》等儒家典籍。但后来逐渐对儒家烦琐礼乐感到厌烦，最终舍掉了儒学，形成了具有自己思想特色的墨家学派。墨子认为社会动荡、战乱不止的根本原因，在于天下人有严格的人我区分、利益纷争，而进一步的原因则在于大家不兼爱。同时，墨子也看到春秋战国时期，最大的弊病就是战争，因此，从“兼爱”的思想又进一步引申出“非攻”的主张。因而，“兼爱”“非攻”便成为墨子乃至整个墨家学派在历史上最为著名的思想观点。

整体而言，墨子的学说思想主要包括以下几点：

（一）兼爱、非攻

所谓兼爱，即普遍的、相同的爱，和个别的、不同的别爱相对而言。墨子兼爱说有针对儒家的意思。儒家仁爱是源于血缘亲情的等差之爱，墨子对此不满，认为社会动荡、混乱的原因就在于不兼爱。他提出兼爱，要求君臣、父子、兄弟都要同等地互相友爱，“爱人若爱其身”（《墨子·兼爱上》），并提出“天下之人皆相爱，强不执弱，众不劫寡，富不侮贫，贵不傲贱，诈不欺愚”（《墨子·兼爱中》）。基于此，他认为社会上出现强执弱、富辱贫、贵傲贱的现象，是因天下人不兼爱所致。因此，从兼爱的思想中，又引申出了他的非攻思想。

（二）天志、明鬼

宣扬天志鬼神是墨子思想的一大特点。墨子认为天是有意志的，能够兼爱天下百姓。因“人幼长贵贱，皆天之臣也”（《墨子·法仪》），“天之爱民之厚”（《墨子·天志中》），君主若违背天的意志就要受到天的惩罚，反之，则会得到天的奖赏。墨子不仅相信实有鬼神，而且还认为它们能够依据人间君主与贵族的行为来对其赏善罚暴。墨子利用当时的宗教信仰来为自己的兼爱等主张进行论证，进一步推动了先秦宗教思想的人文化和理性化进程。

（三）尚同、尚贤

墨子的尚同思想是要求百姓上同于天子，天子则上同于天志，这样上下一心，实行义政。尚贤则包括选举贤者为官吏和选举贤者为天子国君。墨子认为，国君必须选举国中贤者，而百姓理应在公共行政上对国君有所服从。墨子要求上层统治者应及时了解下情，因为只有这样才能赏善罚暴。同时，墨子又要求君上能尚贤使能，即任用贤者而废抑不肖者。墨子把尚贤看得很重，认为是政事之本。他特别反对君主任用骨肉之亲，对于贤者则应不拘出身，提出“官无常贵，而民无终贱”（《墨子·尚贤上》）的进步主张。

（四）节用、节葬

节用是墨家所坚持的非常具有自身特色的观点，他们抨击君主、贵族的奢侈浪费现象，尤其反对儒家所看重的厚葬久丧习俗，认为这无益于社会。他们认为，君主、贵族都应像古代圣王一样，过清廉俭朴的生活。在日常生活当中，墨子也要求墨者能够身体力行。

（五）非乐

墨子极其反对音乐，甚至有一次出行时，听说车是在向朝歌的方向行走，便吩咐立马掉头。他认为音乐虽然动听，但是会影响农民耕种、妇女纺织、大臣处理政务。在墨子看来，音乐上不合圣王行事的原则，下不合人民的利益，所以他对音乐的批判性态度尤为明确。

（六）非命

墨子反对“死生有命，富贵在天”（《论语·颜渊》）的宿命论，认为这种说法“繁饰有命，以教众愚朴之人”（《墨子·非命中》）。在此，墨子看到这种思想对人的创造力的消磨与损伤，所以大胆地提出了非命的思想。他提倡人发挥自己的主观能动作用，用历史事实论证自己能够掌握自己的命运。

《墨子》思想内容丰富，其中政治思想、伦理思想、哲学思想、逻辑思想和军事思想都比较突出，尤其是它的逻辑思想，是先秦逻辑思想的奠基之作。

《墨子》的政治思想，主要反映在《尚贤》《尚同》《非攻》《节用》《节葬》《非乐》诸篇中。墨家主张任人唯贤，反对任人唯亲，要求从天子到下面的各级官吏，都应选择天下的贤人来充当。墨子反对统治者发动侵略战争，声援被侵略的国家，并为之奔走呼吁，勇敢主持正义。墨子对统治者所过的糜烂生活极为反感，主张对统治者要进行限制。对死人的葬礼，墨子主张节俭，反对铺张浪费。这些内容，在客观上反映了广大劳动人民的愿望和要求。

《墨子》的伦理思想，主要反映在《兼爱》《亲士》《修身》等篇中。墨子主张“兼相爱，交相利”，人们不分贵贱，都要互爱互利，这样社会上就不会出现以强凌弱、以贵欺贱、以智诈愚的现象。国君要爱护有功的贤臣，慈父要爱护孝顺的儿子。人们处在贫困的时候不要怨恨，处在富有的时候要讲究仁义。对活着的人要仁爱，对死去的人要哀痛，这样社会就会走向大同。墨子的伦理思想虽然抹杀了阶级性，带有一定的空想色彩，但它却彰显了底层民众要求平等、反抗压迫、呼唤自由的心声。

《墨子》的哲学思想，主要反映在《非命》《贵义》《尚同》《天志》《明鬼》《经》《取》诸篇中。墨家哲学思想的最大贡献是认识论。他主张把知识分为“闻知”“说知”“亲知”三类，“闻知”是传授的知识，“说知”是推理的知识，“亲知”是实践经验的知识。基于此，墨子在认识论方面提出了从上古帝王之政、百姓耳目之实、国家行政实践等三个方面检验认识正误的“三表法”。此外，墨子还反对儒家所宣扬的“天命论”，他不相信“天命”的存在，进而提倡“尚力”。在“名”“实”关系上，墨家认为“名”必须服从“实”，没有“实”做基础，“名”就是虚假的。这些思想都具有唯物主义的性质。但是，墨子又相信“天志”，认为天有意志，天能赏善罚恶，爱人憎人；同时，他还论证了鬼神的客观存在。墨子在思想上和逻辑上产生的这种张力，给后世学者留下了很大的研究空间。

《墨子》的逻辑思想，主要反映在《经》上下、《经说》上下、《大取》《小取》6 篇中，这主要是后期墨家的思想。在《墨经》中，后期墨家提出了“辩”“类”“故”等一套完备的逻辑概念。在《小取》篇中论述了辩论的作用，即辩论是要分析是非的区别，审查治乱的规律，弄清同异的所在，考察名实的道理，判别利害，解决疑似。另外，他们还阐述了辩论的几种方式，对推理的研究也甚为精细。后期墨学所建立的逻辑理论，在中国逻辑思想发展史上起到了重要作用，具有很高的学术价值。

《墨子》的军事思想，主要反映在《备城门》《备高临》《备梯》《备水》等篇中。由于墨家学派主张“兼爱”“非攻”，反对侵略战争，所以它的军事理论主要是积极的防御战术。这虽然不及兵家的军事思想全面深刻，但它却反映了底层民众厌恶战争、渴望和平的心理愿望。

三、《墨子》的历史地位及影响

墨子是先秦历史上唯一出身社会底层且具有重大影响力的思想家。墨子在先秦时期创立了以几何学、物理学、光学为突出成就的一整套科学理论。墨学在当时影响就很大，与儒家并称“显学”，在当时的百家争鸣之中，有“非儒即墨”之称。

墨家是一个有严密组织纪律的团体。他们的领袖称为“巨子”。第一任“巨子”是墨子，后来的“巨子”有孟胜、田襄子、腹䵍等。由“巨子”执行“墨子之法”。墨者“巨子”腹䵍住在秦国，他的儿子杀人，本应依法处死。但秦惠王认为腹䵍年老，只有一个儿子，就命令不杀。腹䵍却说，墨者之法规定：“杀人者死，伤人者刑。”这是禁止杀人伤人的必要措施，它符合“天下之大义”，还是坚持把自己的儿子杀了。（《吕氏春秋·去私》）这个故事生动地反映了墨家纪律的严明。墨者很能战斗，具有“赴火蹈刃，死不还踵”的精神，对后世的任侠文化和风习有重要影响。

作为先秦墨家的创始人，墨子在中国哲学史上产生了重大影响。《墨子》一书所蕴含的思想极其丰富，在中国思想文化发展史上同样具有重要的学术地位。《墨子》在自然科学理论方面的造诣非常高，在科技领域中闪耀着理性光芒，孕育着实验的萌芽，遗憾的是，随着后来墨家的衰微，《墨子》研究在相当长一段历史时期内几近沉寂，这不能不说是古代中国科技史上的重大损失。

（李友广）

道法自然　抱朴守真——《老子》

《老子》是我国最重要的道家文化经典，也可以说是我国首部哲学文化经典，其中以“自然”为本质特征的辩证思维，是我国思想宝库中不可多得的精神财富，对后世、对全人类都产生了十分广泛而深远的影响。

一、《老子》概述

《老子》又称《道德经》《老子五千言》，它主要反映的是道家学派创始人老聃的思想。

老子是对老聃的尊称。他生活在春秋末年，其时强吞弱、大役小，周王室威信低落，各国政权下移，内乱不断，“春秋之中，弑君三十六，亡国五十二，诸侯奔走不得保其社稷者不可胜数”（《史记·太史公自序》）。据《庄子·天道》和《史记·老子韩非列传》所载，老子曾为“周守藏室之史”，掌管东周王朝的图书典籍，对周代文献非常熟悉，他学识渊博，具有天文历算和农耕方面的知识。孔子曾向他请教过有关古礼的问题。后来，老子“见周之衰，乃遂去。至关，关令尹喜曰：‘子将隐矣，强为我著书。’于是老子乃著书上下篇，言道德之意五千余言而去，莫知其所终”（《史记·老子韩非列传》）。

我们今天所见《老子》传世文本，最著名的是魏晋时期思想家王弼（226—249）注解的《老子道德经注》，对老子思想有深刻阐释和发挥。另外，值得注意的是1973年12月在湖南长沙马王堆第三号汉墓出土了帛书《老子》甲、乙本，高明对这两个文本进行了校注。他认为:“《老子道德经》一书是战国初年的作品，先秦时代之《庄》《列》《韩非》《吕览》等书皆有征引。《汉志》所载邻氏《老子经传》、傅氏《老子经说》、徐氏《老子经说》，均早已不传；帛书《老子》甲、乙本，皆为汉初遗物，是目前所见《老子》最早的古本。”①1993年10月，湖北荆门市博物馆对遭盗掘的郭店一号楚墓进行清理发掘，在木椁头箱中发现800多枚竹简，其中有71枚是抄录《老子》的，整理者根据竹简的形制、长短将这71枚竹简分为甲、乙、丙三组。裘锡圭认为：“墓中所出《老子》简的抄写时间，大概不会晚于公元前300年左右，比已有的《老子》的最古本子——抄写于秦汉之际或汉代初年的马王堆帛书《老子》甲本，还早了100年左右。”②

古往今来，注解和研究《老子》的书可谓汗牛充栋。现在比较通行的有高亨《重订老子正诂》(古籍出版社1956年版)，陈鼓应《老子注译及评介》（中华书局1984年版)，刘笑敢《老子古今——五种对勘与析评引论》（中国社会科学出版社2006年版)。关于《老子》研究的历史，有熊铁基等编著的《中国老学史》（福建人民出版社2005年版）和《二十世纪中国老学》（福建人民出版社2002年版）可供参考。

二、《老子》的主要思想内容

生活在春秋末年的老子，突破商周以来带有浓厚宗教色彩的天命

① 高明:《帛书老子校注》，中华书局，1996，第5—6页。

② 裘锡圭:《郭店〈老子〉简初探》，载陈鼓应主编《道家文化研究》第17辑，生活·读书·新知三联书店，1999，第27—30页。

观念，超越常规具体的“忠之道”“生民之道”“亲之道”“取祸之道”“危之道”“先人之道”等，深入阐发自然之道，构筑了理论体系。

《老子》第七十章说：“吾言甚易知，甚易行。天下莫能知，莫能行。言有宗，事有君。夫唯无知，是以不我知。知我者希，则我者贵。是以圣人被褐怀玉。”这一章可以视为《老子》书的自序，老子明确指出自己的学说有宗旨、行事分主从，即所谓“言有宗”“事有君”，这里的“宗”与“君”不是别的，正是自然之道。

老子所说的自然之道大致有如下四个方面的含义：

第一方面的含义是，“道”永恒存在，是天地万物的根本和基础。

“有物混成，先天地生。寂兮寥兮，独立不改，周行而不殆，可以为天下母。”（《老子》第二十五章）“道”是浑然一体的，它的存在先于天地，它寂寞无声，空虚无形，永恒存在，不靠外力，循环运行，永不停止，当得起天下万物的母亲。“道冲，而用之或不盈。渊兮，似万物之宗。挫其锐，解其纷，和其光，同其尘。湛兮，似或存。吾不知谁之子，象帝之先。”（《老子》第四章）“道”无形无象，但作用无穷，充满创造力。它不知从何而来，似乎在天帝之前就已经存在了。“谷神不死，是谓玄牝。玄牝之门，是谓天地根。绵绵若存，用之不勤。”（《老子》第六章）老子用生动的比喻说明“道”永恒存在的根本地位，具有无穷的创生能力。“道之为物，惟恍惟惚。惚兮恍兮，其中有象；恍兮惚兮，其中有物。窈兮冥兮，其中有精；其精甚真，其中有信。”（《老子》第二十一章）“道”虽然恍惚玄奥，但却是真实存在的，它是包含了确定性与不确定性的全体。《庄子·大宗师》对此有所诠释：“夫道，有情有信，无为无形。可传而不可受，可得而不可见。自本自根，未有天地，自古以固存。”“道者，万物之奥。”（《老子》第六十二章）说明“道”是万物深藏的地方。“道”

生养天地万物，先于万物而独立存在，所以“道”是最根本的存在，也是万物得以存在的最终依据。

第二方面的含义是，“道”运行不止，生生不息。

“道”，“独立不改，周行而不殆……强为之名曰大。大曰逝，逝曰远，远曰反”（《老子》第二十五章）。“道”自发地循环运行，毫不停歇。它是一个流动变化的过程，在这个过程中，事物自身得以展现出来，万物的特殊性和复杂性也充分呈现。“大”“逝”“远”“反”是对“道”运行过程的描述，王叔岷说：“《老子》此文大，即有通达义，与逝、远、反（返）诸义相应。‘大曰逝’下三曰字，义皆与而同，犹言‘大而逝，逝而远，远而反’也。大、逝、远、反，此宇宙万物循环变化之总原理，亦即常道。反字最当留意，道之所以循环变化于无穷，正由能反。故四十章云：‘反者道之动。’如不反，则为直线式之变化，终有穷尽之时。老、庄论理，皆极圆融，关键就在能反。”①

在《老子》中“反”是非常重要的字眼，它有正反之“反”和“往返”之“返”两种含义，老子用它说明“道”自发的运行过程以及“道”在此过程中保持动态平衡的能力。老子以虚心的态度静观万物循环往复、相反相成的运动，指出事物纷繁复杂，各有变迁，但最后都是在“道”的运行过程中展现自身。人们只有对这个自发的运行过程有所体验和认识，才能突破狭隘的自我局限，顺应万物的生长变化。

“大道泛兮，其可左右。万物恃之而生而不辞，功成不名有。衣养万物而不为主，常无欲，可名于小；万物归焉而不为主，可名为大。以其终不自为大，故能成其大”（《老子》第三十四章）。“道”是万物生生不息的根本，它服务于万物，是卑下的，而万物归附于

---

① 王叔岷：《先秦道法思想讲稿》，中华书局，2007，第37—38页。

它，因此它又是伟大的。"本章说明'道'的作用。'道'生长万物，养育万物，使万物各得所需，各适其性，而丝毫不加以主宰。这里，藉'道'来阐扬顺其自然而'不为主'的精神。"①

"昔之得一者，天得一以清，地得一以宁，神得一以灵，谷得一以盈，万物得一以生，侯王得一以为天下贞。"（《老子》第三十九章）这里的"一"指"道"，它是一个相互关联、和谐运转的整体，其中一切事物都互相依赖，不可分割。天、地、神、谷、万物、侯王的存在都离不开"道"。"道生一，一生二，二生三，三生万物。万物负阴而抱阳，冲气以为和。"（《老子》第四十二章）这一章说明"道"从混沌状态逐步分化生出万物，这是一个复杂难言的过程，老子用一、二、三作大致的描述，它表明"道"有极强的连续性和创生能力。由"道"生成的宇宙万物是阴阳转化、对立统一的。

第三方面的含义是，"道"是"德"的根本。

"孔德之容，惟道是从。"（《老子》第二十一章）"德"就是得到，它从属于"道"。万物本于自然之道而得以成长，参与了"道"的运行，获得一种不得不然的自我展现的力量。因此，"德"是植根于"道"之中的，老子将其称为"玄德"。"道生之，德蓄之。物形之，势成之。是以万物莫不尊道而贵德。道之尊，德之贵，夫莫之命而常自然。故道生之，德蓄之；长之育之，亭之毒之，养之覆之。生而不有，为而不恃，长而不宰，是谓玄德。"（《老子》第五十一章）这一章讨论在"道"的运行过程中，"道"和"德"的关系。"道"生养万物，"德"是对"道"的服从与保持，它保持了万物的特殊性，同时又不搅扰"道"的循环运行。

所以，"德"与"道"有着深层的联系。"玄德深矣，远矣。"（《老

① 陈鼓应：《老子注译及评介》，中华书局，1984，第202页。

子》第六十五章）关于“德”，在《老子》书中还有“广德”“上德”“建德”“孔德”“常德”等说法，但还是以“玄德”的说法为主。这表明老子在体察“道”运行的连续性与循环性的同时，也以开放的心态迎接宇宙万物的特殊性和创造性，用“玄德”加以描述形容，这充分体现了老子在思索宇宙、人生时，其思想所具有的深度与广度。

第四方面的含义是，“道”不可名状，这引发了老子及其以后的道家学者对语言特性的思考。

“吾不知其名，字之曰道。强为之名曰大。大曰逝，逝曰远，远曰反”（《老子》第二十五章）。“道”不能单靠语言就表述清楚，它是无限的，是活生生的过程，需要参与，需要体验，需要静观与深思。

语言的过度使用，使“道”失去活性，变得抽象化、概念化、形式化、教条化，从而背离世界、人生和精神的多样性、变化性的特点。“道，可道，非常道；名，可名，非常名”，说明老子对语言始终保持着高度警觉和深入探索的态度。他对“道”的论说方式十分谨慎，认为“道”不能在浅表的语言中得到揭示，对“道”的讨论应该在更深的层次上进行，所以他说：“道常无名。”（《老子》第三十二章）“大象无形，道隐无名。”（《老子》第四十一章）

老子认为“道”“周行不殆”，处于不断的建构运行之中，因此，“道”具有开放性的特征，它像水一样，是流动的，正如成玄英的注疏所说：“道以虚通为义。”①“道”不同于任何具体的事物，它看不见、听不见、摸不到、抓不住，无形无象，却就在我们身边，给我们的生活提供基础、赋予意义，它比我们的感官和心智所知觉到的要更加丰富和深入。换句话说，我们认为理所当然的感官和心智只为我们提供了日常生活意义的冰山一角。而更深入更微妙的层次还有待我们

---

① 成玄英：《老子道德经义疏》，载《中华道藏》第9册，华夏出版社，2014，第233页。

去体验和发掘，这是自我实现的历程，对于每个人来说都是特殊的、唯一的经历，没有普遍的规则或既定的原理，只有全身心融入宇宙万物流动变化的过程中，才能体验“道”的指引和力量。因此“道”是恍惚的，是万古常新的。

对老子思想进行探讨，还应注意与自然之道联系极为紧密的三个范畴——“常”“无为”“有无”。

“常”有正常、恒常、长久的意思。“致虚极，守静笃。万物并作，吾以观复。夫物芸芸，各复归其根。归根曰静，静曰复命。复命曰常，知常曰明。”（《老子》第十六章）这是对“道”循环往复的运行过程的描述，所谓“归根”“复命”是说万物处于存在与变化的过程中，在其中展现自身，从而得其性命之本真，事物在获得自身特殊性的同时，也参与到万物整体的变化之流中。万物生于自然又返于自然，这种常态，这种动态的平衡，是“常”最重要的含义。

由此进入行动的领域，老子提倡“无为”。“无为”是一种自觉融入“常道”的行为。在《老子》书中，“无为”是圣人以及修道之士修身、治国所遵循的道理。《文子·自然》曰：“所谓无为者，……谓其私志不入公道，嗜欲不枉正术，循理而举事，因资而立功，推自然之势。”老子说：“道常无为而无不为。侯王若能守之，万物将自化。化而欲作，吾将镇之以无名之朴。无名之朴，夫亦将不欲。不欲以静，天下将自定。”（《老子》第三十七章）这说明侯王应该顺守“道”的运行而不妄作，万物将在“道”自发运行的过程中充分展现自身。如果侯王所守的“道”渐趋封闭，以自我私欲为中心，将要有所作为，这时就需要用自然之道来制止。其中“化而欲作”是有为，“无为”能够消解有为的封闭性，将其融入自发自动的开放系统之中，因此说“镇之以无名之朴”，也就是镇之以“无为而无不为”的“常道”。制止私欲，走向安静，天下将自然而然地稳定下来。

“有无”也与自然之道密切相关。自然之道之所以能够运动，在于其能“反”，所谓“反者道之动，弱者道之用。天下万物生于有，有生于无”（《老子》第四十章）。“道”总是向着相反的方向循环运动，这是“道”最重要的特征。“反”的动力来自“有无”，“有无”相互依存、对立统一，形成一种永恒运动的态势，“自然”就从二者的动态平衡之中生长出来。“有无”是两种反对的因素，是有形与无形、确定性与不确定性、必然性与偶然性、可预测性与不可预测性的总括。“有无”并非两个截然分开的东西，而是同一个过程的两面，二者的关系正如泰戈尔的诗所描绘的：“根是地下的枝，枝是空中的根。”① 从不同的角度去观察同一个过程，就产生了有与无这样对立的、相反的方面，事物创始和创造的过程是“从无到有”的生长过程，同时也是“从有到无”渐趋衰竭的过程。通过“有无”对立统一、循环变化，一个具有创造性的世界便呈现了出来，这就是我们生活的朴素的现实世界，有聚有散、有生有死。

《老子》第一章反复强调“有无”对立统一的重要观点：“无名，天地之始；有名，万物之母。故常无欲，以观其妙；常有欲，以观其徼。此两者，同出而异名，同谓之玄。玄之又玄，众妙之门。”现实世界中的万事万物是从“有无”对立统一的张力状态中展示自身的，人们也应该从“有无”的角度来认识世界，用“无”去了解“道”的奥妙，用“有”去体会“道”的创造。“道”本身的运行、宇宙万物自身的展开、人们对事物的体会与理解都与“有无”对立统一、循环运行紧密相关。人对世界的认识不应该执着于“有”或“无”的偏见，而应该全面看到整个过程的更深层，立足于天地万物灵动变化的洪流，虚心体察，融会贯通，这样才能追求智慧的人生。

---

① ［印度］泰戈尔：《泰戈尔诗选》，谢冰心、石真、郑振铎等译，人民文学出版社，1958，第512页。

三、《老子》的历史地位及影响

老子及其开创的道家学派对中国文化的影响是不可估量的，任继愈对老子思想的重要性有这样总括性的评论："哲学不同于其他科学，哲学不负责解决一个一个的局部具体问题。哲学的全局观点是从老子开始的，后来不断发展丰富，才有今天的哲学。道——混沌的，是朴素的。道——自然的，本来就存在。道——构成万物的原始材料。道——无形象，肉眼看不见，感官不可触摸。道——事物的规律。人、物、自然、社会都离不开道。'道'是老子第一次提出的新概念，表达起来有困难，它不好描述，它是'无名''朴''无象''无形''无状之状''无物之象'。'道'是精神性的还是物质性的，老子没有深说。老子的认识已经是处在当时中国古代人类认识的最前沿。"①

《老子》以其独特的魅力吸引着古今中外许多追求智慧的人们，从社会、文化、政治、经济、生态、人生哲理等方方面面对其进行探讨。形成于东汉时期的道教，以老子道论为基础建立宗教思想体系。道教徒将老子神化为道德天尊，即太上老君，奉为天神和创立道教的教主。《老子》一书，即《道德经》也特别被道教徒看重，成为诸道经之首。仅以历代注释《老子》的著作为例，今人严灵峰《无求备斋老子集成初编》就收有明代以前的著作 140 种，续编收录清代、民国时期以及日本、韩国著作 196 种，加上《道藏》中收录的《老子》注本和对出土简帛《老子》进行研究的著作，更是数不胜数。可见，《老子》是一个研究不尽的领域，其影响是难以估量的。

（夏绍熙）

① 任继愈：《老子绎读》，北京图书馆出版社，2006，前言第 3 页。

尽心养性　民贵君轻——《孟子》

《孟子》是继《论语》之后，儒家另一部非常重要的经典。儒学思想内容在一定程度上被称为孔孟之道，就是因为孟子从“人能弘道”方面继承和发展了孔子的思想，完善了儒家人学思想体系。孟子的思想很大程度上都集中体现在《孟子》一书中。

一、《孟子》及孟子

《孟子》由战国时孟轲及其弟子万章等作，或说是孟子弟子、再传弟子的记述。《史记·孟子荀卿列传》记为7篇，《汉书·艺文志》著录为11篇，包括“外书”4篇。“外书”4篇是否是先秦著作本来就有疑问，而后来又失传。今存“外书”4篇是明代人的伪作。今本《孟子》7篇是《梁惠王》《公孙丑》《滕文公》《离娄》《万章》《告子》《尽心》，各分上、下，共14卷。古代人作的《孟子》注本主要有东汉赵岐《孟子注》、南宋朱熹《孟子集注》、南宋赵顺孙《孟子集注纂疏》、清焦循《孟子正义》。今人注本主要有杨伯峻《孟子译注》等。

要了解孟子的思想，首先就要对这些思想产生的历史背景进行分析。孟子思想的产生，和他的生平、当时的历史条件等密不可分。

孟子（约前372—前289），名轲，字子舆，战国中期邹（今山东邹城）人。据《史记》记载：“孟轲，邹人也，受业子思之门人。”

(《史记·孟子荀卿列传》）这段话指出了孟子是邹国人，不过需要注意的是他同鲁国也有很深渊源。孟子的先世是鲁国公族孟孙氏之后，是三桓的子孙，后来才迁到邹国的。至于何时迁徙的，史料已无明文记载。东汉赵岐在《孟子题辞》中说：“孟子，鲁公族孟孙之后，故孟子仕于齐，丧母而归葬于鲁。”孟子丧母归葬于鲁，说明当时已有落叶归根的观念，也说明孟子上代迁移邹国的时间不会太长。可见，不论从孟子居住地的地理条件（离鲁国最近）看，还是从他的血缘传承看，他与以鲁国为代表的周文化确实有历史渊源关系。此外，《史记》明确记载孟子“受业子思之门人”。至于具体受业于谁，可能在司马迁时已无从详考；也可能子思的这位门人本来就没有什么知名度，高徒不一定出自名师。孟子虽然不是亲身受业于子思，却是受业于他的门人。《韩非子·显学篇》认为“子思之儒”与“孟氏之儒”是一系的，孟子在思想上和子思的关系非常密切。孟子受业于子思之门人，在其他史料中也可以得到证明。在《孟子》一书的记载中，孟子就曾经五次赞颂子思，并以子思作为自己立身处世的榜样。后来荀子在《非十二子》中批判孟子的时候，就把他和子思联系起来，而且与对其他各家的批判不同，荀子特别提到了子思“唱之”，孟轲“和之”，这就肯定了子思、孟子二人在思想观点上的密切联系。《中庸》是子思的著作，孟子与子思在思想上的联系，还可以从《孟子》与《中庸》这两本书的联系上看出来。仔细比较《孟子》与《中庸》的思想，就会发现《孟子》中不但有许多思想观点与《中庸》相符合，而且有些还较《中庸》前进了一步。例如孟子“道”论中“本体”的意义就较《中庸》更加突出一些。

孟子一生的经历颇类似于孔子。他在思想成熟以后，为了学以致用，同时也为了实现其“平治天下”的远大抱负，游说诸侯，宣传自己的“仁政”思想。孟子的一生，以继孔子之业为职志，发出了“如欲平治天下，当今之世，舍我其谁也”（《孟子·公孙丑下》）的豪言。孟子周游列国，经常“后车数十乘，从者数百人”（《孟子·滕文公下》），成为游士阶层中很有影响的人物。关于孟子游历的经历，近人钱穆进行了详细的考证。① 归纳起来，情况大致是这样：

孟子在近40岁时，开始在邹、鲁一带招收弟子，从事讲学。邹穆公闻孟子贤名，便举其为士。齐威王“聚天下贤士于稷下”（《风俗通·穷通》）。孟子约于公元前329年，率领弟子，首次游齐，为稷下大夫。齐威王三十一年（前326），孟子的母亲去世，孟子“自齐葬于鲁”。因为孟子在齐为稷下大夫，便以五鼎之礼和很好的棺木厚葬其母。三年丧期满后，于公元前323年返回齐国，继续宣传他的“仁政”主张。孟子约于齐威王三十四年（前323），率领弟子前往宋国。此时宋君为少主，欲行“仁政”。孟子在宋国，宣传“仁政”，强调了环境对人的影响和任贤使能的重要性，并两次会见了往返经过宋国的滕国世子，向他讲解“人性善”的道理，同时讲了许多治理国家要实行“仁政”的道理，并且在讲解中“言必称尧舜”（《孟子·滕文公下》）。孟子于公元前322年离开宋国。同年，即公元前322年，滕定公死。滕世子两次派人到邹向孟子请教丧葬之礼。滕定公葬毕，孟子受滕文公的邀请，“孟子之滕，馆于上宫”（《孟子·尽心下》）。孟子在滕国与滕文公进行了多次交谈，比较系统阐述了贤君要重民事、恭俭礼下、取于民有制、加强学校教育，“分田制禄”，以及“请野九一而助，国中什一使自赋”的赋税理论。约于公元前320年，孟子又返回邹国。孟子大约在梁惠王后元十五年，即公元前320年，从邹国到了梁国。孟子与梁惠王进行了多次交谈，动之以情，晓之以理，或设问“杀人以挺与刃，有以异乎”，或譬喻“五十步笑百

① 钱穆：《先秦诸子系年》，商务印书馆，1932。

步”（《孟子·梁惠王上》），既严肃巧妙地批评了梁惠王将政治过失归罪于自然灾害的逃避心理，又深入阐述了先义后利、与民同乐、不违农时、省刑薄敛、加强教化等“仁政”理论。公元前318年，梁襄王即位。孟子认为，梁襄王是个毫无国君风度和威严的无所作为之君，便于同年离开了梁国。公元前319年，齐宣王即位。齐宣王初立，“褒儒尊学，孟轲、淳于髡之徒，受上大夫之禄，不任职而论国事，盖齐稷下先生千有余人”（《盐铁论·论儒》）。在此形势下，孟子再次游齐，他对齐宣王施行“仁政”充满期望，在齐国历时六年有余。孟子的“仁政”主张，曾使齐宣王受到一定鼓舞。孟子在齐备受礼遇，被齐宣王任为客卿。齐宣王对孟子的“仁政”主张虽表示欲“尝试之”，但毕竟他是急功近利的当权者。公元前316年，燕国发生了“禅让”事件，齐宣王利用燕国内乱，发兵攻打燕国。齐伐燕事件，加剧了孟子与齐宣王在是否实行“仁政”以及战争等问题上的分歧，导致孟子辞去客卿之职，离开齐国。孟子于齐宣王八年（前312）离齐归邹，时年约61岁。

孟子从公元前329年开始出游，公元前312年最终归邹，前后近20年，游说诸侯，最后无功而返，未能实现“仁政”的远大抱负。究其原因，与他生活的社会环境不无关系。孟子生活在战国中期，当时社会的经济变革和政治斗争为孟子思想的产生提供了可能性。经济变革指的是自春秋时期以来，随着铁器和牛耕技术逐渐推广，生产力进一步提高，农作物单位面积的产量增加，同时大片荒芜的土地得到开发，使土地的占有关系发生了前所未有的变化，即由土地公田制向土地私有制转变。随着土地所有权的变化，社会分化出了新兴的地主阶级和农民阶级。新兴地主阶级在经济领域中取得一定实力后，为了巩固和进一步发展他们已经取得的经济实力，有进一步掌握政治权力的要求。这样一来，新旧势力在政治上的冲突就不可避免，而且矛盾越来越激化和尖锐。这种冲突以至斗争，促使政权逐步由奴隶主贵族转移到新兴封建地主阶级手中。同时，残酷的现实，颠沛流离的生活，也使人们迫切希望找到一种学说，这种学说一方面能够满足人的终极关怀的需要，另一方面又能够为治理国家提供可靠的理论根据。孟子的思想，可以说正是为适应时代的需要而产生的。然而战国时期又是一个急功近利的时代，各国君主面临的迫切问题是如何富国强兵，如何确保在残酷的攻伐战争中不被他国所攻灭，然后才能进行统一他国的战争。在这种情况下，更能满足君王眼前需要的学说，是霸道主张，如讲求“富国强兵”的法家，以及讲求攻伐谋略的兵家。秦孝公任用商鞅变法，楚、魏两国利用吴起从而由弱变强，都是很好的例证。但孟子追求的乃是“祖述尧、舜”，反对以武力服人的“霸道”，提倡以“德”服人的“王道”，主张用“仁义”政治去教化百姓，感染他人归顺，反对不义的战争。这些思想或主张，在当时的诸侯们看来，真正是“迂远而阔于事情”，孟子的王道主张不被诸侯们所欣赏，不能付诸实践，是可以理解的。而孟子也坚持自己的思想和主张，不为富贵利禄而放弃自己的原则，从而终不见用。

孟子思想的渊源，主要是以孔子为代表的早期儒家思想；他对诸子的批判，也对他思想的产生有影响。

孟子吸收了孔子、曾子、子思的思想，从孔子到孟子之间存在“孔子→曾子→子思→孟子”的思想发展线索。孔子的思想以人为中心问题，认为现实的人，在现实的基础上，通过学习，反思自我，不断提高自己的修养水平，觉悟人之所以为人的共性或本性，使自己逐渐成为真正的、理想的人，然后，以此为基础，治理国家，教育后生，使社会成员变得更加文明，使整个社会变成更加文明的社会，推动人类历史的文明化进程。在这个过程中，孔子又非常重视人的主体性，特别体现为他对于“修己”的重视。孔子提出“修己”说，为儒家人学的进一步发展，指明了一种可能的方向，即重视内在心性修养的方向。

曾子的思想，在孔子的基础上，更强调从内省出发，注重自我精神修养的基础性、决定性作用。《论语》记载："子曰：'参乎！吾道一以贯之。'曾子曰：'唯。'子出，门人问曰：'何谓也？'曾子曰：'夫子之道，忠恕而已矣。'"（《论语·里仁》）曾子将孔子的"一"或"一贯"理解为"忠恕之道"。"忠恕之道"是"尽己"与"推己"的统一。孔子思想中，本就有重视"己"（自己、真我或真人）甚于重视"人"（他人、表象的人）的倾向，是曾子第一次将孔子思想中的这一倾向明确提示或突出起来。他的这一思想特点，在他的其他言论中，也有明显的表现。《论语》记载："士不可以不弘毅，任重而道远。仁以为己任，不亦重乎？死而后已，不亦远乎？"（《论语·泰伯》）曾子对"己"的重视，延续了孔子思想重视主体问题的特点。同时，曾子常常反思自己，是他为学的显著特点。《论语》记载："曾子曰：'吾日三省吾身：为人谋而不忠乎？与朋友交而不信乎？传不习乎？'"（《论语·学而》）他反省自己的三个问题，其实可归纳为两个方面：一是自己的内在修养（"忠""信"等）提高的情况，二是自己的学习情况。反省自我，决不怨天尤人，乃是曾子自我修养提高的基本方法之一。曾子的"反省"思想凸显了孔子人学思想中的主体性内容。

紧跟其后的子思，则沿着这条路径，进一步引导孔子的人学思想向着"心性"论的方向前进。子思的思想主要体现在《中庸》中，他更加重视内省，更加重视人的内在修养，他将人的修养提高这个问题，分析成为互相不同但又有内在联系的几个问题。比如，《中庸》对诚、慎独、尊德行等的重视，就体现出对内在修养的重视。《中庸》说："惟天下至诚，为能尽其性；能尽其性，则能尽人之性；能尽人之性，则能尽物之性；能尽物之性，则可以赞天地之化育；可以赞天地之化育，则可以与天地参矣。”（《中庸》第二十二章）“至诚”，就被后来的孟子直接称之为“良知”。

孟子还通过对诸子的批判来构建自己的思想体系，这些批判主要表现为以儒家的“王道”批判法家的“霸道”，以“仁爱”说批判墨家“兼爱”说为“无父”，以“良知”说批判杨朱“为我”说为“无君”等。比如，所谓“王道”，本指先王所行的正道，在孟子那里，特指国君以“仁义”治天下以“王天下”（明明德于天下）之道；所谓“霸道”，则指国君凭借武力、刑罚、权势等进行统治而称霸天下之道。孟子认为“仁政”就是以善养人，以德服人，能让老百姓发自内心地敬服，能长期地统一天下，所以，“仁政”乃是真正的“王道”，而法家的主张则是以力服人，老百姓不是心服，但也能在短期内称霸诸侯，所以叫作“霸道”。孟子批判法家，主要就是以儒家的“王道”批判法家的“霸道”。《孟子》记载：“以力假仁者霸，霸必有大国；以德行仁者王，……以力服人者，非心服也，力不赡也；以德服人者，中心悦而诚服也，如七十子之服孔子也。”（《孟子·公孙丑上》）法家奉行霸道，倚仗土地、甲兵等实力，而又假借仁义为口号，基本上就可以称霸诸侯了；而以统治者自己较高的修养为基础，施行“仁政”，推行“德治”，则可使天下人心归服，这样统一天下才能根基永固。这是因为霸道以强大的实力为基础，王道则以施行仁政和民心归服为基础；霸道使人屈服于压力而非心服，王道获得民心而使人心悦诚服。

二、《孟子》的主要思想内容

孟子的思想包括“天命”论、“道”论、“人性善”说、“养心”

说、“仁政”思想等，是孟子对孔子、曾子、子思思想进一步发展的结果。

《孟子》中的“天”可以划分为两个方面的含义，即宗教的天（孟子称之为“天命”或“命”）、哲学的天（孟子称之为“道”、良心、本心、良知等）。宗教的天，指有意志、有人格的、主宰的“天”。比如，孟子说：“虽有恶人，斋戒沐浴，则可以祀上帝。”（《孟子·离娄下》）“上帝”的说法，完全是照抄过去宗教的成说，对于孟子自己的思想而言，并没有什么重要的意义。哲学的天在孟子思想中指具有形而上学意义的“天命”论。关于天命，孟子继承了孔子将“天命”分为命运和使命的思路，明确了命运的内涵意义和发挥了人可以努力的那一部分，即使命问题。《孟子》记载：“天也，非人之所能为也。莫之为而为者，天也；莫之致而至者，命也。”（《孟子·万章上》）孟子将命运放到天与人的关系中，给予了明确的界定，认为“人之所能为”以外的，叫作“天”。而在“天”中，又可以分为两个方面：没有人的推动，但它在运动，这是自然的“天”；没有人的努力，但它导致了一种结果，或者说人虽然努力了，但所得到的结果与人努力的方向并无必然联系，这就是“命”或命运。命运是非人力所能主宰或改变的。

人不能凭借自己的努力改变命运，那么，人对待天命应该怎么办呢？在孟子看来，人对待天命，实际上有两种办法，一是“俟命”，二是“立命”“正命”。《孟子》有：“君子行法以俟命而已矣。”（《孟子·尽心下》）“行法”是人为的努力。从“行法”的结果上来说，人只能“俟命”，就是等待命运的决定。但从“行法以俟命”说，从既有人为努力，又等待天命的决定说，这是“立命”。《孟子》记载：“尽其心者，知其性也。知其性，则知天矣。存其心，养其性，所以事天也。夭寿不贰，修身以俟之，所以立命也。”（《孟子·尽心上》）尽心知性知天、存心养性事天是人在后天进行的修养努力，相当于前述的“行法”。在修养过程中，不管修养的最终结果如何，也不管自己生或死、寿或夭、富或贫、贵或贱，只是努力修养，在人的努力中等待天命的决定，这就是“立命”。要能够“立命”，当然离不开人们的学习和修养。或者说，人们后天学习和修养活动，既是“立命”的条件，也是“立命”的一部分。人们后天学习和修养活动，孟子又称为“正命”。所以，孟子的“立命”论与他的“正命”论有密切的思想联系。《孟子》记载：“莫非命也，顺受其正。是故知命者不立乎岩墙之下。尽其道而死者，正命也；桎梏死者，非正命也。”（《孟子·尽心上》）对于命运，只能等待它的降临（俟命），而对于自己的使命，则要通过努力来实现它。通过自己的努力实现自己的使命，就是“正命”。现实的人们通过学习和修养，认识到“天命”，“顺受”自己获得的这一天命，而后尽到后天的一切努力（尽其道而死），以实现自己获得的这一天命，都是“正命”。

其次，孟子的“道”论。

孟子的“道”论是孟子思想的基础，他的“人性善”说、“养心”论、“仁政”思想等，都建立在他的“道”论基础之上。关于“道”，孟子说：“夫道一而已矣。”（《孟子·滕文公上》）他断定世界上的“道”只有一个。“一”的意义主要是“同”或“同一”，指人与人之间拥有同一的性质或共性，所以人与人之间是一类。把握“道一”的意义，还得从孟子关于“道”与人的关系上说起。孟子说：“仁也者，人也。合而言之，道也。”（《孟子·尽心下》）这就将“仁”与“人”合而言之，认为“道”不是离开了现实的人、与人没有关系的“道”，而是与现实的人有不可分割的联系的“道”。孟子还发现，圣人与圣人之间、圣人与凡人之间、凡人与凡人之间，都有“同道”，存在着作为人这一类的一般共性。《孟子》记载：“曾子、子思同道。……曾子、子思易地则皆然。”又有：“何以异于人哉？尧、舜与人同耳。”（《孟子·离娄下》）意思是说曾子和子思相同的地方，尧、舜等圣人和普通人相同的地方，就在于大家都是人，属于同类，都具有人善的本性。人善的本性，就是“道”。“道”的具体内容，在孟子看来，主要指“仁”和“义”。他说：“夫仁，天之尊爵也，人之安宅也。……仁者如射，射者正己而后发；发而不中，不怨胜己者，反求诸己而已矣。”（《孟子·公孙丑上》）“仁义礼智，非由外铄我也，我固有之也。”（《孟子·告子上》）孟子断定“仁义礼智”等修养是人所先天“固有”的东西，也是“天命”赋予人的东西；而且“仁”还是人们最高修养的境界（尊爵），是人们安身立命的精神家园（安宅）。换言之，“仁”是人内在固有的品德，是人们追求的内在理想。《孟子》还有：“大人者，言不必信，行不必果，惟义所在。”（《孟子·离娄下》）这是以“义”作为标准来理解“信”，实际上是将“信”统一到“义”中。

孟子还认为现实世界中的万事万物都处于不断的运动变化中，无论是帝王将相、英雄豪杰，还是匹夫匹妇、贫苦百姓，在历史的潮流面前，都不可避免会成为过往烟云，而“道”则是最真实无伪、永恒不变的东西；现实世界中万事万物都受到各种各样的限制，不能自己决定自己，而“道”与它们不同，“道”具有主体性，它自己决定自己，而不受“非道”的决定。“道”自己是自己的主体，还是世界的最高主体，它不仅决定自己，还决定世界。对于“道”的这一地位和主体性，孟子称之为“良知”或“良心”。《孟子》记载：“人之所不学而能者，其良能也；所不虑而知者，其良知也。孩提之童无不知爱其亲者，及其长也，无不知敬其兄也。亲亲，仁也；敬长，义也。无他，达之天下也。”（《孟子·尽心上》）这是说人人都有其“良知”，“良知”是人们不用考虑就知道的东西，就像小孩天生知道爱亲敬长一样，“良知”具有“不虑而知”的先天性、固有性。孟子又说：“虽存乎人者，岂无仁义之心哉？其所以放其良心者，亦犹斧斤之于木也，旦旦而伐之，可以为美乎？”（《孟子·告子上》）这是说人人都有其“良心”。不论是“良知”，还是“良心”，都是指“仁义”之心等，都是指“道”心。孟子还说：“万物皆备于我矣。”（《孟子·尽心上》）这意味着每一个人（我）不仅“同道”，而且每一个人都拥有与“万物”之道相同的“道”。这种说法，将“同道”的思路贯彻到自然界领域，使孟子的“道”不仅仅是人之道，而且是天之道；同时，由于任何一个作为人的主体的“我”都具有天地万物之“道”，这就使“我”不仅仅是我，而且是“万物之灵”，是在万物之中而又超然于万物之上的最高主体。

第三，孟子的“人性善”思想。

孟子的“人性善”思想在与告子的辩论中得到较多的表述。孟子与告子的辩论主要是从以下几个方面进行的：

其一，性是材料还是材料的性质之争。《孟子》记载：“告子曰：‘性，犹杞柳也。义，犹桮棬也。以人性为仁义，犹以杞柳为桮棬。’孟子曰：‘子能顺杞柳之性而以为桮棬乎？将戕贼杞柳，而后以为桮棬也。如将戕贼杞柳而以为桮棬，则亦将戕贼人以为仁义与？率天下之人而祸仁义者，必子之言夫！’”（《孟子·告子上》）告子以作为材料的杞柳比喻性，孟子则以杞柳之性比喻性。告子认为人性就像杞柳，而仁义等善性则像桮棬，是人们在后天加工杞柳而成的东西，比喻人性善乃是后天教化（对人进行精神加工、编织等）的产物。在这一比喻性认识中，告子以性为材料，而善为对材料加工的结果之一。孟子则指出，当人们加工材料时，是顺着材料之性而加工呢，还是逆着材料之性而加工呢？如果是顺着材料之性而加工，则性就不能说只是材料，而且还是材料之性。

其二，性是本然状态的一般性质还是本然状态的根本性质（本性）之争。《孟子》记载：“告子曰：‘性犹湍水也，决诸东方则东流，决诸西方则西流。人性之无分于善不善也，犹水之无分于东西也。’孟子曰：‘水信无分于东西，无分于上下乎？人性之善也，犹水之就下也。人无有不善，水无有不下。今夫水，搏而跃之，可使过颡；激而行之，可使在山。是岂水之性哉？其势则然也。人之可使为不善，其性亦犹是也。’”（《孟子·告子上》）告子以静止状态的水比喻人性，孟子则以运动状态的水比喻人性。在告子看来，不管是东还是西，在哪一个方向决口，水就向着哪一个方向流。告子关注的是在静止状态下水的一般性质。而在孟子看来，水不管往哪个方向流，但总是往下流。孟子所关注的是在运动或流动状态下水的根本性质。告子以性为本然静止状态，而善乃后天实然引导的结果之一。孟子指出，后天实然引导是顺着水（或事物或人）的本性而引导呢，还是逆着水（或事物或人）的本性而引导呢？如果是顺着水（或事物或人）的本性而引导，则性不只是本然静止的状态，而且是这种状态的先天本性；这种状态的先天本性在后天经验中要表现出来，便如水不论向东流，还是向西流，但总是向下流一样。

其三，性是自然生命还是不只是自然生命之争。《孟子》记载：“告子曰：‘生之谓性。’孟子曰：‘生之谓性也，犹白之谓白与？’曰：‘然。’‘白羽之白也，犹白雪之白；白雪之白犹白玉之白与？’曰：‘然。’‘然则犬之性犹牛之性，牛之性犹人之性与？’”（《孟子·告子上》）在这里，告子提出了“生之谓性”，意思是说，“人性”这个概念的外延就是指“生”。根据《孟子》的记载，告子说过“食、色，性也”（《孟子·告子上》）的话。这就意味着吃饭、性爱是人的自然天性，这些都与人的生物生命的延续有关。如此，告子的所谓“生”，接近于人的自然生命或生物生命或与此相关的东西。孟子则指出，不能只将自然生命看作人的本性，否则，犬、牛等动物也有其自然生命，当然也就拥有与人一样的本性，如此，人的本性和犬、牛等动物的本性就区别不开了。

在孟子看来，人性的外延不只是“生”，或者主要的不是“生”，而是“仁义礼智”等，或者说“仁义礼智”等才真正是人性的内容。《孟子》明确记载：“仁义礼智，非由外铄我也，我固有之也，弗思耳矣。”（《孟子·告子上》）对人本性的意义进行揭示，可谓是人性本善的根本证明；此外，孟子还从心理活动方面论证人性是善的。孟子说：“恻隐之心，仁之端也；羞恶之心，义之端也；辞让之心，礼之端也；是非之心，智之端也。人之有是四端也，犹其有四体也。”（《孟子·公孙丑上》）这就从人的心理方面提示证明了人性本善的实际情况。他指出，恻隐之心、羞恶之心、恭敬之心、是非之心，这些心理活动分别是“仁义礼智”的一点点表现，而“仁义礼智”作为人性的基本内涵是“天之所予我者”（《孟子·告子上》），是义理之天的一部分，而义理之天是无不善的。因而，由义理之天引出的人性无疑便也是善的。这是孟子人性本善的形上论证。孟子对人性本善的形下论证，依据的是日常情感经验，采取的是经验主义论证方式。他以人皆有不忍人之心为例来证明人性本善，他说，日常情感经验表明，先王皆有不忍人之心，因此才实行了不忍人之政。他举了一个貌似颇具说服力的例子作为佐证。《孟子》记载：“所以谓人皆有不忍人之心者，今人乍见孺子将入于井，皆有怵惕恻隐之心，非所以内交于孺子之父母也，非所以要誉于乡党朋友也，非恶其声而然也。”（《孟子·公孙丑上》）意思是说所谓人皆有不忍人之心，就如同你看到一个小孩子快要掉到井里去，你自然会有一种恻隐之心或同情心，伸出你的援助之手，不让小孩掉下去。你这样做的目的，既不在于要去讨好小孩的父母，也不在于要博得好的名声，也不在于讨厌小孩的哭声，你的目的与个人的功利需要或追求毫无关系，与个人的审美情趣也毫无关系，而完全是出于自己建基于仁爱本性基础上而自发产生的同情心。由此证明人性本善。

第四，孟子的“养心”论。

孟子认为，人人都有良知良能，所以人性本善，但是在现实中却出现众多的恶人。如何来改变这种现状？孟子认为应该加强修养。对于孟子的修养论来说，他延续了孔子的思想，不过更加注重的是内在修养，具体表现就是“养心”论。

在孟子看来，“养心”目的在于认识或觉悟“道”，即对“道”（或良知、良心、本心）要有自得，对人之所以为人的道理有觉悟。《孟子》记载：“君子深造之以道，欲其自得之也。自得之，则居之安。居之安，则资之深。资之深，则取之左右逢其原。故君子欲其自得之也。”（《孟子·离娄下》）在养心过程中，人们应“专心致志”，坚持不懈。《孟子》记载：“无或乎王之不智也。虽有天下易生之物也，一日暴之，十日寒之，未有能生者也。”（《孟子·告子上》）

孟子还对“养心”修养活动进行了初步的结构分析，认为“养心”实际上有先天自然的“养心”与后天努力的“养心”两个层次。《孟子》记载：“尧、舜，性之也。汤、武，反之也。”（《孟子·尽心上》）“性之”是不假修为，自然如此，尧、舜的“养心”是完全自然如此的，不是通过后天循序渐进一步步努力而成的；“反之”则是后天修养而成的，汤、武的“养心”就是通过后天努力而形成的。孟子还发现，“养心”活动既涉及“知”，也涉及行。在他看来，“养心”活动是知行并重的。尽心知性知天，主要是对“道”的认识或觉悟，为知；存心养性事天，主要是遵循“道”的实践，为行。孟子还指出，“养心”活动既要做正面的努力，更要进行反面的限制。在“养心”中，正面如尽心知性知天、存心养性事天当然重要，但反面的如“寡欲”也应该同时进行。《孟子》记载：“养心莫善于寡欲。其为人也寡欲，虽有不存焉者，寡矣。其为人也多欲，虽有存焉者，寡矣。”（《孟子·尽心下》）“寡欲”，就是克制、减少或限制某些不符合人性要求的欲望。因为按照孟子的看法，人们之所以陷溺其良心，往往和他们欲望太多太盛有关，而他们的这些欲望，站在人性的高度看，又不完全是正当的、永恒的。

对于“养心”活动，孟子还进行了历程阶段的划分。《孟子》记载：“可欲之谓善，有诸己之谓信，充实之谓美。充实而有光辉之谓大，大而化之之谓圣，圣而不可知之之谓神。”（《孟子·尽心下》）在孟子看来，现实人的修养，大体上有“善→信→美→大→圣→神”六个阶段。“美”“大”“圣”“神”是现实的人们进行修养所必经的四个阶段。“美”指通过扩充自己固有的人性之端，使良知充满于人的言行活动之中，自己的综合素质有实实在在的提高。“大”指自己的修养收获在现实社会生活中对周围的人们产生积极的实际影响，放射出人性的光辉。这时候的人，或许可以称为“大人”或“大丈夫”。“圣”指自己获得从政的机会，运用自己的修养来治理国家，感化民众，使现实社会成为理想的社会。这时候的人，或许可以称为“圣人”。“神”则是现实的人们能够修养到最高阶段，以至一般人难以理解。这些都是“养心”修养不同阶段达到的不同精神境界。

孟子希望通过“养心”，实现对理想人格的追求，这也就是“养心”的境界问题。孟子的理想人格首先提到圣人，他明确认为，圣人并非普通人不可企及，圣人不过与我同“类”而已。他说：“圣人之于民，亦类也。”（《孟子·公孙丑上》）“尧舜与人同耳。”（《孟子·离娄下》）同时，孟子又认为圣人与一般人有着同样的善性，这就是“道”或“良知”。一般人只要努力修养，同样可以超凡入圣，成为真正的、理想的人。所以，孟子明确地说：“人皆可以为尧舜。”

(《孟子·告子下》) 此外，孟子还提出了“君子”“士”“大丈夫”等理想人格范畴，而其中影响最深远的，最能反映孟子本人气象的则是“大丈夫”的理想人格。那么，何谓“大丈夫”呢？孟子说：“居天下之广居，立天下之正位，行天下之大道；得志，与民由之；不得志，独行其道。富贵不能淫，贫贱不能移，威武不能屈。此之谓大丈夫。”(《孟子·滕文公下》)“广居”就是仁，“大道”就是义。“居天下之广居，行天下之大道”，就是居仁由义，而且在面对富贵、贫贱、威武这些外部境遇时，都是不能使其改变气节的。如何成为“大丈夫”？孟子说：“我知言，我善养吾浩然之气。”(《孟子·公孙丑上》) 意味着通过“知言”和“养浩然之气”的修养来实现。

第五，孟子的“仁政”思想。

孟子的“仁政”思想内容非常丰富。首先，孟子“仁政”思想的最一般原则，即“推己及人”原则。他说：“人皆有不忍人之心。先王有不忍人之心，斯有不忍人之政矣。以不忍人之心，行不忍人之政，治天下可运之掌上。”(《孟子·公孙丑上》) 在他看来，每个人都有同情人的心理。先王因为有同情人的心理，所以有同情人的政治。根据同情人的心理，去实施同情人的政治，那么，治理天下就容易了。可见，孟子所谓的“仁政”，实际上就是统治者根据自己的“不忍人之心”(或恻隐之心)“推己及人”的结果。孟子“仁政”思想中，还有几个比较根本的思想来贯彻他的“推己及人”原则。具体表现为：孟子特别注意对于现实的人成为君王的条件，他由此提出了君权“天授”和君权“民授”的主张；在国君与臣下、国君与民众的关系上，主张“以善养人”“以德服人”；“民本”思想。比如，就“民本”思想而言，孟子提出的“仁政”措施中，“尊贤使能”以及“禅让制”，都以民意为标准；统治者对人民的让利，也反映了孟子重视“得民心”的问题。此外，还提出了“民贵君轻”的口号。他说：

“民为贵，社稷次之，君为轻。”（《孟子·尽心下》）就“民”的含义来讲，它指平民百姓，与“君”相对而言。那么，如何来理解“民贵君轻”呢？就“贵”字而言，“贵”不是“尊贵”的“贵”，而是“贵重”之义；“轻”也不是“轻贱”的轻，它指“次要”之义。因而“民为贵”，是说百姓乃国家之本。社稷是相当重要的，但可以更换。如果国君暴虐无道，危害国家，也可以更换国君。国君可换，社稷可变，唯有人民不可失去，它是最重要的，最根本的，所以说“民贵君轻”，这是第一层含义。“民贵君轻”还有一层意义，是说国君得失天下的关键在于能否获得民心，取得百姓的拥护。此外，孟子还从百姓与土地、政事的关系方面，来阐发了他的“民本”思想；在谈到天时、地利、人和的重要性时，孟子还提出“天时不如地利，地利不如人和”（《孟子·公孙丑下》）的看法，进一步贯彻了他的“民本”思想。

此外，和孔子的“德治”思想不同，孟子还在经济、政治、军事、文化等方面提出了许多关于“仁政”的具体措施。概括起来看，主要有以下几个方面：

其一，在经济上，孟子提出正经界、行井田、薄税敛的主张。孟子说：“夫仁政必自经界始。经界不正，井地不均，谷禄不平，是故暴君污吏必慢其经界。经界既正，分田制禄，可坐而定也。”（《孟子·滕文公上》）实行“仁政”，划分整理田界是开始。如果田界的划分不正确，井田的大小就不均匀，作为俸禄的田租收入也就不会公平合理。孟子认为，经界既正，就可以实行井田制了。按照孟子的设想，井田制的大略是：“方里而井，井九百亩，其中为公田。八家皆私百亩，同养公田；公事毕，然后敢治私事。”（《孟子·滕文公上》）孟子主张从土地制度入手，实行井田制，是抓住了改革的根本。井田制实际是对私有制的限制，但又没有完全消除私有制，接近于一种公私合作的所有制。孟子实行井田制的意图，一方面是为了限制土地的兼并；另一方面是为了制民恒产，减轻农民的负担，满足广大民众对“利”的正当要求，从而稳定社会秩序。因为人民只有在足以维持自己一家人生活的土地上，才能安居乐业，否则就会铤而走险。

其二，在政治上，孟子推崇历史上曾经实行过的君位禅让制，在君臣方面主张统治者要尊贤使能，在君民方面主张统治者要减省刑罚。如，在用人方面，孟子主张，当时的统治者应“贵德尊士”“尊贤使能”，使“俊杰在位”“能者在职”。

其三，在军事上，孟子反对争霸和兼并战争，而主张在迫不得已时才兴仁义之师，进行“义战”。他认为，“春秋无义战”，同时也认为战国的兼并战争和春秋的争霸战争一样，都是残害人民群众的。不过，孟子并不一概反对战争，而是认为仁君在必要时，可以用战争的形式去讨伐异国残暴的国君。

此外，孟子还认为：“贼仁者谓之贼，贼义者谓之残，残贼之人谓之一夫。闻诛一夫纣矣，未闻弑君也。”（《孟子·梁惠王下》）意思就是说周武王灭了商朝，杀死了商纣王，这并不算是弑君。因为商纣王践踏仁义，已经不合乎“为君之道”，虽然事实上还居于君位，但他已经演变成一个等待历史审判的有罪之人。因此，孟子认为，文王、武王兴义师，把无道的君杀了，实现了政权的转移。这种战争被孟子称为“义战”。

其四，在文化教育上，孟子非常重视道德教化，主张国君等统治者要“与民同乐”，“设为庠序学校以教”民。孟子认为：“善政不如善教之得民也。善政，民畏之；善教，民爱之。善政得民财，善教得民心。”（《孟子·尽心上》）这里，孟子继承了孔子“富而后教”的主张，认为“德治”胜于“政刑”。他说：“上无礼，下无学，贼民兴，丧无日矣。”（《孟子·离娄上》）教化是统治者施行仁政，争得民心的重要条件。对于如何施教，孟子主张“谨庠序之教，申之以孝悌之义”（《孟子·梁惠王上》）。在孟子眼中，教化的目的是使人“明人伦”，做到“父子有亲，君臣有义，夫妇有别，长幼有序，朋友有信”（《孟子·滕文公上》），“人人亲其亲，长其长”（《孟子·离娄上》）。孟子认为，如果统治者能够做到与人民同乐，那就可以得民心而“王”天下了。

三、《孟子》的历史地位及影响

《孟子》的思想延续和发展了《论语》的思想。《孟子》的“天命”论，是对《论语》“天命”论的继承和发展，它显示了《论语》和《孟子》所共同具有的精神家园功能。“道”或良知论则是《论语》和《孟子》可以共同享有的人学形而上学思想。“德治”或“仁政”思想则是《论语》和《孟子》共有的人性政治思想。如果说《论语》奠定了儒家思想规模的话，那么《孟子》的思想则使《论语》思想的这个规模更清楚，内容更丰富，理论思维水平更高，而且现实意义更显著。

《孟子》一书，除了是研究孟子思想不可或缺的资料，同时其中还记载了孟子同告子、墨者夷之、杨朱、农家许行等学者进行辩论的情况，从而保存了告子、夷之、杨朱、许行等人的思想材料。比如，《孟子·滕文公上》就记载了夷之“爱无差等，施由亲始”的观点。夷之的这个说法，继承了墨子爱无亲疏远近的思想，同时又主张在施爱时要从父母开始，事实上又悄悄承认了儒家血缘亲情说，这之间存在着矛盾。所以，孟子批评夷之的看法是“二本”。《孟子·尽心上》则有“杨子取为我，拔一毛而利天下，不为也”，这体现出杨朱非常重视人自己的自然生命，将自己的身体或自然生命看成具有高于现实一切功利的价值。因而在孟子看来，杨朱的“为我”论，将“我”与“天下”对立起来，将自己个人的自然生命与社会的功利对立起来，同时也将自己自然的生物生命与自己自然的精神生命对立起来，导致了只“为我”而不为人，不为天下苍生，不为自己的真本性、真精神的结果。

《孟子》在后来的影响也是耐人寻味的。《孟子》一书，在汉朝、唐朝期间地位并不高。《汉书·艺文志》将《孟子》列入诸子类，反映出两汉人对《孟子》的基本态度。西汉学者董仲舒提出人性三品说，东汉学者扬雄则有人性善恶混之论，王充甚至有《刺孟》之作，均与孟子之说不类。到《隋书·经籍志》才开始将《孟子》列入经部。唐朝时，著名学者韩愈著《原道》，说过“孔子传之孟轲”的话，孟子的地位才开始受到重视，但也很有限。北宋时，王安石、司马光等对于孟子的“人性善”说还有议论，但张载已经开始重视《孟子》。而真正重视《孟子》一书的，是理学家二程、朱熹。朱熹花数十年功夫，著《四书章句集注》，收录《论语》《孟子》《大学》《中庸》，对之进行义理阐发，成为朱熹理学思想的代表作。朱熹的这部书后来被尊为科举考试的内容和标准，延续统治地位达 700 多年。《孟子》一书，也随之提升到儒家经典的地位。

为什么《孟子》一书在汉唐之间地位不高呢？这一方面是由于两汉学者深受荀子思想的影响，荀子批评孟子的思想非常激烈，非常厉害，基本上是全盘否定；另一方面，这可能与孟子的思想内容不能得到汉唐儒者很好的理解也有极大的关系。孟子思想与孔子思想不同的核心内容，在于他的先验良知论和“人性善”说。关于先验论，经验论者是不能理解也不可能赞成的，局限于经验认识的现实的人们，对于先验论也难以理解。关于“人性善”说，既有先验论成分在其中，又有形而上学成分在其中，更加令人难以理解。况且，汉唐之际，在思想领域，关于世界问题，流行的是宇宙论，主要是宇宙生成论，或者是有神论等宗教思想。在这种思想氛围中，形而上学是没有生存土壤的，也难有能够获得理解的思想氛围。

《孟子》的思想不仅在中国影响深远，在国外也得到了广泛的传播。由于地理与政治的原因，《孟子》首先传到高丽、日本、越南等国。明万历二十一年（1593），意大利传教士利玛窦将《孟子》译成拉丁文，并传回意大利。随后，《孟子》被相继译为法、德、英、俄等语种，刊行范围更加广阔。

（郑　熊）

齐物逍遥　存天反真——《庄子》

《庄子》是我国古代道家的第二部经典，它将《老子》自然无为思想发展到极致，成就了庄子独一无二的个性，在哲学、美学、文学、语言、环境等学科领域都占有重要地位。它提供的“道通为一”的齐物思想、“无待”的逍遥观，对后来的佛教、儒家思想都产生了深远影响。

一、《庄子》概述

《庄子》一书反映的是战国中期道家学派思想家庄子及其后学的思想。

庄子（约前369—前286），名周，字子休，于战国中期出生于宋国蒙（今河南商丘北）地。战国中期是中国历史上最富有生机同时也是最为混乱的时代，社会阶层急剧分化，列国征战激烈残酷，政治斗争此起彼伏，各种学说争长论短。正所谓：“今世殊死者相枕也，桁杨者相推也，刑戮者相望也。而儒墨乃始离跂攘臂乎桎梏之间。噫，甚矣哉！其无愧而不知耻也甚矣！”（《庄子·在宥》）庄子自己也说：“今处昏上乱相之间，而欲无惫，奚可得邪？此比干之见剖心征也夫！”（《庄子·山木》）处在这样的时代，庄子的内心经历过一番洗练，从而对于变幻莫测的世事有切身的体会，对宇宙人生有深刻的思考。

司马迁说庄子："其学无所不窥，然其要本归于老子之言。故其著书十余万言，大抵率寓言也。作《渔父》《盗跖》《胠箧》，以诋訿孔子之徒，以明老子之术。"（《史记·老子韩非列传》）可见，庄子学问非常渊博，其学术涉猎范围很广，但其思想的主要来源是老子一派道家。庄子的著作不再是《老子》式的格言体，而是汪洋恣肆的长篇大论，批判当时流行的儒、墨思想，继承并发展老子的学说。《史记·老子韩非列传》的赞语说："太史公曰：'老子所贵道，虚无，因应变化于无为，故著书辞称微妙难识。庄子散道德，放论，要亦归之自然。'"老子探讨"道"，强调"无为"，推天道以明人事，书中的道理十分深奥。庄子创造性地发挥了老子的思想，"其言洸洋自恣"，但总是以"自然"为旨归。司马迁敏锐地指出，庄子以"自然"为中心继承和发挥了老子的思想。

今本《庄子》一书，共有 33 篇，分为内篇、外篇和杂篇三个部分；内篇 7 篇，外篇 15 篇，杂篇 11 篇。这种篇章结构是西晋时期的思想家郭象（252—312）在整理和注释《庄子》的过程中形成的。古今学者对内篇、外篇、杂篇三个部分的关系进行过很多研究，大多数学者形成了这样的认识：《庄子》一书是道家庄子学派的文献汇编，其中内 7 篇结构谨严，论理深刻，很可能是庄子自著，是庄子思想的基础；外、杂篇是庄子弟子和后学的作品，是对庄子思想的发挥，其中有些篇章对庄子思想的某些观点进行了深刻而系统的阐释。因此，可将《庄子》一书视为体现了庄子思想的整体来进行阅读和理解。

近人注解《庄子》的著作主要有：郭庆藩《庄子集释》（中华书局 1961 年版），张默生《庄子新释》（齐鲁书社 1993 年版），陈鼓应《庄子今注今译》（中华书局 1983 年版），王叔岷《庄学管窥》（中华书局 2007 年版），孙以楷、甄长松《庄子通论》（东方出版社 1995 年版），刘笑敢《庄子哲学及其演变》（中国人民大学出版社 2010 年修订版）和崔大华《庄学研究》（人民出版社 1992 年版）等。这些都是当代研究庄子思想比较有代表性的著作。

二、《庄子》的主要思想内容

庄子继承老子的思想并不断加以深化。论“道”以老子为本，而且以开放性和发散性的思维拓展对道的认识。他认为“道”不可以用形象来描画，它是自然而然内在于天地万物的，“若有真宰，而特不得其眹。可行已信，而不见其形，有情而无形”（《庄子·齐物论》）。正如郭象注所说：“万物万情，趣舍不同，若有真宰使之然也。起索真宰之眹迹，而亦终不得，则明物皆自然，无使物然也。”好像在玄冥变化的世界中有个“真宰”，但实在没有迹象可寻，放眼看去，宇宙万物自然而然地运行，毫无爽失，万物自发地生成，不是由什么有形的东西促成的。《庄子·则阳》也说：“万物有乎生，而莫见其根。”认为万物自生自成，这就从内在性、无限性的角度将“道”论推向深入。

与“自然”有密切关系的“常”“反”“有无”等观念在庄子思想中都得到进一步的深化。“常”是万物自发运行和维持自身存在的力量，是万物“自然”运行的趋势，在《老子》一书中“大”“逝”“远”“反”的往复运行就是“常”，它是对“道”的运行过程的总概括。庄子继承老子的思想，对“道”的认识进一步深入，在庄子看来，“道”的运行过程更为复杂，具有多样性、差异性和不确定性。庄子论“常”，线性循环运动的意味减少了，自发性和不确定性的意义增加了。庄子用“常”来描述事物自存在、自组织、自运行的趋势，它是事物不断地展现自身的过程：“死生，命也；其有夜旦之常，天也。人之有所不得与，皆物之情也。”（《庄子·大宗师》）“天下有常然。常然者，曲者不以钩，直者不以绳，圆者不以规，方者不以矩，附离不以胶漆，约束不以缍索。故天下诱然皆生而不知其所以生，同焉皆得而不知其所以得。故古今不二，不可亏也。”（《庄子·骈拇》）人有生有死，就像天地运行有昼有夜一样，这自然而然的变化，人力根本无法干预。天下万物自然而然生长变化，方、圆、曲、直各有“常然”。

“常然”引导着事物生长变化：“天地固有常矣，日月固有明矣，星辰固有列矣，禽兽固有群矣，树木固有立矣。夫子亦放德而行，循道而趋，已至矣！又何偈偈乎揭仁义，若击鼓而求亡子焉！噫，夫子乱人之性也。”（《庄子·天道》）天地、星辰、禽兽、树木本性各不相同，各有所禀，是自然而然的，人顺从“道”的指引，按照自身的本性行事，就很好了，根本不必要标举仁义。“常”是自然发生、自然发展的动态的过程，而不是固定的、普适的常规。

“反”在老子那里有正反相对和返回返归两种意义，庄子对此进行了深化。老子提出“知其雄，守其雌”“弱者道之用”，在一系列正反相对的链条中，偏爱反面，执守柔弱。庄子面对正反关系问题时往往将正反相对的两极不断变换，引向深入，将事物一体多面、可分可合的道理发挥到极致，将人们的心灵带出偏狭执着的枯井，以灵活的思辨看待事物自然变化的全过程，以彻底的“自然”态度对待彼此、是非、有无、终始、言默、生死等，由此产生了庄子思想中最具特色的“齐物论”。

在庄子看来，世界上的事物是变化的、多边的、多样态的存在，人与人的感觉、语言、思想等也充满着差异性。有彼就有此，从A的角度出发，只能看到事物的A面；从B的角度出发，也只能看到事物的B面。若偏执一曲，就总是只看见了这一方面而无视那一方面。“夫其所谓是非者，岂是非哉？彼此而已矣。我之所谓彼，彼之所谓我也，无定之名也。见此之为此，而不知彼之亦有其此，自知而不知彼，遂怙之以为明；两相排而益引其绪，以相因而生，则立此而彼方生，使无此而彼不足以生矣”（王夫之《庄子解·齐物论》）。

自以为是，固执一边，是非彼此相互论难，总是只能攻其一点，不及其余，舍本逐末，最终乱成一团。庄子引导我们走出是非彼此相攻讦的偏执立场，接纳事物的多样性存在，承认各种可能性之间的变化，不固执于任何一边。

庄子是通达的，关于实在、思想、语言、行为等问题，他都采取了怀疑的态度，不轻易下判断，而是随时准备有所变化、有所批判、有所创造：“只要审慎的原则没有要我们遵守某些规则去行动，只要还有明确的反对的理由，只要没有作决定的必要，那么就搁置作决定的判断吧。”①

他要人们从昏睡中醒来，悠游行走于彼此两端，不谴是非，使是非各止于自然之分。他以这种态度破邪显正，突破彼此是非的一曲之明，与天地精神往来，把我们引入一个充满生机和危机、需要冒险与探索、要披荆斩棘才能有所前进的思想大森林：

“知天之所为，知人之所为者，至矣！知天之所为者，天而生也；知人之所为者，以其知之所知，以养其知之所不知，终其天年而不中道夭者，是知之盛也。虽然，有患。夫知有所待而后当，其所待者特未定也。庸讵知吾所谓天之非人乎？所谓人之非天乎？且有真人而后有真知。”（《庄子·大宗师》）成玄英疏解道：“近取诸身，远托诸物，知能运用，无非自然。是知天之与人，理归无二。故谓天则人，谓人则天……此则泯合人天，混同物我者也。”

“真人”即顺随并融入“自然”之人，他能忘怀一切、抱一守真、泯合大道，明白人的有限性、知识的局限性、事物的多样性，以

① ［美］曼弗雷德·库恩：《康德传》，黄添盛译，上海人民出版社，2008，第219页。

开放的胸怀与世间万物交流。“知天乐者，其生也天行，其死也物化。静而与阴同德，动而与阳同波。”（《庄子·天道》）

可见，庄子超越老子“知其雄，守其雌”的思想，以“圣人不由而照之于天”（《庄子·齐物论》）的态度化解正反对立，在“齐物”观念的引领下跳出思维的圈限，走向广阔的天地。这个天地是没有一己之小我的，《齐物论》开篇，庄子提出“吾丧我”，其核心就在于对自我的破除。《人间世》讲“心斋”、《大宗师》讲“坐忘”，意义都是如此。一个“忘”字，引导我们突破未经沉思而接受的对事物进行分门别类的既定框架，摒除彼此、是非、大小、多少、生死、寿夭、长短、高卑、美丑、成毁等有待的偏执。这种体验从终极意义上说就是内在生命与外在生命建立富有意义的联系的过程，我们自身向与我们完全不同的东西保持开放，进入与无限整体并存的关系之中，为积极的创造或自我实现擦亮眼睛并奠定坚实的基础。庄子极其注重深入体验，认为这是心灵的斋戒，是融入虚通之道的前提。

在庄子看来，只有在“齐物”的基础上才能谈到“逍遥”。“齐物”的意义在于使自己的心灵从喧嚣的万物中摆脱出来，破除对万物进行的人为区分以及对种种区分的执着。实际上这也反映了庄子“不谴是非以与世俗处”（《庄子·天下》）的生活态度和生活方式。为了和世俗相处，必须做到“不谴是非”，这样就可以由“齐物”达到“逍遥”——一种自由自在的境界，庄子用“无待”来形容。“无待”就是与物无对，并且不依赖于任何事物。这是无我也无物的状态，心灵游玩于无何有之乡，“至人无己，神人无功，圣人无名”（《庄子·逍遥游》）。在这种情况下，没有物的羁绊，可以独与天地精神往来。在对世俗世界的超越中，生命犹如《逍遥游》中所说的大鹏鸟，抟扶摇而上者九万里，高高翱翔在天际。

庄子所论的“齐物”和“逍遥”，是一种符合自然之道的生活态度，在钩心斗角、是非颠倒的乱世，庄子认为这是“正”的，是谨慎和通达的选择。

“受命于地，惟松柏独也正，在冬夏青青；受命于天，惟尧舜独也正，在万物之首。幸能正生，以正众生。”（《庄子·德充符》）这是说修习道德应该自正性命。

“当时命而大行乎天下，则反一无迹；不当时命而大穷乎天下，则深根宁极而待，此存身之道也。古之存身者，不以辩饰知，不以知穷天下，不以知穷德，危然处其所而反其性已，又何为哉！道固不小行，德固不小识。小识伤德，小行伤道。故曰：正己而已矣。乐全之谓得志。”（《庄子·缮性》）这是说回归自然本性，恬静坦然，朴素认真，以“道”为本，自正己身。这就是庄子“随时放任而不偏党，和气混俗，未尝觭介”的生活态度，所谓“放任”，是顺“自然”而行，绝非私自放纵。

“人貌而天，虚缘而葆真，清而容物。物无道，正容以悟之，使人之意也消。”（《庄子·田子方》）这是说因顺自然，保持真性，就是全德之人。庖丁技艺高超，但其解牛之时，仍然极为谨慎，“每至于族，吾见其难为，怵然为戒，视为止，行为迟，动刀甚微，謋然已解，如土委地”（《庄子·养生主》）。

牛马四足是天生，而给牛马带上笼头鼻环则是人为。“无以人灭天，无以故灭命，无以得殉名。谨守而勿失，是谓反其真。”（《庄子·秋水》）“谨修而身，慎守其真。”（《庄子·渔父》）由此可见，“自然”的生活态度需要具备认真、谨慎的精神，这是庄子再三强调的。

总之，庄子用充满诗意和哲理的语言为人们发掘意义丰富的世界，这个世界就是我们日常经验的现实世界，它是无限的、不断创生和变化着的，比我们的有限思维所认知的更加广阔和深远。宇宙万物自发运行的过程趋向于动态平衡，万物在互相依存中展现自身，就像一个个活泼的音符，发出自己的声音，参与宇宙万物的交响共鸣。“自然”的生活，就是接受现实世界的充实完美的多样性的生活，是充满创造的热情的生活，“若夫乘天地之正，而御六气之辩，以游无穷者，彼且恶乎待哉”（《庄子·逍遥游》）。顺从万物的自然本性，随“自然”的变化而变化，不执着，不妄为，从先入之见中超脱，在当前的环境下尽力而为，安然地与“道”为一，与“自然”为一，就像陶渊明诗所说的：“大钧无私力，万物自森著……甚念伤吾生，正宜委运去。纵浪大化中，不喜亦不惧。应尽便须尽，无复独多虑。”

庄子的思想在魏晋时期受到人们注意，西晋时期的向秀（约227—272）先注《庄子》，其中《秋水》《至乐》两篇未成而去世。后来，郭象依据向秀注文加以扩充，补注《秋水》《至乐》两篇，改注《马蹄》一篇，流传于世。现存郭象注《庄子》与向秀注文义基本相同，可以看作是两个人共同的作品，也是最流行的《庄子》注释文字，同时也发展了庄子的思想。

向秀、郭象的《庄子注》，力图以《庄子》的形式，容纳更多儒家的内容。例如，庄子主张废礼法，向秀、郭象则提出相反的见解；庄子对存在的事物采取怀疑的态度，他们则为现存的一切事物进行辩解；庄子认为，“穿牛鼻”“络马首”违反牛马的本性，他们则认为这样做符合“自然”。这些思想在郭象为《庄子注》写的序言中有明确的表述：“（庄子）通天地之统，序万物之性，达死生之变，而明内圣外王之道。”这就表明，庄子论述天地、万物和人，都是为“内圣外王”这个儒家统治术服务的。因此，他们对《庄子》文本中凡是排斥儒家的文句，都以儒道相融的观点进行注解，以便证明《庄子》与“六经”、自然与名教、儒家与道家的不可分割，借以加强儒学的地位。

三、庄子思想的影响和价值

庄子是中国古代最有个性的思想家，面对周流变化、无穷无尽的现实世界，面对我们自身和他人，庄子的思想表现出极大的开放性和创造性，他以深刻的直觉与悟性、以灵变莫定的通观慧见在中国古代思想史上留下一段美妙绝伦的天籁之声，撞击着此后每一个敏感的中国人的心灵。

庄子思想的创造性表现在他善于综合前人的研究成果，同时又超越前人。他学识渊博，对当时思想界主要的思想家以及他们所讨论的问题有深入了解，但他主要以老子的思想为根本，吸收各家的思想资源对老子思想加以深化。这表明庄子的思想既有广度，又有深度。《庄子·天下》虽非庄子本人所作，但由字里行间可以看出，庄子及其后学对思想学说的发展有敏锐观察和深刻反思，并将其综合吸收进自己的学说之中。通过批判和反思，庄子思想以深刻性和新颖性为特点推进了道家思想，其贡献超出道家的其他人物。他继续深化老子"道法自然"的命题，并将真挚的情感、审美的态度和出人意表的言说风格融入思想之中，把老子那充满诗意的思想发展到极致，创造了更为丰富的意义。他的哲学"不像寻常那一种矜严的，峻刻的，料峭的一味皱眉头，绞脑子的东西；他的思想的本身就是一首绝妙的诗……他那婴儿哭着要捉月亮似的天真，那神秘的怅惘、圣睿的憧憬、无边际的企慕、无涯岸的艳羡，便使他成为最真实的诗人……庄子是开辟以来最古怪最伟大的一个情种；若讲庄子是诗人，还不仅是泛泛的一个诗人"①。

（夏绍熙）

① 闻一多：《古典新义》，商务印书馆，2017，第249—250页。

乾健有为　厚德载物——《易传》

《易传》是最早对《易经》作的诠释性著作，借助《易传》，《易经》才可读可解。通常，人们将《易经》和《易传》合称为《周易》。《周易》发展成为古代儒家经典之首，注解著作很多。古人认为《易传》由孔子所作，孔子是圣人，故他所作的《易传》也被称为《易大传》。但《易传》中的思想内容明显与孔子不同，代表了儒家孔孟之道以外的现实主义思想传承发展系统，对后世影响深远。

一、《易传》概述

《易经》是古代的占筮之书，是对占卜结果所做的记录。本称《易》，《左传》中始称《周易》，战国末期始称《易经》。关于《易经》的作者和年代，有很多说法。相传，远古时代的伏羲氏在观察和把握自然世界的过程中创作了八卦，后来周文王继而创作了卦辞，周公旦创作了爻辞，或曰卦辞、爻辞都是周文王所作。《周礼·春官·太卜》又载：早在夏、商时期，八卦的理论已有运用，夏代叫《连山》，商代叫《归藏》。不过，对这些说法，学术界已有质疑。一般认为，《易经》产生于殷末周初。

《易传》是解释和发挥《易经》的著作，包括《彖》上下、《象》上下、《系辞》上下、《文言》《序卦》《说卦》和《杂卦》等十篇。对经而言称为传，自汉代起又被称为“十翼”。后代解说和发挥《易经》的著作很多，都可以称为“易传”。为了与其他解说和发挥《易经》的著作相区别，“十翼”又称《易大传》。宋代以前，古人认为《易传》系孔子所作，从宋代的欧阳修到清代的崔述特别是近现代学人，对《易传》的作者和年代提出了质疑。目前多数人认为，《易传》是战国至秦汉之际的作品，各篇产生的时代也有先后，作者主要是儒家后学。

作为占卜结果记录的《易经》，是古人世界观的体现，他们希望以此探知天意，沟通天人。其中一些卦爻辞又包含着现实生活的经验总结。如“师出以律，否臧，凶”（《师卦》初六爻辞），“无平不陂，无往不复，艰贞无咎”（《泰卦》九三爻辞），都具有一定的客观内容和认识意义。此外，《易经》的卦爻辞借助六十四卦、三百八十四爻的结构组成了一个独特系统，为后来的卜筮提供了参考和推论的依据。这些特点都是卜辞所不具备的，是《易经》能够发展出哲学思想的内在原因。

春秋时期，宗教观念严重动摇，人们对《易经》的看法也发生了变化。有人说：“卜以决疑，不疑何卜？”（《左传·桓公十一年》）有人说：“《易》不可以占险。”（《左传·昭公十二年》）还有人并不用《易经》占卦，而是把卦爻辞作为自己观点的证据加以引用。① 如郑大夫游吉引用《复卦》上六爻辞“迷复，凶”作为“楚子将死”的证据。（《左传·襄公二十八年》）孔子说：“南人有言曰：‘人而无恒，不可以作巫医。’善夫！”又说：“不恒其德，或承之羞。”（《论语·子路》）为了论证持之以恒的意义，孔子引用了两个证据，前一个是“南

① 《左传》《国语》引用《易经》共22条，其中6条是直接引用卦爻辞作为论据。参见杨树达《周易古义》，上海古籍出版社，2006；高亨：《周易杂论·〈左传〉〈国语〉的〈周易〉说通解》，齐鲁书社，1962；李镜池：《周易探源·左传中易筮之研究》，中华书局，2007；等等。

人”的格言，后一个就是《恒卦》九三爻辞。如果说春秋时期，人们利用卦爻辞的个别条文表达出一些零散的哲学观点，那么到了战国时代，人们逐渐对《易经》做了较为全面的解释，最终创建了一个完整的哲学思想体系，形成了《易传》这部哲学著作。

《易传》以后，诸史著录的《易》注有好几百种，加上史志未著录的和近代著作，可达千种。《十三经注疏》中的《周易正义》，由曹魏王弼、东晋韩康伯作注，唐代孔颖达等作正义。东汉郑玄《周易注》（辑本），唐代李鼎祚《周易集解》，宋代程颐《程氏易传》、朱熹《周易本义》，近代学人李镜池《周易探源》（中华书局 2007 年版）、高亨《周易大传今注》（齐鲁书社 1979 年版）、徐志锐《周易大传新注》（齐鲁书社 1986 年版），黄寿祺、张善文《周易译注》（上海古籍出版社 1989 年版）等，都是较好的版本。1973 年湖南长沙马王堆三号汉墓出土的帛书《周易》，与传世各家《易》本均有不同；上海博物馆收藏并公布的战国楚简《周易》（见《上海博物馆藏战国楚简》（三））是现存最早的版本。

二、《易传》的主要思想内容

《易传》阐述了关于自然宇宙和人类社会的普遍规律，正如《系辞上》所说：“夫《易》开物成务，冒天下之道，如斯而已者也。”从整体上看，《易传》应该是儒家学派的著作，但同时也吸收了先秦诸子特别是道家的思想元素。它将政治伦理教训视为核心内容，强调“辨上下，定民志”（《履卦·象传》），“非礼弗履”（《大壮卦·象传》），突出宗法制度及其相关伦理的重要性。它还提倡“神道设教”的社会教化思想，主张“圣人以神道设教，而天下服矣”（《观卦·象传》），并发挥了明德慎罚的政治思想，“裒多寡益”（《谦卦·象传》)，“赦过宥罪”(《解卦·象传》)，“明慎用刑，而不留狱”(《旅卦·象传》)，这些都彰显出鲜明的儒家特征。不过，先秦时期从宇宙论意义上对阴阳理论加以系统化的是老庄道家学派，《易传》关于阴阳的理论观点以及基于此对宇宙生成变化的诸多探索和论述，当与道家有关联。《易传》的思想总体上属于儒家学派，但它的出现实际上与先秦诸子发展的背景分不开，是先秦以来诸子理论思维发展并积累到一定程度的产物。

“天人合一”是贯穿《易传》最为核心的理念。《易传》继承了《易经》从自然世界的探索中把握人类社会的基本思维。但《易经》思维没有上升到哲理的高度，《易传》吸收《易经》的原始思维并将其哲理化，形成了人道效法天道的天人哲学。天、地、人是《易传》所突出的最基本的三个概念，《易传》的哲学思想无不通过天、地、人所构成的命题表达出来。根据《易传》的解释，八卦的性质、六画卦的构成和六十四卦的排列结构都蕴含着天、地、人三者的关系。《系辞上》亦曰：“一阴一阳之谓道，继之者善也，成之者性也。”它强调人的价值属性来自天地宇宙，凸显了天道、地道、人道的内在贯通。《文言》进而提出“与天地合其德，与日月合其明，与四时合其序，与鬼神合其吉凶，先天而天弗违，后天而奉天时”的“天人合一”的经典命题。

《易传》在解释《易经》时，继承和发展了占卦的象数学。“象”是指卦象和爻象。《易传》认为，每一卦和每一爻都象征着一类事物。乾象征天，坤象征地，坎象征水，离象征火，震象征雷，艮象征山，巽象征风，兑象征泽。但乾也象征圜、君、父、玉、金、寒、冰、大赤、马、木果等；坤也象征母、布、釜、吝啬、均、牛、大舆、文、众、柄、墨等；巽也象征少发、广颡、多白眼的人及经商得利等；坎也象征忧愁、心病、耳痛等。又如，《彖传》解释剥卦说：“剥，剥也，柔变刚也，不利有攸往，小人长也。”认为剥卦的下五爻都是阴爻、上一爻是阳爻，象征阴性的东西在增长，阳性的东西在衰退，预示着“小人”即将得势。“数”是占卦中的一套数字关系，指阳数、阴数和大衍之数等。阳数也叫天数，即奇数中的一、三、五、七、九。阴数也叫地数，即偶数中的二、四、六、八、十。二者相加为五十（一说五十五），叫天地之数。天数具有阳刚的性质，地数具有阴柔的性质，因而八经卦中的卦数为奇数的乾、震、坎、艮为阳卦，卦数为偶数的坤、巽、离、兑为阴卦。另外，在筮法中还有一些被赋予特别意义的数。如占卦时使用的蓍草总数为五十（一说五十五），这叫大衍之数等。① 《易传》认为，这些数均有其自身的神秘性，可以说明《易经》的成变化、行鬼神的功用，使人们对世界的认识蒙上了神秘面纱。

《易传》解释了天地宇宙的生成问题。《系辞上》曰：“易有太极，是生两仪。”太极在筮法中指大衍之数，即五十五根蓍草的总体，象征着天地未分的混沌状态，也就是《吕氏春秋·大乐》中所说的“太一”和《礼记·礼运》中所说的“大一”。而所谓“易有太极”，似乎又表明“易”比“太极”更具有本原的意义。按照《易传》的解释，具有阳性的乾卦代表天或父，具有阴性的坤卦代表地或母。“天地感，万物化生。”（《咸卦·彖传》）“天地相遇，品物咸章也。”（《姤卦·彖传》）“天地絪缊，万物化醇。男女构精，万物化生。”（《系辞下》）这些说法都把天或父与地或母的交感会合当作万物生成的根源。因而，《易传》实际上构建了一个由“易”到“太极”，再到阴、阳或天、地，最后到万物化生的宇宙生成模式。

---

① 关于“数”的具体考察，请参阅高亨《周易古经今注·周易筮法新考》，中华书局，1984。

天地万物的生化过程被《易传》赋予了一些基本原则。《系辞上》认为，天高地卑，确定了乾、坤的性质，也确定了人间的尊卑秩序。天动地静，确定了天的刚性和地的柔性。自然宇宙和人类社会的一切都是“有对”的，如阳与阴、动与静、刚与柔、天与地、男与女等，阴阳交感则事物发展，否则事物停滞。值得注意的是，《易传》不仅把阴阳看作气，而且把阴阳看作事物的内在属性。它把万事万物分为两类，一类具有阳的性质，另一类具有阴的性质。用阳表示一切事物中刚健的属性，用阴表示一切事物中柔顺的属性，阴阳成为表示万事万物运动中对立因素的哲学范畴。阴阳交感引起运动变化也就是事物内部对立统一两方面相辅相成、相互作用的结果。《系辞上》曰：“刚柔相摩，八卦相荡。”《系辞下》曰：“刚柔相推，变在其中矣。”《易传》对宇宙万物的发展规律问题做了深刻论述，揭示出事物的运动变化来自事物本身内部矛盾运动的基本原理，告诫人们不要在世界以外寻求万事万物发展的动力。

《易传》认为，事物发展的规律是向对立面转化。《易经》有很多相反的卦是排列在一起的，例如泰卦和否卦、剥卦和复卦、震卦和艮卦等。《序卦》对这种排序解释说：“泰者，通也；物不可以终通，故受之以否。”“剥者，剥也；物不可以终尽剥，穷上反下，故受之以复。”“震者，动也；物不可以终动，止之，故受之以艮。”乾卦六爻的爻辞说明事物依次上升发展，但最上一爻九六爻辞为“亢龙有悔”。《文言》解释说：“‘亢龙有悔’，穷之灾也。”就是说，事物发展到极点“穷”就要向反面转化了。

《易传》指出，“一阴一阳之谓道”（《系辞上》），把阴阳范畴看成贯通天道、地道、人道的总规律。对于规律与现象的关系以及规律的作用，《易传》提出了深刻的见解。《系辞上》指出，天下事物极其复杂（天下之至赜）和变化多端（天下之至动），人们很难把握，但规律则是简单的，人们容易把握（乾以易知，坤以简能。易则易知，简则易从）。掌握了规律就可以“言天下之至赜而不可恶也，言天下之至动而不可乱也”。这是从简单和复杂的角度讨论规律和现象的关系，指出了超越现象、掌握规律的意义。《易传》还从抽象与具体的角度讨论规律和现象的关系，看到规律是抽象的、无形的，现象是具体的、有形的。《系辞上》曰：“形而上者谓之道，形而下者谓之器。化而裁之谓之变，推而行之谓之通。”这个命题后来在中国思想文化发展史上产生了很大的影响。

《易传》认为发展变化是一切事物的普遍规律。它说：“日中则昃，月盈则食。天地盈虚，与时消息，而况于人乎？况于鬼神乎？”（《丰卦·彖传》）这是从日月运动变化中引申出天地万物无不变化的看法，从而说明天地万物都要随时间而变化，人类社会以及“鬼神”也不能例外，世界上没有永恒不变的事物。《易传》对事物发展变化的深入探讨，表现了丰富的朴素辩证思维。

《老子》也有丰富的朴素辩证思维，但《易传》的辩证思维与《老子》的又有不同。最突出的表现是《老子》强调柔弱，《易传》强调刚强。《乾卦·象传》曰：“天行健，君子以自强不息。”主张君子应当效法天的刚强健壮的精神而自强不息。《大有卦·彖传》说“其德刚健而文明，应乎天而时行，是以元亨”，也是同样的思想。柔弱和刚强在事物发展中各有一定作用，片面强调任何一个方面都是不符合客观实际的。《易传》高于《老子》之处在于，它在强调刚强的同时，没有完全否定柔弱的作用，它主张刚柔相应，保持中正之道，以防止刚强向反面转化，并将此运用于人类社会当中，认为君道、夫道、君子之道是刚强的方面，臣道、妻道、小人之道是柔弱的方面，刚要与柔相应，必要时可以居于柔之下，损刚益柔，以贵下贱，以取得柔的顺从和拥护。《易传》所认识到的刚与柔相反相成的辩证关系，表明它对《老子》思想有所扬弃。

《易传》不同于《老子》的另一个突出表现是，《老子》主静，《易传》主动。《易传》认为，乾卦象征的动不仅有“万物资始”的作用，动的结果还能达到“保合大和”“万国咸宁”（《乾卦·彖传》）的高度和谐状态，“能以美利利天下”（《乾文言》），获得极广泛的成果。《易传》还从重视运动发展出发，强调变革的思想，认为在一定条件下，人们应该顺从事物发展的趋势自觉进行变革。《系辞上》曰：“化而裁之谓之变，推而行之谓之通。”“化”是事物发展的趋势，“裁”是顺从事物发展趋势主动进行变革。《革卦·彖传》曰：“天地革而四时成，汤武革命，顺乎天而应乎人，革之时大矣哉！”把顺应天地的变革视为社会发展的普遍规律，经过变革事物才能向前发展，这是《易传》对辩证法思想的一个重大贡献。不过，《系辞下》所说的“日往则月来，月往则日来，日月相推而明生焉”以及《复卦》卦辞所说的“反复其道，七日来复”，似乎倾向于把发展变化看成是往复循环的运动，这与《老子》是相通的。

三、《易传》的历史地位及影响

《易》自战国时期即被称为“经”。自汉代始，《易传》与《易经》合编为一体，被儒家尊为“六经”之首。《汉书·艺文志》认为，“六经”皆为专门之学，各有其具体用途，并随时代需要而“变改”，但“《易》为之原”，“与天地为终始”，是“六经”的理论依据，作用是无限的。

《易传》对中国思想文化发展有着深远的影响。历代思想家大多是通过解《易》来阐发其思想观点、构建其思想体系的。汉代以后，对于《易传》的研究基本上可分为象数和义理两派。《四库全书总目·经部易类小序》概括说："汉儒言象数，去古未远也。一变而为京、焦，入于禨祥；再变而为陈、邵，务穷造化，《易》遂不切于民用。王弼尽黜象数，说以老、庄；一变而胡瑗、程子，始阐明儒理；再变而李光、杨万里，又参证史事，《易》遂日启其论端。此两派六宗，已互相攻驳。"象数派虽受到义理派的批评，但象数派对中国思想文化的发展也确有不可否认的贡献。如汉代象数派的"卦气说"，对元气自然观的发展有着重要影响。《易纬·乾凿度》所提出的太易、太初、太始、太素等宇宙生化因素，对中国宇宙生成论思想的发展也产生了重要作用。宋代陈抟所传《太极图》，为周敦颐和邵雍所改造、发挥，在理学的产生与发展中占有重要地位。

义理派则纯粹从哲学意义上研究《易传》，通过解《易》或以解《易》为基础构建出别具特色的思想体系。曹魏王弼通过注《周易》与《老子》《庄子》，创立了玄学思想体系。理学的重要奠基者张载以解《易》为基础创立了气本论思想体系，为理学奠定了坚实的理论基础，他的代表作就是以解《易》为主的《正蒙》。理学的创立者与集大成者程朱的思想体系的构建同样也离不开《易》学的重要基础。明清之际的王夫之也有《张子正蒙注》《周易内传》《周易外传》等大量"易学"著作，继承和发展了张载的气本论思想。不仅古代思想家如此，即使是近代思想家中也有不少是通过解《易》创建出新的哲学体系的。康有为的进化论哲学，就是将《易传》的变易观与西方的进化论思想相结合的理论成果。新儒家熊十力的"新唯识学"也是在"融《易》以入佛"的基础上构建起来的。

《易传》不仅对中国思想文化发展产生了重大影响，而且在古代许多领域都有鲜明烙印。《四库全书总目·经部易类小序》中说："《易》道广大，无所不包，旁及天文、地理、乐律、兵法、韵学、算术，以逮方外之炉火，皆可援《易》以为说，而好异者又援以入

《易》，故《易》说愈繁。”总之，《易传》是中华文化延绵不绝、不断发展创造的重要源头之一。

（曹振明）

天人有分　化性起伪——《荀子》

《荀子》是战国末年大儒荀子的著作。在思想内容上，它将天看成是自然，提出了“明于天人之分”的观点，主张隆礼重法、明分使群的社会思想；荀子从人的自然生物性出发，提出了著名的“人性恶，起善者伪”的论题，引起关于人性论的长期论争。他继承发展孔子关于礼法等方面的思想，批评子思、孟子一派的幽隐而无说、闭约而无解，强调经验认识，注重现实主义。《荀子》是总结先秦诸子学、开辟两汉经学的里程碑式著作，其思想在古代得到了大量实践，产生了深远影响。

一、《荀子》概述

《荀子》一书是集中反映战国末年思想家荀子学说的著作。荀子，名况，字卿，战国末期赵国人，生卒年不详，主要活动在公元前298年至公元前238年之间，是先秦儒家学派代表人物之一。汉代为避汉宣帝刘询讳，因“荀”和“孙”两个字的古音相通，史书又称他作孙卿。

司马迁的《史记》中有他的传记：“荀卿，赵人。年五十始来游学于齐。”① 战国后期稷下学宫影响极大，“邹衍之术迂大而闳辩；奭

① 但是也有说他是15岁来到齐国的，《风俗通义·穷通》记载：“齐威、宣王之时，聚天下贤士于稷下……孙卿有秀才，年十五始来游学。”《四库全书总目提要》：“考刘向《序录》，卿以齐宣王时来游稷下。后仕楚，春申君死而卿废。然《史记·六国年表》载春申君之死，上距宣王之末凡八十七年。《史记》称卿年五十始游齐，则春申君死之年，卿年当一百三十七矣。于理不近。晁公武《读书志》谓《史记》所云年五十为年十五之讹，意其或然。宋濂《荀子》书后，又以为襄王时游稷下，亦未详所本。总之战国时人尔，其生卒年月已不可确考矣。”

也文具难施；淳于髡久与处，时有得善言。故齐人颂曰：‘谈天衍，雕龙奭，炙毂过髡。’田骈之属皆已死。齐襄王时，而荀卿最为老师。齐尚修列大夫之缺，而荀卿三为祭酒焉”。这是荀子在齐国的主要活动，只说到他曾游学、任教于齐国稷下学宫，法家、名家等诸子学派中的代表如慎到、田骈等人都曾经任教于稷下学宫。其间荀子还向齐相进言说应当“处胜人之势，行胜人之道”，指出齐国面临的局势危急，“今巨楚县吾前，大燕鰌吾后，劲魏钩吾右，西壤之不绝若绳，楚人则乃有襄贲、开阳以临吾左。是一国作谋，则三国必起而乘我。如是，则齐必断而为四三，国若假城然耳，必为天下大笑”（《荀子·强国》）。齐襄王在位时（前283—前265），荀子第二次回到齐国，荀子在此任教时是被公认的学识最高的祭酒。

荀子的另一个主要活动就是一度担任楚国兰陵（今山东苍水县兰陵镇）令。“齐人或谗荀卿，荀卿乃适楚，而春申君以为兰陵令。春申君死而荀卿废，因家兰陵。”（《史记·孟子荀卿列传》）其实在他因谗言离开齐国后，其间还曾应秦昭王聘，西游入秦，昭王问：“儒无益于人之国?”荀子回答说：“儒者在本朝则美政，在下位则美俗。儒之为人下如是矣。”（《荀子·儒效》）应侯（范雎）问孙卿子曰：“入秦何见?”荀子回答说：“形胜”“百姓朴”“百吏肃然莫不恭俭”、士大夫“明通而公”，朝廷“听决百事不留”，接近于“治之至”了；然而“殆其无儒”，是“秦之所短”（《荀子·强国》）。因为秦人重法，儒家学说在秦国难以施行，荀子又回到赵国与临武君议兵于赵孝成王面前，以为“用兵攻战之本在乎壹民”，“善附民者，是乃善用兵者也”（《荀子·议兵》）。后他又再次由赵入齐，从齐到楚。在楚国得到担任楚相的春申君黄歇赏识，被任命为兰陵令。春申君黄歇因为国内政治斗争被大臣李园杀死后，荀子不得不卸任并离开兰陵。最终他还是返回兰陵教学著书终老。

荀子一生主要活动在齐国、秦国、赵国、楚国，而这几个国家都属于战国七雄，曾经进行过不同程度的变法改革，又具有统一天下的条件，对荀子思想理论的形成具有启发推动作用。“李斯尝为弟子，已而相秦”，辅佐秦始皇灭六国统一天下。而战国末年法家思想的集大成者韩非和汉初整理律法的张苍也曾问学于荀子。司马迁关于荀子的最后记载就是《荀子》这部书的编撰缘由，“荀卿嫉浊世之政，亡国乱君相属，不遂大道，而营于巫祝，信禨祥；鄙儒小拘，如庄周等，又滑稽乱俗；于是推儒、墨、道德之行事兴坏，序列著数万言而卒。因葬兰陵”。

《荀子》开始以单篇流传，约有 223 篇，经西汉刘向整理编订成书，定为《孙卿新书》12 卷 32 篇。东汉班固《汉书 · 艺文志》称为《孙卿子》,《隋书 · 经籍志》著录《孙卿子》12 卷，唐朝杨倞整理并作注，将之改称为《荀子》，编为 20 卷，这就是流传到现在的《荀子》20 卷 32 篇。这 32 篇中的少数有可能出于荀子的门人之手，大多数是荀子自己所作。

《荀子》历代注者不多，唐朝大理评事杨倞整理作注后，直至清代考据学兴盛，注释校订者才增加。晚清学者王先谦的《荀子集解》（中华书局 1988 年版）是现在最好的注解本。此后较有影响的注本有梁启雄的《荀子简释》（古籍出版社 1956 年版），张觉的《荀子译注》（上海古籍出版社 1995 年版），董治安和郑杰文的《荀子汇校汇注》（齐鲁书社 1997 年版），方勇、李波译注的《荀子》（中华书局 2011 年版）。

二、《荀子》的主要思想内容

由于荀子身处战国末期，诸子各派的思想学说均已出现，这使他不仅能采纳诸子思想，又可以进行批判和比较。《劝学》《天论》《礼论》《王制》《性恶》《非十二子》等篇集中反映荀子在天道观、人性论、典章制度、学术史等方面的思想观点。荀子主张“天人相分”，认为人性恶，强调后天学习的重要性；提出要“隆礼重法”，在“法先王”的同时，又要“法后王”。

（一）明于天人之分

“天”“天命”“天道”的问题一直是先秦时期各家关切的问题。殷商西周时期，“天”“天命”是被作为人格神看待的。

荀子认为，“天”就是客观存在的自然界，没有理性、意志、善恶好坏之心。天是自然天，而不是人格神。“列星随旋，日月递炤，四时代御，阴阳大化，风雨博施，万物各得其和以生，各得其养以成，不见其事而见其功，夫是之谓神。皆知其所以成，莫知其无形，夫是之谓天。”（《荀子·天论》）他把阴阳风雨等潜移默化的机能叫作“神”，把由此机能所组成的自然界叫作“天”。宇宙的生成不是神造，而是万物自身运动的结果。

自然界具有不以人的意志为转移的规律性：“天行有常，不为尧存，不为桀亡。应之以治则吉，应之以乱则凶。”（《荀子·天论》）从承认自然界的客观性、规律性出发，荀子提出了“天人相分”的观点。荀子认为自然界和人类各有自己的规律和职分。治乱吉凶，在人而不在天。并且天人各有不同的职能，“天能生物，不能辨物也；地能载人，不能治人也”（《荀子·礼论》），“天有其时，地有其财，人有其治”（《荀子·天论》）。

在尊重自然规律的基础上，荀子进一步提出了发挥人的主观能动性，“制天命而用之”的认识和改造自然的思想，“大天而思之，孰与物畜而制之！从天而颂之，孰与制天命而用之！望时而待之，孰与应时而使之！因物而多之，孰与骋能而化之！思物而物之，孰与理物而勿失之也！愿于物之所以生，孰与有物之所以成！故错人而思天，则失万物之情”（《荀子·天论》），荀子强调人在自然面前的主观能动作用，主张“制天命”“理万物”“骋能而化之”。荀子明确宣称，认识天道就是为了能够支配天道而宰制自然世界。“强本而节用，则天不能贫。养备而动时，则天不能病。修道而不贰，则天不能祸。……故明于天人之分，则可谓至人矣。”（《荀子·天论》）荀子沿着天道自然、天行有常、天人相分、制天命而用之的逻辑论证他的天道观，这一系列命题在先秦诸子关于天道观的争辩中，具有鲜明的理性精神。

荀子论述天人关系集中在《天论》篇，他反对信仰天命鬼神，肯定自然规律是不以人的意志为转移的，并提出人定胜天的思想；认为“天行有常”，天的运行变化有其自身的规律和法则，不受人类意志情感的影响，因此必须“明于天人之分”，在取法天地、顺应自然的基础上，努力发挥自身的能动性，从而“制天命而用之”。他对老子、墨子等诸子思想的不足进行了批判，还批评了当时流行的一些对自然现象的错误认识和迷信思想。

（二）人性恶

在对人性的看法上，荀子提出了“人性恶”的观点，他从天人相分的立场出发，否认人性中有天赋道德的观念。在他看来，所谓人性就是人的自然本性。“凡性者，天之就也，不可学，不可事”，表现为“饥而欲饱，寒而欲暖，劳而欲休”（《荀子·性恶》），人性恶与生俱来，“令人之性，生而有好利焉，顺是，故争夺生而辞让亡焉；生而有疾恶焉，顺是，故残贼生而忠信亡焉；生而有耳目之欲，有好声色焉，顺是，故淫乱生而礼义文理亡焉”，如果“从人之性，顺人之情，必出于争夺，合于犯分乱理而归于暴”（《荀子·性恶》）。所以说人性是“恶”，而不是“善”。

《性恶篇》开篇的第一句话就是“人之性恶，其善者伪也”，主张人性有“恶”和“伪”两部分，性（本性）是恶的动物本能，伪（人为）是善的礼乐教化，强调后天环境和教育对人的影响。人性天生是恶的，那么，如果放纵其本性，就完全可能成为恶人。好在这种恶的人性是可以改变的，他把这种改变的过程称之为“伪”，于是就有了“性伪之分”。就人的先天本性而言，“尧舜之与桀跖，其性一也；君子之与小人，其性一也”，都是天生性恶。后天的贤愚不肖的差别是由于后天环境和经验对人性发生了改造作用。通过人的主观努力，转化人的“恶”性，则“涂之人可以为禹”。“善”是后天环境影响和教化学习的结果，具体的做法便是实践礼仪，“礼义者，圣人之所生也，人之所学而能，所事而成者也”（《荀子·性恶》）。通过学、事礼义而改变“性”，就是“化性起伪”，最终的目的是实现善，成就圣贤，“性伪合，然后成圣人之名”（《荀子·礼论》）。

荀子批评了孟子的“性善”论说：“孟子曰：‘人之学者，其性善。’曰：是不然。是不及知人之性，而不察乎人之性、伪之分者也。凡性者，天之就也，不可学，不可事。……不可学、不可事而在人者，谓之性；可学而能、可事而成之在人者，谓之伪。是性、伪之分也。”（《荀子·性恶》）他的“性恶”论与孟子的“性善”论最大的区别是在对人原始本性的看法上，但在以“圣王之教”来教化民众向善这一点上他们又是一致的。

荀子要通过“伪”实现“善”，因此特别重视教育和学习，学是“伪”最重要的方法，全书首篇便是《劝学》，“学不可以已……吾尝终日而思矣，不如须臾之所学也”（《荀子·劝学》）。教育可以改善人的先天之恶，决定人后天的成就，“干越夷貉之子，生而同声，长而异俗，教使之然也”（《荀子·劝学》）。他指出，知识和德行修养是通过积累而成的，“积土成山，风雨兴焉；积水成渊，蛟龙生焉；积善成德，而神明自得，圣心备焉”（《荀子·劝学》）。荀子认为学无止境，后来者应当更胜前者，“青，取之于蓝，而青于蓝；冰，水为之，而寒于水”，他强调“学”的目的就在于“为”，有为才有进步，故“学数有终，若其义则不可须臾舍也。为之，人也；舍之，禽兽也”（《荀子·劝学》）。

（三）隆礼重法

荀子在他的性恶论基础上建立的“礼论”是“先王”为了调节人们的欲望、避免战乱而制定出来的“度量分界”，目的是要满足人的生理、心理要求，平衡现实中二者分歧产生的矛盾。

关于礼的起源，有多种观点，如始乎饮食、源于祭祀、圣人因俗以制礼、缘人情而作等。荀子也提出了自己的看法：“礼起于何也？曰：人生而有欲，欲而不得，则不能无求，求而无度量分界，则不能不争。争则乱，乱则穷。先王恶其乱也，故制礼义以分之，以养人之欲，给人之求。使欲必不穷乎物，物必不屈于欲，两者相持而长，是礼之所起也。”（《荀子·礼论》）他把人的自然本性和社会关系结合起来分析了这个问题，在各家观点中独树一帜。

春秋以降，西周以来的礼制文化面临挑战。天命观念受到普遍怀疑，以此为基础的政治伦理秩序即将崩溃。政治生活和伦理生活将被导向何处？孔子基于对礼制精神的反思，提出了“克己复礼”的主张。荀子礼的思想是沿着孔子的思路发展的，也是建立在人性论基础上，但他又不认同子思、孟子以人性作为“礼”的标准与来源的思考模式，他还强调“法”的价值。荀子认为“隆礼尊贤而王，重法爱民而霸”，礼高于法，礼为法之大本。只讲法治，不讲礼治，百姓只是畏惧刑罚，一有机会仍会作乱。礼义是立法的精神，如果人们爱好礼义，其行为就会自然合法，甚至不用刑罚，百姓也能自然为善。

荀子指出，人与动物的不同而且优于动物的地方，是人能群，即人能组织社会。而人所以能“群”者，在于“分”。“分”即在不同的社会分工和不同社会阶层中，每个人都有的职分、职责、社会角色等；每个人尽到自己的分位，就可以将社会协同为一个统一整体，以面对自然、战胜自然。“分”是组织社会的基础，而“分莫大于礼”。通过圣人的制礼作乐，将社会分为上下有序的等级，以解决基于物欲的争斗。“分”的标准就在于“礼义”，即封建的伦理道德和礼法制度。通过阐述人“明分使群”的社会特征来论证礼乐教化的必要性。荀子强调，“礼”是衡量社会一切的最高标准和治国的根本，即“人道之极”，同时也是至高无上、永恒存在的最高原则，“天地以合，日月以明，四时以序，星辰以行，江河以流，万物以昌；好恶以节，喜怒以当；以为下则顺，以为上则明，万物变而不乱，贰之则丧也。礼岂不至矣哉”（《荀子·礼论》）。

同时，随着社会的发展变化，礼仪制度要不断完善，才能适应时代变化和社会的需求，所以礼法不是一成不变的，荀子主张“法后王”。

（四）解蔽

荀子认为人的认识有片面性和主观性的隐患，“蔽于一曲，而闇于大理”。“蔽”的原因和表现很多，“欲为蔽，恶为蔽，始为蔽，终为蔽，远为蔽，近为蔽，博为蔽，浅为蔽，古为蔽，今为蔽。凡万物异，则莫不相为蔽，此心术之公患也”（《荀子·解蔽》）。因此需要“解蔽”，要解蔽就须“知道”，掌握正确的知识真理，这又如何可能呢？人必须靠心才能认识真理，因为心是人形神的主宰，它能做到空灵、专一、不乱，即“虚壹而静”。“人何以知道？曰：心。心何以知？曰：虚壹而静。……人生而有知，知而有志，志也者，臧也；然而有所谓虚，不以所已臧害所将受谓之虚。”（《荀子·解蔽》）“解蔽”的方法就是靠“心”的“虚壹而静”。“虚”就是不让已有的知识妨碍即将接受的新知。心能同时兼知两物，如果能做到使两物不互相妨碍以影响认识，谓之“壹”。不以混乱的胡思乱想淆乱正常的认识就是“静”。即要在认识中排除干扰，精力专一，发挥思维的能动性。怎么才能做到“虚壹而静”呢？荀子发展了孔子的“正名”思想，提出要“制名以指实”。

（五）批邪说、斥贱儒

荀子思想以儒家为本，兼采道、法、名、墨诸家之长，以孔子、仲弓的传承为正宗，痛斥子张氏、子夏氏、子游氏之儒为“贱儒”，批评子思、孟子一派“僻违而无类，幽隐而无说，闭约而无解”（《荀子·非十二子》）。

荀子将先秦诸子学说从他的儒学立场出发加以梳理，指出它嚣、魏牟等十二人属于“饰邪说，文奸言，以枭乱天下，矞宇嵬琐，使天下混然不知是非治乱之所存者”（《荀子·非十二子》）。但也有说荀子只批评了十子的，《四库全书总目提要》指出：“王应麟《困学纪闻》据《韩诗外传》所引，卿但非十子，而无子思、孟子，以今本为其徒李斯等所增，不知子思、孟子后来论定为圣贤耳。”

三、荀学的影响和价值

荀子其实是儒家经学早期传授中的一个十分重要的人物，他兼通诸经，应劭《风俗通·穷通》谓：“孙卿善为《诗》《礼》《易》《春秋》。”汉代儒学，不仅“礼学”出自荀学，“诗经学”乃至于“春秋学”都与荀学有关。唐代韩愈批评荀子“大醇而小疵”。自宋代以后，理学家往往抬高孟子而贬抑荀子，将他从儒家“道统”中排除出来。清代学者意识到荀子思想的价值和影响，逐渐挖掘出他对儒家经典传承和促进经学形成发展的重要作用。清儒汪中著有《荀卿子通论》，认为“荀卿之学，出于孔氏，而尤有功于诸经”，并对荀子的“传经”做了详细考证。荀学的传承尽管在历史上一度沉寂，受到误解，但如张衡、王充、柳宗元、王夫之、戴震等人，还是不同程度地受到他的影响。

荀子关注现实世界的变化，在坚持儒学的基本信念的前提下，客观公正地分析评价齐、赵、秦、楚诸国政治、军事、社会风俗，总结提炼思想理论，体现出务实理性的精神，为儒学适应时代环境，进而寻求新的发展做出了贡献。他的学说综合了春秋战国时期诸子百家的思想精华，参考法家理论，发展了先秦儒家的道德学说和政治理论，具有鲜明的批判和会通色彩，是百家争鸣走向儒学独尊的重要环节，对秦的统一和之后中国的政治体制及学术进程产生了深远影响。

《四库全书总目提要》评价说："平心而论，卿之学源出孔门，在诸子之中最为近正，是其所长；主持太甚，词义或至于过当，是其所短。韩愈'大醇小疵'之说，要为定论，余皆好恶之词也。"

（李江辉）

以刑止刑　法不阿贵——《韩非子》

《韩非子》是先秦法家集大成者韩非的著作，是我国古代法治文化的经典。本来，法治以法的公平、公开、成文等特征而超越了此前宗法血缘基础上的礼治，是历史进步的表现。只不过韩非所谓的法，并不以源于人性的仁义道德为基础，不和整个社会公共制度“礼”相符合，只是出于国君的个人意志，而非民众公意，国君也不受法的制约。这样，他所谓的以法治国，就不幸沦为维护君主专制的工具。

一、韩非与《韩非子》

韩非（约前280—前233），生于周赧王三十五年，卒于秦王嬴政十四年。韩非为韩国公子，是我国古代著名的哲学家、思想家、政论家和散文家，法家思想的集大成者，后世称“韩子”或“韩非子”。

韩非生活于战国末期。在这一历史时期，秦国由于比较彻底地推行了变法改革，国力、军力大为增强，在战国七雄中综合实力首屈一指。韩非登上历史舞台的时候，正是秦王意欲吞并六国、一统天下的关键时期。在这种历史情形之下，韩国国势日益削弱，他出于爱国之心，屡次上书韩王，建议变法，主张统治者应当以富国强兵为要务，但韩王并没有采纳他的建议。于是，他根据历史上治国的经验教训和现实社会状况，总结了前期法家的经验，形成了以法为中心的法、术、势相结合的政治思想体系，写出了《五蠹》《孤愤》《内外储说》

《说林》《说难》等10余万字的政论文，辑为《韩非子》一书。

韩非的这些文章在韩国并未引起足够重视，传到当时的强秦以后，却备受秦王嬴政喜欢。其时，秦王举兵攻打韩国，韩国君便派韩非出使秦国求和。当时出任秦相的李斯是韩非的同学，深知韩非的才能高过自己，出于嫉妒，于是向秦王进谗言诬陷他。结果，秦王听信谗言，将韩非投入监狱并毒死了他。于是，韩非死于秦国，终年47岁。

韩非与李斯都曾师从荀卿，并在思想上继承和发展了荀子的思想。同时，韩非又吸取了他以前的法家学说，成为法家思想的集大成者。

韩非的文章，一方面说理精密，文风犀利，议论透辟，推证事理，切中要害。比如《亡征》一篇，分析国家可亡之道达47条之多，实属罕见。《难言》《说难》两篇，揣摩所说者的心理，以及如何趋避投合，周密细致，无以复加。可以说，维护君主至上权威，拥护天下统一大势，是韩非立论的宗旨和基本的思想立场。另一方面构思精巧，描写大胆，语言幽默，善于在平实中见奇妙，具有耐人寻味、警策世人的艺术风格。韩非善于运用大量浅显的寓言故事和丰富的历史知识作为论证资料，用以说明抽象的道理，形象地体现了他的法家思想和他对社会人生的深刻认识，在先秦诸子散文中独树一帜。他文章中所出现的很多寓言故事，因其丰富的内涵、生动的情节，从而成为脍炙人口的成语典故，至今为人们所广泛运用。

《韩非子》一书集中呈现了韩非的功利主义思想与君主专制主义理论，其目的在为专制君主提供富国强兵的霸道思想。据《史记·老子韩非列传》记载：秦王见《孤愤》《五蠹》之书，曰："嗟乎，寡人得见此人与之游，死不恨矣！"可见秦王嬴政对他非常重视。另外，《韩非子》一书对中国先秦时期史料不足的状况也可起到一定的补遗作用。

现存《韩非子》55篇。韩非的著作，是他逝世后后人辑集而成的。据《汉书·艺文志》著录《韩子》55篇，《隋书·经籍志》著录二十卷，张守节《史记正义》引阮孝绪《七录》也说"《韩子》二十卷"。篇数、卷数皆与今本相符，可见今本并无残缺。自汉而后，《韩非子》版本渐多，其中陈奇猷的《韩非子集释》尤为校注详赡，考订精确，取舍严谨；梁启雄的《韩子浅解》尤为简明扼要，深入浅出，功力深厚；清人王先慎的《韩非子集解》也值得参考。

二、《韩非子》的主要思想内容

法家主张以法治国，富国强兵，一跃成为战国时期的显学。整体而言，法家思想具有以下特征：

（一）"定分止争""兴功惧暴"的尚法思想

法家重视律令，而反对儒家的"礼"。在他们看来，新兴地主阶级反对贵族垄断经济和政治利益的世袭特权，要求土地私有和按功劳与才干授予官职，这是很公平正确的主张，而维护贵族特权的礼制则是落后的、不公平的，需要废除。

法家认为，法律的第一个作用是"定分止争"，也就是明确物的所有权。其中法家人物慎到就对此做了很通俗的比喻："一兔走街，百人追之。积兔于市，过而不视。非不欲得，分定不争也。"（《太平御览》卷九〇七《慎子》）一只兔子跑，很多的人去追，但对于集市上的那么多的兔子，却看也不看。这不是不想要兔子，而是所有权已经确定，不能再争夺了，否则就是违背法律，要受到制裁。法律的第二个作用是"兴功惧暴"，即鼓励人们争立战功，而使那些不法之徒感到恐惧。当然，兴功的最终目的还是为了富国强兵，取得兼并战争的胜利。

（二）“好利恶害”的人性论

法家认为人都有“好利恶害”或者“趋利避害”的本性。管子就曾说过，商人日夜兼程，赶千里路也不觉得远，是因为利益在前边吸引着他。打鱼的人不怕危险，逆流而航行，百里之远也不在意，也是为了追求打鱼的利益。有了这种相同的观点立场，所以商鞅才得出结论：“人生有好恶，故民可治也。”（《商君书·错法》）意思是说，既然人生来就具有好利恶害的性质，只要据此颁布措施，就可以治理好国家。

（三）“不法古，不循今”的历史观

法家反对保守的复古思想，主张锐意改革。他们认为历史是向前发展的，一切法律和制度都要随历史的发展而变革，既不能复古倒退，也不能因循守旧。商鞅明确提出“不法古，不循今”的主张。韩非则更进一步发展了商鞅的主张，提出“法与时移而禁与能变”（《韩非子·心度》），他把尚古崇周的儒家讽刺为守株待兔的愚蠢之人（《韩非子·五蠹》）。

（四）“法”“术”“势”相结合的治国方略

商鞅、慎到、申不害三人分别提倡重法、重势、重术，各有特点。到了法家思想的集大成者韩非之时，他提出了将三者密切结合的思想，其目的主要是察觉、防止犯上作乱，维护君主地位。“法”是指健全法制，“势”是指君主的权势，要独掌军政大权，“术”是指驾驭群臣、掌握政权、推行法令的策略和手段。

具体而言，韩非着重总结了商鞅、申不害和慎到的思想，把商鞅的“法”、申不害的“术”和慎到的“势”融为一体。他推崇商鞅和申不害，同时指出申、商学说的最大缺点是没有把“法”与“术”结合起来；其次，申、商学说的第二大缺点在于“未尽”，“申子未尽于术，商君未尽于法”（《韩非子·定法》）。韩非按照自己的观点，论述了“术”“法”的内容以及二者之间的关系。他认为，国家图治，就要求君主要善用权术，同时臣下必须遵法。同申不害相比，韩非的“术”主要在“术以知奸”（《韩非子·五蠹》，即用一定的策略或政策来辨别忠奸）方面有了发展。他认为，国君对臣下，不能太信任，还要“审合刑名”（《韩非子·二柄》）。在“法”的方面，韩非特别强调了“以刑止刑”思想，强调“严刑”“重罚”。尤可称道的是，韩非第一次明确提出了“法不阿贵”的思想，主张“刑过不避大臣，赏善不遗匹夫”（《韩非子·有度》）。这是对中国法制思想的重大贡献，对于清除贵族特权、维护法律尊严，产生了积极的影响。

当然，法家思想和我们今天所提倡的法治有着根本的区别，最大的不同就是法家的法体现的是君主的意志，和民众意志无关，是黄宗羲所谓的“非法之法”；专制君主本身可以不守法，不在法规定的范围内，反之，法要为君主本身服务。这样的法治主张最终沦落为服务于君主专制的工具。韩非继承和总结了战国时期法家的思想和实践，提出了一整套有关君主专制中央集权的理论。

对于君主，他主张“事在四方，要在中央；圣人执要，四方来效”（《韩非子·扬权》），意思是说，国家的大权要集中在君主（圣人）一人手里，君主必须有权有势，才能治理天下。“万乘之主，千乘之君，所以制天下而征诸侯者，以其威势也。”（《韩非子·人主》）为此，君主应该使用各种手段清除世袭的奴隶主贵族，“散其党”而“夺其辅”（《韩非子·主道》）；同时，还要选拔一批经过实践锻炼的官吏来取代他们，“宰相必起于州部，猛将必发于卒伍”（《韩非子·显学》）。

对于政治，韩非主张改革和实行法治，要求“废先王之教”（《韩非子·问田》），“以法为教”（《韩非子·五蠹》）。他强调，制定了“法”就要严格执行，做到“法不阿贵”（《韩非子·有度》）。

在此基础上，他进一步认为只有实行严刑重罚，民众才会顺从，社会才能安定，政权才能得到有效巩固。

对于臣下，他认为要去“五蠹”，防“八奸”（详见《韩非子·五蠹》《韩非子·八奸》）。所谓“五蠹”是指：1. 学者（指儒家）；2. 言谈者（指纵横家）；3. 带剑者（指游侠）；4. 患御者（指依附贵族并且逃避兵役的人）；5. 商工之民。他认为这些人的存在会在很大程度上扰乱法制，是无益于耕战的“邦之虫”，必须铲除。所谓“八奸”，就是指：1. “同床”，指君主妻妾；2. “在旁”，指俳优、侏儒等君主亲信侍从；3. “父兄”，指君主的叔侄兄弟；4. “养殃”，指有意讨好君主的人；5. “民萌”，指散发公财取悦民众的臣下；6. “流行”，指利用说客辩士收买人心、制造舆论的臣下；7. “威强”，指豢养亡命之徒、带剑门客炫耀自己威风的臣下；8. “四方”，指结交大国以外力施加于国内的臣下。这些人都有充足的条件威胁到国家的安危，所以要像防贼一样防备他们。

对于民众，韩非吸收了其师荀子的“性恶论”理论，认为民众的本性是“恶劳而乐佚”，应当以法来约束民众，施刑于民，才可“禁奸于未萌”（《韩非子·心度》）。据此，他认为施刑法恰恰是君主爱民的表现，富国强兵必须做到民众为君主效力，徭役和赋税只会让臣下强大起来，并不利于君主统治。

韩非的这些主张，反映了新兴封建地主阶级的利益和要求，秦始皇统一中国后采取的政治措施，有许多就是对韩非理论的具体运用和进一步发展。

三、《韩非子》的历史地位及影响

韩非的全部理论导源于荀子的“性恶论”和建立封建中央集权国

家的政治目的。他认为人与人之间的关系都是利害关系，人的心理无不“畏诛罚而利庆赏”（《韩非子·二柄》），因而人君的职责就在于利用“刑”“德”二手，使民众畏威而归利。可以说，韩非的法治思想适应了中国一定历史发展阶段的需要，在中国封建中央集权制度的确立过程中起到了一定的理论指导作用。

不仅如此，韩非还用进化的历史观点分析了人类历史。他把人类历史分为上古、中古、近古、当今几个阶段，进而说明不同时代有不同时代的问题和解决问题的方法，那种想用老一套办法去治理当世之民的人都是“守株”之徒。韩非的进化历史观在当时来看是进步的。他看到了人类历史的发展，并用这种发展的观点去分析人类社会的过去、现在和将来。韩非在分析社会现象的时候往往同经济条件联系起来，这在当时是很难得的。韩非对经济与社会治乱的关系有了初步认识，注意到了人口增长与财富多寡的关系，他是中国历史上第一个提出“人民众而货财寡”（《韩非子·五蠹》）会带来社会问题的思想家。

此外，韩非也反对天命思想，主张天道自然。他认为“道”是万物发生发展的根源，“道”先天地而存在。有了“道”才有了万物。“天得之以高，地得之以藏，维斗得之以成其威，日月得之以恒其光。”“宇内之物，恃之以成。”（《韩非子·解老》）同时，韩非在中国哲学史上较早提出了“理”这个哲学概念，并论述了它与“道”的关系。他认为：“道者，万物之所然，万理之所稽也。理者，成物之文。”（《韩非子·解老》）“理”在韩非看来，就是事物的特殊规律，人们办事应该尊重客观规律。

韩非的思想中含有丰富的朴素辩证法因素。他看到了事物是不断地变化着的，指出：“定理有存亡，有死生，有盛衰。夫物之一存一亡，乍死乍生，初盛而后衰者，不可谓常。”（《韩非子·解老》）而且，他在中国哲学史上第一次提出了“矛盾”这个概念，用矛和盾的寓言故事，说明“不可陷之盾与无不陷之矛，不可同世而立”（《韩非子·难一》）的道理。值得一提的是，《韩非子》一书中记载了大量脍炙人口的寓言故事，最著名的有《自相矛盾》《守株待兔》《讳疾忌医》《滥竽充数》《老马识途》等。这些生动的寓言故事，蕴含着深隽的哲理，凭着它们思想性和艺术性的完美结合，给后人以智慧的启迪，对当今的人们分析问题、表达思想仍有着深刻的启发作用。

《韩非子》为先秦法家集大成的思想作品，重点宣扬了韩非“法”“术”“势”相结合的法治理论，此外还批判与汲取了先秦诸子多种学派的观点，对《道德经》首次加以论注。韩非“法”“术”“势”相结合的理论，达到了先秦法家理论的最高峰，为秦统一六国提供了理论武器，也为以后封建中央集权制度的确立提供了有效的理论依据。后来汉朝继承了秦朝的集权体制以及法律体制，奠定了我国古代封建社会的政治与法制主体。毫无疑问，韩非的政治思想为中国封建统一事业起到了积极的推动作用。

总之，以韩非为代表的法家在中国古代法理学方面做出了贡献。他们在法律的起源、本质、作用以及法律同社会经济、时代要求、国家政权、伦理道德、风俗习惯、自然环境以及人口、人性的关系等基本问题方面都做了探讨，而且卓有成效。当然，以韩非为代表的法家人物也有其不足的地方。比如极力夸大法律的作用，强调用重刑来治理国家，过于迷信法律的作用。他们认为人的本性都是追求利益的，没有什么道德标准可言，所以，就要用利益、荣誉来诱导人民去做事情，用严刑峻法惩治作奸犯科者，这就是所谓的“二柄”。当然，《韩非子》的法理学说与现当代的法理理论还是有根本区别的，价值观也有差异，这是人们在借鉴吸收时应该注意的。

（李友广）

论说礼仪　文质彬彬——《礼记》

我国是礼仪之邦，礼文化发达。《礼记》是中国传统礼仪文化经典之一，它与《周礼》《仪礼》合称“三礼”。《周礼》又称《周官》，主要讲官制和政治制度。《仪礼》主要记述有关冠、婚、丧、祭、乡、射、朝、聘等礼仪制度。《礼记》则是一部秦汉以前儒家有关各种礼仪制度的论著选集，其中既有礼仪制度的记述，又有关于礼的理论及其伦理道德、学术思想的论述。自周公制礼作乐始作为中国古代政治文明中的要素之一的“礼”，自始至终都受到古代政治家、思想家的重视。因而，《礼记》浓缩了中国先秦礼制、礼仪文化精神，可谓我国古代关于制度文明的理论汇集，受到政治家、经学家的普遍重视，深刻影响了中国传统社会的生产生活。

一、《礼记》概述

《礼记》是战国至秦汉年间儒家学者解释经书《仪礼》的文章选集，是一部儒家思想的资料汇编。根据学者们考证，《礼记》的作者不止一人，在写作时间上也有先有后，其中多数篇章很有可能是孔子的弟子及再传弟子的作品，此外，它还兼收先秦的其他典籍。

据传，《礼记》一书的编订者是西汉礼学家戴德和他的侄子戴圣。戴圣，字次君，梁郡（今河南商丘）人，曾任九江太守，与叔父戴德一起学礼于后苍，宣帝时为博士。《礼记》的多数篇章可能都是“七十子后学者所记”（《汉书·艺文志》）。孔子死后，门徒“七十子”散居各诸侯国，他们的学生又各传其师说，所传的讲礼的文章流传至汉已有100多篇，相当繁复。汉代把孔子定的典籍称为“经”，弟子对“经”的解说称为“传”或“记”，《礼记》因此而得名，即指对“礼”的解释。到西汉前期《礼记》共有131篇，戴德所选的85篇本为《大戴礼记》（今残），戴圣又选49篇为《小戴礼记》。戴德选编的《大戴礼记》，在后来的流传过程中若断若续，到唐代时只剩下了39篇。《大戴礼记》现存最早的注本是北周卢辩注。戴圣选编的《小戴礼记》，即我们今天所见到的《礼记》。这两个本子各有侧重和取舍，亦各有特色。东汉末年，大经学家郑玄为《小戴礼记》做了出色的注解，后来这个本子便盛行不衰，并由解说经文的著作逐渐上升为了经典，到唐代则被列为“九经”之一，到宋代以后又被列入“十三经”之中，成为天下士人必读之书。

《礼记》又名《小戴礼记》，东汉郑玄的《六艺论》、晋代陈邵的《周礼论叙》和《隋书·经籍志》都认为它是西汉礼学家戴圣编定的。近代学者研究后，认为这种传统说法存在一定问题。西汉时期立于学官的“五经”是《易》《书》《诗》《礼》《春秋》。所谓《礼》，指的是《士礼》，也就是晋代以来所称的《仪礼》。先秦礼学家们传习《仪礼》的同时，都附带传习一些参考资料，这种资料叫作“记”。西汉礼学家们传授《仪礼》的时候，也各自选辑一些“记”，作为辅助材料。“记”，就是对经文的解释、说明和补充。这种“记”，累世相传原是很多的，不是一人一时之作。它们共同的特点是：都用当时通行的隶书抄写而成，附《仪礼》而传习；没有独立成书；因为是附带传习的资料，往往随个人兴趣而有所删益，即使是一个较好的选辑本，它的篇数、编次也没有固定。东汉史学家班固在他的《汉书·艺文志》礼家书目中说：“《记》百三十一篇。”西汉的礼学纯属今文学派，尽管礼学家们彼此的学术观点也有歧异，但他们都排斥古文经记，而且当时一些古文经记都藏在皇家秘府，一般人也见不到。西汉末期，掌管校理古文经籍的刘歆，建议把《左氏春秋》《毛诗》《逸礼》和古文《尚书》列为官学，结果遭到学官博士们的一致反对，刘歆斥责他们"抱残守缺"。由此可以推知，西汉礼学家们各自选辑的"记"，不会也不可能收进他们所排斥的当时尚未行世的古文经记。可是由东汉中期流传至今的《礼记》中，就羼进了古文学派的文字。因此，不能说今天所见的这部《礼记》是西汉礼学家戴圣编订的。

西汉平帝时期，王莽当政，把《左氏春秋》《毛诗》《逸礼》和古文《尚书》立于学官，此后大力推行古文经学 20 多年。东汉王朝建立后，立经学十四博士，都是今文经学。《礼》的方面，立的是大戴、小戴两家，把王莽时期所立的各种古文经学再次排斥在官学之外。虽然如此，由于古文经学已大兴于世，从总的情况来看，今文古文两个学派日趋融会。东汉时期的大多数今文学派的礼学家，为了适应皇朝的礼制需要，为了自己的功名利禄，不再甘心"抱残守缺"地传习《士礼》，而致力于"博学洽闻"，从而在资料的汇辑上也趋向兼收并蓄。因此，西汉经师们选编传抄下来的各种选辑本，经过东汉经师之手，自然不免羼进了一些已经行世的古文记。经过长时期的流传删益，到东汉中期大多数"记"的选辑本先后被淘汰，而形成和保留了 85 篇本和 49 篇本，即《大戴礼记》与《小戴礼记》。其实这两个"记"的选辑本，都不是大戴（戴德）小戴（戴圣）各自附《仪礼》而传习的"记"的选辑本原貌。关于这个问题，洪业先生在《礼记引得序》中有极为精细的考辨。

因为大经学家郑玄给东汉中期定型的收有 49 篇"记"的选辑本——《礼记》做了出色的注解，使它摆脱了从属《仪礼》的地位而独立成书，渐渐得到一般士人的尊信和传习。魏晋南北朝时期出现了不少有关《礼记》的著作。到了唐朝，国家设科取士，把近20万字的《左传》和10万字的《礼记》都列为大经，5万字的《仪礼》和《周礼》《诗经》等列为中经。因为《礼记》文字比较通畅，难度较小，且被列为大经，所以即使它比《仪礼》的字数多近一倍，攻习《礼记》的人还是很多。到了明朝，《礼记》的地位进一步被提升，汉朝的“五经”里有《仪礼》没有《礼记》，明朝的“五经”里则有《礼记》而没有《仪礼》。在这一历史时期，《礼记》与《仪礼》在经学系统中的地位发生了根本性的变化。

由于东汉后期大戴本不流行，小戴本便用来专称《礼记》，而且还和《仪礼》《周礼》合称“三礼”，对中国文化和社会生活都产生过深远的影响，各个时代的思想家都试图从中寻找到有益于自身与社会的思想资源。因而，历代为《礼记》做注释的书很多。比较有代表性的注本除郑玄的《礼记注》之外，还有唐代孔颖达的《礼记正义》。此外比较有名的还有宋代卫湜的《礼记集说》、清代杭世骏的《续卫氏礼记集说》、清代朱彬的《礼记训纂》、清代孙希旦的《礼记集解》等。当然，宋代以下的这些注解书，卷帙浩繁，也不够精审，不必通读。从经学史的角度来看，“十三经”当中唯有《礼记》一种，清人没有做出新疏，清人关于注释《礼记》的著作，从总的情况来看，还没有超过唐人孔颖达《礼记正义》的。所以，读《礼记》的注解，还是应以郑玄的《礼记注》为主，孔颖达的《礼记正义》为辅。其他著作只能算是参考书籍，聊备翻检而已。

二、《礼记》的主要内容及其分类

《礼记》，一般指西汉戴圣所编的《小戴礼记》。《礼记》是秦汉以前儒家各种礼仪著作选集，大率为孔子弟子及其再传、三传弟子所记，其中一些篇章所记孔子的言论，其价值可能不在《论语》之下，反映了孔子的思想内容。《礼记》论述了礼的性质、意义及其作用。《礼记》有《曲礼》《檀弓》《王制》《月令》《礼运》《学记》《乐记》《仲尼燕居》《孔子闲居》《中庸》《儒行》《大学》等49篇，对我国后世政治制度、社会思想、文化传统、伦理观念影响很大。比如《礼运》中所说的"小康""大同""天下为公"等都是儒家传统文化中闪烁光辉的思想，对后来的思想家康有为、孙中山等人影响都很大。其中的《中庸》《大学》两篇被朱熹列入"四书"。《礼记》反映的基本内容多系先秦古制，亦录有一些孔子言论或其弟子对孔子思想的发挥，但也有个别篇章为秦汉儒生所撰。唐以后，《礼记》地位愈隆，逐渐超越《周礼》和《仪礼》。

《礼记》的内容主要是记载和论述先秦的礼制、礼仪，解释《仪礼》，记录孔子和弟子的问答等。这部著作内容广博、门类杂多，涉及政治、法律、道德、哲学、历史、祭祀、文艺、日常生活、历法、地理诸方面，集中体现了先秦儒家的政治、哲学和伦理思想，是研究先秦社会的重要资料。

从散文艺术方面看，《礼记》中的议论文，如《礼运》《乐记》等篇的部分章节，雍容大雅，气势沛然，结构严整。记叙文如《玉藻》《坊记》等篇的部分章节，文笔凝练，言简意赅。尤其是《檀弓》《仲尼燕居》等篇中的叙事小品，写得生动形象、意味隽永，都是比较优秀的作品。如《檀弓》中的"晋献公将杀其世子申生""曾子寝疾"等章，以简练的文字表达出不同的生活场面和人物心理，情景宛然，笔法多变。"孔子过泰山侧"章，形容苛政猛于虎，令人触目惊心。"齐大饥"章只85字，却把黔敖的倨傲，饿者"不食嗟来之食"，写得活灵活现，其中还有服饰、神态、语气的描绘，接近于小说。“孔子蚤作”“晋献文子成室”等章，还嵌以诗歌、偶语，增加了文章的生动性和感情色彩。《檀弓》的不少篇幅糅合着想象的成分，而非信史，这一点前人已多有揭示。可见七十子的后学，对于师说也进行了文学性加工。

整体而言，《礼记》这部儒学杂编，内容很庞杂，大体上可分成以下几个方面：有专记某项礼节的，体裁跟《仪礼》相近，如《奔丧》《投壶》。有专说明《仪礼》的，如《冠义》《昏义》《乡饮酒义》《射义》《燕义》《聘义》《丧服四制》。它们是分别解释《仪礼》中《士冠礼》《士昏礼》《乡饮酒礼》《乡射》《大射仪》《燕礼》《丧服》各篇的，跟《仪礼》关系最为密切。有杂记丧服丧事的，如《檀弓》《曾子问》《丧服小记》《杂记》《丧大记》《奔丧》《问丧》《服问》《间传》《三年问》《丧服四制》等篇。有记述各种礼制的，如《王制》《礼器》《郊特牲》《玉藻》《明堂位》《大传》《祭法》《祭统》《深衣》等篇。有侧重记日常生活礼节和守则的，如《曲礼》《内则》《少仪》等篇。有记孔子言论的，如《坊记》《表记》《缁衣》《仲尼燕居》《孔子闲居》《哀公问》《儒行》等篇，这些篇大都是托名孔子的儒家言论。有结构比较完整的儒家论文，如《礼运》《学记》《祭义》《经解》《大学》《中庸》。此外还有授时颁政的《月令》，意在为王子示范的《文王世子》。当然，《礼记》还有不少篇章是讲修身做人的，比如《大学》《中庸》《儒行》等篇就是研究儒家人生哲学的重要资料。专讲教育理论的《学记》，专讲音乐理论的《乐记》，其中精粹的言论，至今仍然有研读的价值。

从研究价值及意义上来看，《曲礼》《少仪》《内则》等篇记录了许多生活上的细小仪节，从中我们可以了解古代贵族家庭成员间彼此相处的礼仪。今天看来，这些细节极为烦琐，缺乏生气，不过有些地方依然具有参考价值，尤其是可以从生活角度佐证“礼从俗出”的社会来源。《礼记》关于丧祭之类的篇章占了很大的比重，对于研究中国古代社会，特别是对研究中国宗法制度的人们来说，实是珍贵的文献资料，其中有很多地方是对《仪礼·丧服》的补充和说明。《礼记》中还有不少专篇是探讨制礼深意的，这类文章是研究儒家礼治思想的重要依据。举例来说，《昏义》是解释“昏礼”制定意义的专篇。一开始就解释为什么要重视婚礼，说“昏礼者，将合二姓之好，上以事宗庙，而下以继后世也，故君子重之”，所以要在家长主持下搞一套隆重礼节。结婚一事之所以重要，儒家并不着眼于当事男女的幸福，而是：一、密切两个家族的关系；二、男方死去的祖先有人祭祀；三、传宗接代。儒家认为，结婚是家族中的一件庄重的事，不是个人的美事。传宗接代意味着新陈代谢，这样，做人子的不能无所感伤，所以《郊特牲》说“昏礼不贺，人之序也”，郑玄注说“序犹代也”。不仅如此，儒家还对传统社会的各种祭礼、丧礼、冠礼、乡饮酒礼、射礼、聘礼等，在《礼记》中也都有一套自己的解释。显然，研究《礼记》中的这些内容都有助于我们全面理解儒家的思想体系。

在研究方法的总结性方面，前人也做出了重要贡献。由于《礼记》由多人撰写，采自多种古籍遗说，内容极为庞杂，编排也较零乱，后人遂采用归类方法进行研究。汉代刘向将49篇分为通论、制度、祭祀、丧服、吉事等八类。近代思想家梁启超则将大小戴《礼记》合论，按内容分为十类：1. 记述某项礼节条文之专篇；2. 记述某项政令之专篇；3. 解释礼经之专篇；4. 专记孔子言论；5. 记孔门及时人杂事；6. 制度之杂记载；7. 制度礼节之专门考证及杂考证；8. 通论礼意或学术；9. 杂记格言；10. 某项掌故之专记（详见梁启超《要籍解题及其读法》）。无论刘向的八类分类法还是梁启超的内容归类划分方法，对我们今天的《礼记》研究都具有重要的参考价值与借鉴意义。

三、《礼记》的价值及影响

《礼记》当中有不少篇章是彰显儒家人生理念与政治思想的，而反映儒家思想理论性的篇章则主要集中在《曲礼》《礼运》《礼器》《学记》《乐记》《大学》《中庸》《儒行》当中，还有借孔子的答问而发挥儒家学说的篇章，如《曾子问》《哀公问》《表记》《坊记》《孔子闲居》《仲尼燕居》等。在这些篇章中，我们可以看到孔门后学的不同派别思想观点的留存，包括有子游学派、子夏学派、曾子学派、子思学派、孟子学派、荀子学派等儒家内部的诸多派别。另外，从中还可以看到有墨家、道家、农家、阴阳家等先秦诸子百家的思想学说渗透于其间。由此可见，《礼记》辑成的时代是一个对儒家各派求同存异，对诸子百家加以融会吸收和改造的时代。《礼记》中的思想内容深厚而丰富，它以礼乐为核心，涉及政治、伦理、哲学、美学、教育、宗教、文化等各方面的思想学说。因此，研究中国古代思想文化，是不能不研究《礼记》所包含的思想学说的。

就传统意义而言，《礼记》的题材或内容可分为三个方面：一是诠释《仪礼》和考证古礼，这些礼仪制度是此后儒家文化中生活习俗的源头；二是孔门弟子的言行杂事，这在一定程度上反映了儒家之“礼”的生活实践；三是对“礼”的理论性论述。《礼记》中的这些内容，在社会的、人性的、超越的三个理论层面上，都显示出与原始儒学（孔子）及孟子、荀子儒学思想不同的变化、发展。

《礼记》是时代与现实生活风雨催生的学术之花，是儒家在“礼崩乐坏”时代反思重建政治秩序和价值观念的产物。它承载了原始儒家在中国文化“轴心时代”焕发出的学术激情和文化精神。《礼记》以“仁”释礼，表述了新的学术思想和时代的先进文化；礼学蕴含了儒家学者对时代忧患敏感而深切的体验，以及他们欲消除时代忧患的强烈责任意识。因而，如果要深切了解先秦儒家的精神世界与理想追求，我们就不能忽视对《礼记》中所彰显的时代特色、学术思想与人文精神的研究。唯其如此，我们才有可能找到打开先秦儒家精神世界大门的钥匙。

（李友广）

杂成统系　融会百家——《吕氏春秋》

《吕氏春秋》由战国末秦相国吕不韦组织门客编撰而成，是首部尝试会通诸子思想的文化经典。当时强秦即将统一六国，在此重要历史时刻，吕不韦让门客们“兼儒、墨，合名、法”，试图融合百家之学，为国家统一提供思想支持和理论准备。它在思想上杂取各派而自成一家，并保留了先秦诸子许多重要思想材料。

一、《吕氏春秋》概述

《吕氏春秋》，秦相国吕不韦召集门下宾客编著。据《吕氏春秋·序意》“维秦八年，岁在涒滩，秋，甲子朔。朔之日，良人请问十二纪”的记载，该书重要组成部分“十二纪”在秦王政八年（前239）就已写成。这时已经是秦灭六国而一统中国的前夜，因此，有必要结合吕不韦的身世、行动和当时中国的政治形势来理解《吕氏春秋》这部书的思想内容。

吕不韦（？—前235）战国末期卫国国都濮阳（今河南濮阳西南）人，在阳翟（今河南禹州）经商，往来“贩贱卖贵”，成为“家累千金”的“大贾”。后来，吕不韦发现在赵国首都邯郸当人质的秦国公子异人，以为“奇货可居”，就出钱出力为异人奔走请托，使异人被立为秦国太子安国君（嬴柱）的嫡嗣。安国君继承王位，称秦孝文王，异人被改名为子楚，立为太子。孝文王死，子楚即位，是为秦庄襄王。子楚兑现当年在邯郸时“分秦国与君共之”的诺言，于秦庄襄王元年（前249）“以吕不韦为丞相，封为文信侯，食河南洛阳十万户”（《史记·吕不韦列传》）。由于这次政治投机的成功，吕不韦一跃进入秦国的政治核心。庄襄王在位三年，于公元前247年去世，吕不韦拥立13岁的太子嬴政继承王位，这就是后来统一六国的秦始皇。秦王嬴政即位后，“尊吕不韦为相国，号称‘仲父’”（《史记·吕不韦列传》）。从秦王政元年（前246）到秦王政十年（前237），秦国政权实际上控制在吕不韦手中。

吕不韦执政之初，秦国在政治、经济方面都已发展为七雄中最强的国家。秦在兼并战争中取得胜利，领土不断扩大，“秦地已并巴蜀、汉中，越宛有郢，置南郡矣；北收上郡以东，有河东、太原、上党郡；东至荥阳，灭二周，置三川郡”（《史记·秦始皇本纪》）。秦国还有全国最富庶的农业区，“北有甘泉、谷口之固，南有泾、渭之沃，擅巴、汉之饶”（《史记·刺客列传》），在这些地区兴修水利，推广牛耕，普遍使用铁农具，生产效率极大提高。这时的关中人口不足天下的十分之三，土地却是天下的三分之一，而财富则占天下的百分之十。

秦国还有重视外来人才的传统。为谋求富强，远在秦穆公在位的春秋时期，虞国的百里奚、戎人由余就在秦国受到重用。进入战国时期，对秦国影响最大的政治家商鞅也来自卫国。战国末年，各国执政者招贤养士之风十分盛行，其中最著名的即所谓的“四公子”：齐国的孟尝君，赵国的平原君，魏国的信陵君，楚国的春申君。吕不韦执政时也不甘落后，他“以秦之强，羞不如，亦招致士，厚遇之，至食客三千人”（《史记·吕不韦列传》）。当时秦国政治经济强大，对六国鲸吞蚕食，已有统一中国的趋势，吕不韦本非秦国人而官至秦相国，这对意在谋取功名的有识之“士”都有极大的吸引力。他们投奔吕不韦门下，构成一个智囊团，为其内政外交提供智力支持。

正是在这样的背景下，吕不韦“乃使其客人人著所闻，集论以为八览、六论、十二纪，二十余万言。以为备天地万物古今之事，号曰《吕氏春秋》”（《史记·吕不韦列传》）。

关于《吕氏春秋》，当代较为通行的版本有：许维遹先生的《吕氏春秋集释》（许先生1928年至1933年间对《吕氏春秋》进行整理和注解的成果，于1935年由清华大学出版，今有中华书局2009年新编诸子集成版）、陈奇猷先生的《吕氏春秋新校释》（上海古籍出版社2002年版）。研究著作可参考林剑鸣《吕不韦传》（人民出版社1995年版）、洪家义《吕不韦评传》（南京大学出版社1995年版）和刘元彦《〈吕氏春秋〉：兼容并蓄的杂家》（生活·读书·新知三联书店2008年版）等。

二、《吕氏春秋》的主要思想内容

《吕氏春秋》的编著不是要创立一种独家理论体系，吕不韦“招致宾客游士，欲以并天下”（《史记·秦始皇本纪》），它最直接的目的是为现实政治服务，为即将统一中国的强秦提供系统的施政纲领和政治理论依据。

《汉书·艺文志》将之列入杂家类，其特点是“兼儒、墨，合名、法，知国体之有此，见王治之无不贯，此其所长也”。可见杂家擅长“兼”“合”，也就是为了实现“王者之治”，不囿于一家一派，对各种思想学说进行融合、会通。《吕氏春秋·执一》说：“王者执一，而为万物正……天子必执一，所以抟之也。”而“执一”的目的在于“能齐万不同，愚智工拙，皆尽力竭能，如出乎一穴者”（《吕氏春秋·不二》）。反映在思想上，对当时的秦国来说就是以富国强兵、征服六国为目标，有选择地运用各个学派中适合自己需要的东西，使其各自发挥最大的效能。因此，“《吕氏春秋》出，则诸子之说兼有之……《艺文志》列之杂家，良有以也”①。

吕不韦根据政治实践的需要，有计划、有组织地编著《吕氏春秋》，他自己解释说：“尝得学黄帝之所以诲颛顼矣，爰有大圜在上，大矩在下，汝能法之，为民父母。盖闻古之清世，是法天地。凡《十二纪》者，所以纪治乱存亡也，所以知寿夭吉凶也。上揆之天，下验之地，中审之人，若此则是非可不可无所遁矣。天曰顺，顺维生；地曰固，固维宁；人曰信，信维听。三者咸当，无为而行。行也者，行其理也。行数，循其理，平其私。夫私视使目盲，私听使耳聋，私虑使心狂。”（《吕氏春秋·序意》）其会通百家之学的主导思想是“法天地”，就是统治者在处理自然与社会关系的问题时，只有遵循天地之理，天地人三者才能各当其位，即所谓“天道圜，地道方，圣王法之，所以立上下。”（《吕氏春秋·圜道》）百家学说都属于“私”的范围，需要根据天地之理对之进行融合、会通，取长补短，这样才能“平其私”，形成一个综合的思想系统，为君主统治服务，就像“天下无粹白之狐，而有粹白之裘，取之众白也。夫取于众，此三皇、五帝之所以大立功名也”（《吕氏春秋·用众》）。

在形式上，《吕氏春秋》“杂”而不乱，结构整齐。全书分为《十二纪》《八览》《六论》三大部分。《十二纪》以一年四季十二个月划分，即：孟春纪、仲春纪、季春纪、孟夏纪、仲夏纪、季夏纪、孟秋纪、仲秋纪、季秋纪、孟冬纪、仲冬纪、季冬纪，每一纪下有5篇文章；《八览》即：有始览、孝行览、慎大览、先识览、审分览、审应览、离俗览、恃君览，每一览下有8篇文章（有始览缺篇）；《六

① 汪中：《述学补遗·吕氏春秋序》，载陈奇猷《吕氏春秋新校释》，上海古籍出版社，2002，第1871页。

论》即：开春论、慎行论、贵直论、不苟论、似顺论、士容论，每一论下有6篇文章。加上《序意》1篇，对编著该书的宗旨进行概括，全书共有160篇。三大部分，与《序意》所说“上揆之天”“中审之人”“下验之地”相合，可见全书编纂经过精心设计。

从思想上看，在众多篇章中，《吕氏春秋》对先秦时期儒、道、墨、法、阴阳、名、农等各家学说主张进行消化吸收，写出了关于天文、地理、政治、经济、治国等方面的论说，许维遹先生对此给予了高度评价：“夫《吕览》之为书，网罗精博，体制谨严，析成败升降之数，备天地名物之文，总晚周诸子之精英，荟先秦百家之妙义。虽未必一字千金，要亦九流之喉襟，杂家之管键也”（《吕氏春秋集释·自序》）。

《吕氏春秋》吸收儒家仁政爱民的主张，将其改造为施行德治赢取民心的学说。“夫以德得民心立大功名者，上世多有之矣。失民心而立功名者，未之曾有也。”（《吕氏春秋·顺民》）这是对历史经验的总结，也是其倡导德治的一个重要依据。因此，只有以德治国才能长治久安。“为天下及国，莫如以德，莫如行义。以德以义，不赏而民劝，不罚而邪止，此神农、黄帝之政也。”（《吕氏春秋·上德》）《吕氏春秋》高扬德治的同时，又提倡举“义兵”“诛暴君而振苦民”的思想，主张通过“义战”建立君主国家，推行王道。这就与当时秦国所面临的现实情况紧密联系了起来。

《吕氏春秋》还吸收了儒家的许多重要观点，例如：“凡为治必先定分，君臣父子夫妇。”（《吕氏春秋·处方》）这是维护等级宗法的说辞。“昔先圣王之治天下也，必先公，公则天下平矣，平得于公。”（《吕氏春秋·贵公》）这是推行王道，天下为公的观点。儒家尊师重教，强调学习的重要性，《吕氏春秋》的《劝学》《尊师》等篇赞同这种观点。儒家还主张通过制礼作乐，施行教化，《吕氏春秋》中

《大乐》《侈乐》《适音》《古乐》《音律》《音初》《制乐》《明理》等篇专门讨论音乐，说明音乐的由来和作用、如何用音乐进行教化等。

道家思想在《吕氏春秋》整部书中占有极大的比重。该书“法天地”的主导思想直接来自《老子》第二十五章“人法地，地法天，天法道，道法自然”的论述。战国末期黄老道家学说的特点是：“道家使人精神专一，动合无形，赡足万物。其为术也，因阴阳之大顺，采儒、墨之善，撮名、法之要，与时迁移，应物变化，立俗施事，无所不宜，指约而易操，事少而功多。”（《史记·太史公自序》）这与“杂家”《吕氏春秋》“兼”“合”的特点相通。该书中《不二》《执一》强调“执一”（即执道）、“齐万”，就是主张会通各种学说以为王者所用。

当然，道家思想最大的作用是为全书提供深刻的哲学理论依据。“道”高深玄远，无形无名，被看作天地万物的根本：“一也齐至贵，莫知其原，莫知其端，莫知其始，莫知其终，而万物以为宗。”（《吕氏春秋·圜道》）“道也者，至精也，不可为形，不可为名，强为之谓之太一。”由此推天道以明人事：“故一也者制令，两也者从听。先圣择两法一，是以知万物之情。”（《吕氏春秋·大乐》）这里所说“一”是道是君，“两”是万物是臣，臣下服从君主就像万物由道主宰一样。“道”是可以被认识的，人们应该根据“道”的自然本性来行动，这就是“贵因”，“三代所宝莫如因，因则无敌”（《吕氏春秋·贵因》）。“因”就是因时因势而行事，具体来说就是：“止者不行，行者不止，因形而任之，不制于物……若此则能顺其天，意气得游乎寂寞之宇矣，形性得安乎自然之所矣。”（《吕氏春秋·审分览》）这是吸收老子“道法自然”思想而发展出来的。

然而，《吕氏春秋》并没有照抄老子无为而无不为的思想，而是又借鉴了法家的学说，接近于黄老之学。比如，它所论的“因”针对君主而言就是一种统治术。“因者，君术也；为者，臣道也。为则扰矣，因则静矣。……故曰君道无知无为，而贤于有知有为。”（《吕氏春秋·任数》）君道无为而臣道有为，这就要求君主不暴露自己的意图和欲望，把具体事务交给臣下处理，自己“因而不为，责而不诏，去想去意，静虚以待”（《吕氏春秋·知度》），既防止臣下讨好和钻空子，又暗中考察其办事能力，辨别忠奸，形成“大圣无事而千官尽能”（《吕氏春秋·君守》）的局面。

为了加强君主专制权力，使秦国富强，《吕氏春秋》采用了申不害一派法家的主张，这与当时的政治形势有关。吕不韦当上秦国丞相的庄襄王元年（前249），“东周君与诸侯谋秦，秦使相国吕不韦诛之，尽入其国”（《史记·秦本纪》），这就宣告了周天子的灭亡。《吕氏春秋·谨听》说：“主贤世治，则贤者在上；主不肖世，乱则贤者在下。今周室既灭，而天子已绝。乱莫大于无天子，无天子则强者胜弱，众者暴寡，以兵相残，不得休息，今之世当之矣。”秦国自孝公以来的历代君主，能随着时代发展而进行变法，就是“贤主”。吕不韦执政时，周天子已绝，代之而起的“贤主”“天子”是确有所指的，那就是秦王嬴政。

法家学说为君主集权提供了强大的力量支持，因而为历代秦王所尊奉。《吕氏春秋》吸取法家思想，但同时又用儒家的仁政学说对商鞅、韩非一派法家主张的“严罚厚赏”进行调和，认为“赏罚之柄，此上之所以使也。其所以加者义，则忠信亲爱之道彰……故善教者，不以赏罚而教成”（《吕氏春秋·义赏》），“凡用民，太上以义，其次以赏罚”（《吕氏春秋·用民》）。可见，《吕氏春秋》从满足统一的政治需要出发，对当时重要学派的思想都下过一番融合、会通的功夫。

《吕氏春秋》不仅吸收诸子学说为己所用，而且还提出了许多精辟见解。比如：针对教育问题，提出“凡学，非能益也，达天性也”（《吕氏春秋·尊师》）；在看待生命时，提出“达乎生死之分”（《吕氏春秋·知分》）；关于养生，则提出“全天”（《吕氏春秋·本生》）、“节性”（《吕氏春秋·重己》），这些都表现了道家的思想倾向，并在此基础上有所发展。此外，《吕氏春秋》还保存了墨家、阴阳五行家、名家、兵家、农家等学派的思想资料，虽然有的地方有所抵牾，但这是众人编书不可避免的。

《吕氏春秋》整部书的结构是以阴阳五行学说为骨架建立起来的，《十二纪》每纪第一篇都取自《礼记·月令》，将自然事物和人事活动按照五行法则、依照四时运行的次序进行分类说明。而且《八览》首览首篇为《有始览》，《六论》首论首篇为《开春论》。因此，有的学者认为编纂《吕氏春秋》的主导思想是阴阳五行学说。但无论说该书有儒家倾向，还是说以道家思想为主导，或者以阴阳五行家思想为主导，都不能掩盖其编纂时明显的政治意图以及编写过程中融合、会通各个学派的特点。这表明，中国思想文化发展到战国末期这个大动荡时期，不同学派之间互相吸收与互相融合的趋势逐渐明显，思想的综合与统一代替了百家争鸣、创立新学派的冲动。

三、《吕氏春秋》的历史地位

公元前239年（秦王嬴政八年），秦王嬴政将要亲政。吕不韦在秦国首都咸阳的市门上把《吕氏春秋》公之于众。“悬千金其上，延诸侯游士宾客有能增损一字者予千金。”（《史记·吕不韦列传》）吕不韦在此时将这部书公布出来，是想在秦王亲政之前，迫使其将自己的学说定于一尊，并成为这种学说的实践者。虽然秦王嬴政与吕不韦在统一天下这个大目标上不存在分歧，可是在统一之后采取何种策略和手段进行统治这一点上，两人观点却全然不同。

秦王倾向于以法家学说为主，兼采阴阳家等其他学说的治国策略，强调君主专制。他可能会同意《吕氏春秋》以阴阳五行学说为骨架组织全书内容的做法，但他绝不会同意《吕氏春秋》宣扬的德治和限制君权的主张。因此吕不韦想凭借《吕氏春秋》为即将到来的统一帝国奠定理论基础并以此训导秦王的初衷未能得到实现。吕不韦的政治命运也随着《吕氏春秋》的公布和秦王的亲政走向末路。秦王嬴政十年（前237）十月，吕不韦被免去相国之职，接着被逐出咸阳，迁到河南洛阳。十二年（前235），又被勒令迁居蜀地，吕不韦见前途无望，遂服毒自杀。

从历史特别是思想史的角度看，有学者评价秦始皇是“胜利的失败者”①，他统一六国，成为千古一帝，并力图把天下传到“万世”，但秦朝只传到“二世”就灭亡，统一天下仅仅15年。反之，吕不韦是“失败的胜利者”，他虽然在与秦王的政治斗争中被迫自杀，但《吕氏春秋》的许多主张却在西汉初得以基本实现。《淮南子》《春秋繁露》《新语》《新书》等西汉初期的重要学术著作都受到《吕氏春秋》的影响。更加重要的是，《吕氏春秋》综合各家思想将之融为一体的精神，在中国思想文化史中长期延续，在某种程度上造就了中国文化兼容并包的性格。《吕氏春秋》蕴含的会通精神，对中华传统文化独特性和开放性的形成有深远影响。

（夏绍熙）

① 刘元彦：《〈吕氏春秋〉：兼容并蓄的杂家》，生活·读书·新知三联书店，2008，再版前言第2页。

天人感应　性有三品——《春秋繁露》

《春秋繁露》是西汉著名哲学家董仲舒所作的政治哲学著作，全面地阐发了董仲舒的宇宙观和政治哲学、伦理思想及历史观。汉武帝采纳了董仲舒“罢黜百家，独尊儒术”的建议，确立了儒学的正统地位，而《春秋繁露》则为这一政策提供了理论支持。此后历代王朝继续执行这一政策，影响中国两千多年。在这一意义上，《春秋繁露》是中国传统思想文化和中国传统政治文化双重意义上的经典著作，其重要历史地位不可忽视。

一、董仲舒与《春秋繁露》

董仲舒（前179—前104），西汉广川人。以研究《春秋公羊传》著名，是两汉儒学的奠基者。景帝时任博士官。武帝时诏举贤良方正，他先后三次应诏对策，写了《举贤良对策》。因为其中包括武帝三次诏问的回答，内容以天人关系为中心，故称“天人三策”，全文收入《汉书·董仲舒传》。他建议“诸不在六艺之科、孔子之术者，皆绝其道，勿使并进”。武帝采纳了他的建议，罢黜百家而独尊儒术。这是汉代政治文化政策的根本性变化。由此开始，儒学取代汉初的黄老之学成为中国封建社会的正统文化。

《举贤良对策》提出的基本主张，在他的《春秋繁露》中有详尽的发挥。《春秋繁露》，17卷，82篇，阙文3篇，存79篇。《春秋繁露》这个书名在《汉书》中没有出现，最早见于晋葛洪的《西京杂记》，始著录于《隋书·经籍志》。宋《崇文总目》春秋类著录与现存本同。“繁露”指冕旒上的悬玉。以《春秋》立论，贯通古今，如冕旒之连延下垂，故名《春秋繁露》。现存《春秋繁露》为宋楼钥校本，清修《四库全书》时从《永乐大典》中抄出，编入武英殿聚珍版本，各家注解均以此本为依据。注本有清凌曙《春秋繁露注》，清苏舆《春秋繁露义证》。

二、《春秋繁露》的主要思想内容

（一）《春秋》公羊学与“大一统”

董仲舒之所以推崇公羊春秋学，是因为公羊学主张大一统。《春秋公羊传》是一部解释《春秋》的著作，成书于战国中晚期。这个时期，天下一统的历史趋势日益明朗，如何结束诸侯割据、实现国家统一，成为诸子百家热烈讨论的话题。在这个问题上，当时的公羊学派认为，《春秋》是维护天下一统的。《春秋公羊传》开宗明义，打出“大一统”的旗帜。在解释《春秋》隐公元年经文“元年春，王正月”时说：“元年者何？君之始年也。春者何？岁之始也。王者孰谓？谓文王也。曷为先言王而后言正月？王正月也。何言乎王正月？大一统也。”在隐公时，周天子的地位正在削弱，但《春秋》仍以周文王历法系月，表明作者对天下一统有强烈的信念。

在西汉中期，战乱频仍的诸侯王国割据局面刚刚结束，生产得到恢复与发展，中央集权得到巩固与加强，出现了经济繁荣和政治大一统的局面。适应中央集权的需要，《春秋繁露》便应运而生。董仲舒高度肯定“大一统”的重要性，他说：“《春秋》大一统者，天地之常经，古今之通谊也。”（《汉书·董仲舒传》）他认为，《春秋》正是孔子借助鲁国历史来阐述“新王之道”的，是体现孔子“王心”的政治著作，所谓“王心”就是王天下之心。《春秋繁露》从两个方面对“大一统”思想加以丰富和完善。

一是以人随君，以君随天。大一统的前提是全国要有一个最高主宰者，就是君主，其地位是至高无上的，这是春秋公羊学派共同的看法，但他们只是从世俗功利需要的角度加以论证。董仲舒以《春秋》公羊学所阐发的君主专制理论为基础，大胆改造儒学，使《春秋》成为天人感应的神学经典，政治范畴的微言大义有了神学的内容，将儒学的世俗性和功利性笼罩在神性的光环下。

要构建大一统格局，君主地位的稳固程度是关键。董仲舒虽然并不认为现实君主就是绝对正确理想的，但为了避免重蹈春秋时代君权频繁更迭而致诸侯争霸的历史覆辙，不得不宣扬君尊臣卑、君尊民卑的主张，要臣民自觉认同君尊臣卑的政治秩序，不要对君位妄生非分之想。为了达到这样的目的，《春秋繁露》从两个方面加以论证。

一方面，董仲舒在天人思想体系中强调君尊民卑。天与人、人与人之间不是平等的，而是有尊卑差别的。在董仲舒看来，以“元”字开篇，其中必有深意。“元”字既是纪年之始，又是经文之始，还是万物之始。他认为，圣人变“一”为“元”，乃是为了追本溯源至最初的源头。万物虽属分殊，但本源于一。当然，这个“一”不是具体的“一”，而是抽象的“一”或“大一”，为了区别具体的“一”，乃改称为“元”。他曾对汉武帝说：“一者万物之所以始也，元者辞之所谓大也。”（《汉书·董仲舒传》）天与人能够“合一”，关键在于天人同“元”。他认为：“君人者国之元。”（《春秋繁露·立元神》以下只注篇名）“天子者，则天之子也。”（《郊语》）“唯天子受命于天，天下受命于天子。”（《为人者天》）从而确立了君权天授的神学机制，因此，皇权至上，不容怀疑。

在董仲舒看来，天人之间并不平等，而是人从于天。他说：“人本于天。”（《为人者天》）“天者万物之祖。”（《顺命》）如果再从天人关系降到人与人的关系层次，他认为：“君者民之心也，民者君之体也。”（《为人者天》）所以君处于支配地位，民处于被支配地位。君与民虽同样是人，但地位不平等。他说：“《春秋》之法，以人随君，以君随天。”（《玉杯》）董仲舒说：“是故《春秋》之道，以元之深正天之端，以天之端正王之政，以王之政正诸侯之即位，以诸侯之即位正竟内之治。五者俱正，而化大行。”（《二端》）化大行就是天下一统。

另一方面，他还借助阴阳五行思想对“君尊臣卑”加以论证。“君臣、父子、夫妇之义，皆取诸阴阳之道”（《基义》），视君主为阳，臣子为阴。阳是天然尊贵于阴的，即所谓“阳贵而阴贱，天之制也”（《天辨在人》）。既然君阳臣阴，那么，君尊臣卑就是天意。《春秋繁露》提出“王道之三纲，可求于天”（《基义》）的著名论断。三纲就是指君为臣纲、父为子纲、夫为妻纲，君主作为最高权力拥有者就有了理论根据。

二是君道无为，臣道有为。实际上，《春秋繁露》尽管把君尊臣卑抬到“天意”的吓人高度，但他也清醒地认识到：在政治实践中，君主毕竟也是普通的人。所以，董仲舒在《春秋繁露》中设计了一种政治模式：君道无为，臣道有为。在承认君主位尊权高的前提下，充分发挥作为统治阶层整体尤其是臣子们的作用。《春秋繁露》从三个方面反复阐释论证“君道无为，臣道有为”的观点。

首先，在天地关系上，董仲舒鲜明地提出“君道法天，臣道法地”的命题。“为人臣者，其法取象于地。”（《天地之行》）风雨虽然是由地上水分蒸发、凝结而成的，是来源于地的，但世人都把风雨称为天风、天雨，这是因为地不敢据有兴风布雨的美名，而是把功劳奉献上天。臣子侍奉君主也要像地事天那样，“勤劳在地，名一归于天”(《五行对》)，不计地位和名利，尽心尽力勤于政事。

其次，董仲舒根据“五行相胜”的自然规律解释道德伦理。《春秋繁露》吸收改造了当时极为流行的阴阳五行学说，把事君之道与五行相生联系起来，认为土象征臣子，火象征君主。如果没有土的辛勤帮助是不可能产生四季的，但在功成以后金、水、火、木皆分主一季，唯独土没有单独成为一季的主宰。臣子事君应该取法于“土事火”之道，勤劳归臣，美名归君。

另外，《春秋繁露》还依据人体构造论证君臣关系。如《天地之行》篇说，心指代君主，身体四肢指代臣子。因此，臣子必须忠于君主，最终目的是告诫君主，治理国家必须依赖臣子，就如同肢体要不断从外界获取养分来滋养心一样。在肯定臣子相对独立价值的前提下，告诉君主“臣道有为”是可行的，也是有利于君主自身利益的。

总之，董仲舒在天人体系中将君主推到了地位和权力的顶峰，同时又充分发挥整个官僚体系的政治作用，与“天人三策”中提到的“纯任儒教”“进经术之士”有着内在联系，也是对后者的完善和发展。

（二）“天人感应”与神学政治

董仲舒认为，天主宰人类社会，人的行为也能感动天。天人之间存在着一种神秘的联系。自然界的灾异和祥瑞表示着对人的谴责和嘉奖，人的行为能够使天改变原来的安排。

董仲舒的“天人感应”说恢复了宗教化的神灵之天。他说：“天者，百神之大君也。”(《郊语》）这是恢复了商周以来天命论的基本观念，也是试图对君主的特殊地位和至上权力加以神学化论证，认为这些都是“天意”。同时，《春秋繁露》对天的特征加以形而上学化描述。“天高其位而下其施，藏其形而见其光。高其位，所以为尊也；

下其施，所以为仁也；藏其形，所以为神；见其光，所以为明。故位尊而施仁，藏神而见光者，天之行也。”（《离合根》）这是把自然之天神秘化，使之具有尊贵、仁爱、神圣的特征。他又说：“仁之美者在于天。天，仁也。”“察于天之意，无穷极之仁也。”（《王道通三》）这是进一步把天的意志概括为“仁”。“仁”本是先秦儒学的核心观念，董仲舒将它归为天的意志。这样，“天”不再是自然之天，“仁”兼有天意的神性。

董仲舒有时把天人关系独断地约化为天和天子的关系。“天人感应”中的“人”主要指君主。他说：“唯天子受命于天，天下受命于天子，一国则受命于君。君命顺，则民有顺命；君命逆，则民有逆命。”（《为人者天》）这样，民命完全被君命所决定。将专制君主硬塞进天与人的联系中去，既作为上天联系“人”的代表，又作为“天”的代表，给皇权赋予了神圣性。董仲舒的这一观念带有强烈的为专制君主服务的色彩。如果说这是一种神学思想，那也只是一种君主专制的政治神学。东汉的《白虎通》，沿着董仲舒的这一思路，用阴阳五行学说论证“三纲五常”的神圣与合理之处，以官方经学的形式将董仲舒赋予专制君主的宗教权进一步法典化。①

董仲舒还把先秦以来的阴阳五行学说进一步伦理化，为现实社会的道德秩序、政治制度的构建提供理论支持。阴阳本是自然现象，董仲舒却提出“阳尊阴卑”“阳贵阴贱”的说法(《阳尊阴卑》)，给阴阳赋予人间的等级关系。他认为，阴阳两种气不仅具有寒暖的性质，而且具有取予、仁戾、宽急、爱恶、生杀等意志和道德属性。

五行观念是古老的传统思想，认为自然界有五种基本物质元素，这些元素之间存在着相生相克的关系。《春秋繁露》将五行伦理化。

① 张茂泽：《中国思想文化十八讲》，陕西人民出版社，2008，第94页。

《五行之义》篇中将五行的物质关系附会成为父子、君臣关系。不仅如此，《五行相生》篇还将“五官”与五行比附，说司农尚仁，取法于木；司马尚智，取法于火；司营尚信，取法于土；司徒尚义，取法于金；司寇尚礼，取法于水。五官效法五行行事便能和谐相顺，否则便会相克相逆。用今天的科学眼光看，这些说法几乎全是主观想象的比附。这种比附进一步泛滥，就是东汉时期十分盛行的谶纬迷信思潮。

“天人感应”说本来是古老的传统思想，在《诗》《书》《国语》《左传》所反映的商周思想中，这类材料很多。春秋战国诸子争鸣时期，这种思想遭到很大冲击。在汉代封建统治强化和阴阳五行思想流行的背景下，董仲舒恢复了“天人感应”，对它进行了前所未有的系统发挥，使之成为统治思想。对先秦诸子学说而言，董仲舒的“天人感应”思想是一股巨大的回流。它给封建王权加上了一层天意的神圣色彩，后来又与谶纬迷信合流，其消极影响是极为深远的。

但董仲舒的“天人感应”说也包含着一定的积极成就。作为政治思想，董仲舒的“天人感应”思想具有借用天意监督政事、裁制君权的意义。作为哲学思想，“天人感应”说在承认天的主宰作用的前提下，充分强调了人的作用，认为“人下长万物，上参天地”“人之超然万物之上，而最为天下贵也”（《天地阴阳》），不是发出“死生有命，富贵在天”的哀叹，而是强调人的奋发有为。

（三）“性三品”与“教化万民”

人是天的副本，人的形体和精神都来自天，人性也来源于天。但是，董仲舒并不认为人与人是相同的，尤其在与天、神交通方面有很大区别。天子能够直接与天、神沟通，而“民”似乎缺乏这种能力。按照董仲舒的观点：“士者，事也；民者，瞑也。士不及化，可使守事从上而已。”（《深察名号》）“瞑”，意思是闭眼，眼睛昏花，比喻没有认识到真理的蒙昧状态，所以只能“守事从上”（《深察名号》），“受成性之教于王”，听从君王的指令和安排。

董仲舒对君主与民众有如此悬殊的认识，和他的人性论有着内在联系。董仲舒将人性分为“圣人之性”“斗筲之性”“中民之性”三等(《实性》)。“圣人之性”是先天至善的而不须教化，“斗筲之性”是先天至恶的而不可教化。大多数人属于“中民之性”，既非至善也非至恶，而是“有善质，而未能善”。“有善质”因而可以教化，“未能善”因而必须教化。从“教化万民”的目的出发，他把“中民之性”作为研究重点，提出“人道之善”和“善成于外”两个观点。所谓“人道之善”指的是封建制度和封建伦理。它不同于孟子说的“四端”，比之“四端”要求更高。孟子拿人与禽兽相比，看到人有“四端”而禽兽无之，故谓人性善。董仲舒拿“人道之善”衡量人性，发现人性并非天然合乎封建制度和封建伦理要求，故不谓人性善。所谓“善成于外”是说合乎封建制度和封建伦理要求的品质，需要从外部灌输才能形成。为了解释“善成于外”的观点，他讨论了“性”与“善”的关系。他认为，性犹如禾、茧、卵，善犹如米、丝、雏。善出于性，犹如米出于禾，丝出于茧，雏出于卵。两方面有联系又有区别，性是天赋予的，善是人为的。所以说：“禾虽出米，而禾未可谓米也。性虽出善，而性未可谓善也。米与善，人之继天而成于外也，非在天所为之内也。”（《实性》）于是董仲舒的人性论的归宿就是：王者承天意以教化民众，以维护封建等级制度。

董仲舒的人性论除了论证封建等级制度的合理性，还阐述了君王“教化万民”的必要性。他认为，“瞑”是民众的本质特征，人民群众没有认识把握真理的能力，民众只有“善之质”，还必须“王”来进行教化，才能“善”，这是对一般民众人性地位的贬低，也是对君王教化民众地位的拔高。

就承认有先天人性而言，董仲舒与孟子一致；就否认先天人性就是善而言，董仲舒与孟子不同。董仲舒之所以反对孟子的“人性善”说，原因是“人性善”说对君王不利。他自己透露说：“万民之性苟已善，则王者受命尚何任也?”（《深察名号》）原来，他不赞成人性善，是因为这个理论取消了君王教化万民的必要性，进而有可能取消君王受命于天的合法性。总之，董仲舒把人性分为不同等级，包含着剥削阶级的偏见，但他能够承认封建制度和封建伦理并非天然出于人性，不失为清醒的看法。

三、《春秋繁露》的学术地位及历史影响

首先，《春秋繁露》是汉代经学的代表性著作，集中体现了董仲舒新儒学的思想全貌和学术特色。“大一统”“天人感应”以及“性三品”说是董仲舒新儒学的核心内容，用来论证国家一统、封建制度以及封建道德秩序的合理性。为满足加强中央集权和国家统一的政治需要，董仲舒首先借助“天人感应”论，试图将现实的社会秩序、道德规范赋予神性的光环，希望把这些秩序规范转化为人们的信仰体系。比如“天不变，道亦不变”，就是试图将特定历史时期产生的秩序规范建立在永恒不变的基础之上，强调它们是“天意”的安排，这样好让人们永远将之视作金科玉律。另外，董仲舒借助“性三品”说，从人性角度论证封建制度的合理性。“性三品”说的主要意思是，人与人之间存在等级，君王教化万民有其合法性。这个思想体系的神学性质十分明显，牵强附会的论证方式迂曲而又荒谬，但它反映了汉代人对自然、社会和人性的认识水平，适应了当时地主阶级企图建立统治阶级思想的需要，得到皇权支持而畅行无阻，行之久远，是中华民族思想文化史上不可缺少的历史环节。

其次，董仲舒是两汉春秋公羊学的宗师，这不仅因为两汉的春秋公羊学大儒多师承董仲舒，而且《春秋繁露》还奠定了经学的基本原则和治学方法，在经学史上具有开山地位。他提出“罢黜百家，独尊儒术”的建议，汉武帝对此欣赏有加，建元五年（前136）设立五经博士官，把注经与选士、任贤结合起来，从此结束了先秦的子学时代，开创了以治经、解经为治学方式的经学时代，也开创了朝廷凭借经学学问选拔任用人才的历史。董仲舒《春秋繁露》的问世，是经学史上划时代的大事，清代学者苏舆说：“西汉大师说经，此为第一书矣。”①

最后，董仲舒《春秋繁露》具有政治性、变易性以及解释性特征，这在中国思想文化史上产生了深远影响。一是政治性。中国历代志士仁人怀抱着“以天下为己任”的入世情怀。董仲舒继承先秦儒学这种积极精神，主张“大一统”，倡导“更化改制”。这种“以经议政”的传统，到封建制度衰败时期，更加闪烁出批判的光芒，发挥出战斗的力量。二是变易性。战国至两汉的公羊学派形成了具有深刻意义的变易历史观。董仲舒明确划分春秋十二公为三世，到何休发展成为“据乱世—升平世—太平世”系统的历史哲学。他们认为社会由低级阶段向高级阶段发展，社会及其制度都在变革中越来越进步。这个观点反映了历史演进的本质，在中国思想文化史上独树一帜。清中叶以后，封建制度行将崩溃，近代化进程即将开始。面临这种空前变局，以康有为为代表的公羊学者利用这种变易历史哲学，形成了一股敏锐反映时代前进脉搏的改革思潮，从而迸发出异彩。三是解释性。春秋公羊学对《春秋》中简略文字进行大胆的发挥，专讲“微言大义”，故春秋公羊学可视为中国古代的历史解释学。《春秋繁露》也具

① 苏舆：《春秋繁露义证》，中华书局，1992，例言第2页，

有这样的解释性特征。这种解经方式既有优点，也有明显的弊端。优点是解释者可以结合现实需要，发挥理论的创造性，借解释以立新说。但是这种大胆解释又容易穿凿武断，随意比附，流于主观性。就创造性而论，清代中叶以后的进步思想家龚自珍、魏源、康有为将之发扬光大，他们需要倡导变革创新、救亡图存，倡导了解世界，学习西方进步学说。这在解释经书“微言大义”的名义下，为容纳新思想提供了方便途径和合法形式。

（吴保传）

穷究天人　会通古今——《史记》

《史记》是我国古代正史中最重要的著作，是中国传统历史文化经典，在文学史、哲学史上也占有重要地位。

一、司马迁与《史记》

司马迁，字子长，一般认为他在汉景帝中元五年（前145）生于龙门。依据《太史公自序》的唐代张守节《正义》："太初元年，迁年四十二岁。"则太史公生于公元前145年，王国维、梁启超等赞同此说。据《括地志》云："龙门在同州韩城县北五十里。其山更黄河，夏禹所凿者也。龙门山在夏阳县，迁即汉夏阳县人也，至唐改曰韩城县。"但也有人说司马迁生于公元前135年（汉武帝建元六年），与前说相差10岁。此说取自《太史公自序》的《索隐》，依据晋代张华《博物志》称，司马迁任太史令时，"年二十八"，也就是说，公元前108年（汉武帝元封三年），司马迁升为太史令，年28岁，即公元前135年（汉武帝建元六年）应为司马迁生年。王国维在《太史公行年考》中认为后人引用《博物志》，所依年"二十八"应是年"三十八"之误。

司马迁家学渊源，父亲司马谈为汉武帝的太史令。司马谈崇尚道家，曾以黄老学说为主，写成《论六家之要旨》，对儒、墨、名、法、阴阳、道德等各家学说进行过批判和总结。这种家学传统，对司马迁影响很大。司马迁青少年时，向当时的古文学家孔安国学过古文《尚书》，向今文学家董仲舒学过《春秋》公羊学，涉猎广泛，积累深厚，长于天文历法、史学、文学等各家学说。《史记·太史公自序》记述了司马谈对司马迁的临终告诫："余先周室之太史也。自上世尝显功名于虞夏，典天官事。后世中衰，绝于予乎？汝复为太史，则续吾祖矣。今天子接千岁之统，封泰山，而余不得从行，是命也夫，命也夫！余死，汝必为太史；为太史，无忘吾所欲论著矣。且夫孝始于事亲，中于事君，终于立身。扬名于后世，以显父母，此孝之大者。"

司马迁在他父亲死后的第三年（汉武帝元封三年），正式继任父职，成为汉武帝的太史令，时年 38 岁。这样，他便有机会阅读宫廷中大量的文献典籍。与此同时，在司马迁的主持下，元鼎元年（前 116）冬，新历——《太初历》制成。同年，司马迁开始撰写巨著——《史记》。天汉二年（前 99），司马迁为李陵投降匈奴事进行辩护，触怒了汉武帝，被下狱受了宫刑。汉武帝天汉四年（前 97），司马迁 49 岁，出狱任中书令。《汉书·司马迁传》："迁既被刑之后，为中书令，尊宠任职。"发愤著《史记》。汉武帝征和二年（前 91），司马迁作《报任安书》，完成《史记》。《报任安书》云："仆窃不逊，近自托于无能之辞，网罗天下放失旧闻，考之行事，稽其成败兴坏之理，凡百三十篇。""仆诚已著此书，藏之名山，传之其人。"

司马迁死于何时、死因如何，很难确知。一般认为大约死于公元前 90 年（汉武帝征和三年），终年 56 岁。但也有不同观点，如裴骃《集解》引卫宏《汉书·旧仪注》说："司马迁作《景帝本纪》极言其短及武帝过，武帝怒而削去之，后坐举李陵，陵降匈奴，故下迁蚕室，有怨言，下狱死。"郭沫若《关于司马迁的死》："下狱死事，必世有流传，故卫宏、葛洪均笔之于书，谅不能无中生有，以歪曲史实。"

《汉书·司马迁传》讲到："迁既死后，其书稍出。宣帝时，迁外孙平通侯杨恽祖述其书，遂宣布焉。至王莽时，求封迁后，为史通子。”

《史记·太史公自序》讲：“太史公曰：余述历黄帝以来至太初而讫，百三十篇。”约526500字。《史记》记载了上自中国上古传说中的黄帝时代，下至汉武帝时代的史事，是中国第一部纪传体通史。这种体例被历代史家所沿用，总体不变，只是例目有所增减，或例目的名称稍有不同而已。这样，纪传体便成为我国古代主要的史学体例之一。郑樵在《通志总序》中赞《史记》曰：“使百代而下，史官不能易其法，学者不能舍其书，六经之后，惟有此作。”清代史学家赵翼《廿二史札记》称：“司马迁参酌古今，发凡起例，创为全史，本纪以序帝王，世家以记侯国，十表以系时事，八书以详制度，列传以志人物。然后一代君臣政事，贤否得失，总汇于一编之中。自此例一定，历代作史者遂不能出其范围，信史家之极则也。”《史记》言辞与叙事完美结合，被鲁迅赞为“史家之绝唱，无韵之离骚”。

《史记》初成时书名未定，班固《汉书·艺文志》著录时，名为《太史公百三十篇》，后人称其为《太史公记》《太史公书》《太史公传》，也省称《太史公》。东汉桓、灵之际，始名《史记》。《史记》本来是古代史书的通称，从三国开始，《史记》由通称逐渐成为《太史公书》的专名。

《太史公自序》概论全书如下：“网罗天下放失旧闻，王迹所兴，原始察终，见盛观衰，论考之行事，略推三代，录秦汉，上记轩辕，下至于兹，著十二本纪，既科条之矣。并时异世，年差不明，作十表。礼乐损益，律历改易，兵权山川鬼神，天人之际，承敝通变，作八书。二十八宿环北辰，三十辐共一毂，运行无穷，辅拂股肱之臣配焉，忠信行道，以奉主上，作三十世家。扶义俶傥，不令已失时，立功名于天下，作七十列传。凡百三十篇，五十二万六千五百字，为《太史公书》。序略，以拾遗补艺，成一家之言，厥协六经异传，整齐百家杂语，藏之名山，副在京师，俟后世圣人君子。”

全书分本纪、表、书、世家、列传五大类：本纪12篇，记载帝王政迹、叙述朝代兴亡及政治演变大势；表10篇，列举历史发展中的人物梗概，是纪和传的桥梁、补充；书8篇，侧重探讨典章制度的演变，并指陈时政；世家30篇，侧重表彰对促进历史发展、维护国家统一做出贡献的诸侯和个人；列传70篇，侧重记载不同时期各类代表人物的活动，反映广阔的社会生活；最后一篇《太史公自序》，记述司马氏的渊源和司马迁父子生平经历、编写《史记》的前因后果，是了解《史记》和司马迁的重要资料。

后世续写《史记》，或为之作注者，代不乏人，其中以南朝宋裴骃《史记集解》的广征博引、订定文字为胜，唐开元中司马贞《史记索隐》以探幽发微、订正史实、说解详密为著，张守节《史记正义》则以详于地理沿革见长，合称“《史记》三家注”，历史上影响最大。北宋以后，在《史记》的正文之下，都附有以上三家的注文。自宋以后，研究《史记》的著述增多，较有代表性的如清梁玉绳的《史记志疑》、崔述的《史记探源》、张森楷的《史记新校注》、日本学者泷川资言的《史记会注考证》以及清赵翼的《廿二史札记》和王鸣盛《十七史商榷》等，都是重要的参考书籍。近代以来，学者重视结合考古资料考证《史记》，王国维首用甲骨文、金文证明《史记》记载的三代历史可信，王国维与郭沫若同用汉简考证司马迁的生年，还有陈直的《史记新证》，取甲骨文、金文及秦汉权量、石刻、竹简、铜器、陶器之铭文印证《史记》，都是考古与文献互证取得重要成就的代表。

《史记》流传于世的版本众多，篇章差别也较大，其中多篇为后世补入。东汉班固父子认为，该书最初有10篇缺失，有录无书。唐代刘知几《史通·古今正史篇》云：“至宣帝时，迁外孙杨恽祖述其书，遂宣布焉；而十篇未成，有录而已。”

现在看到的《史记》全本一般都认为是褚少孙补作或选取其他史料替代的。三国魏人张晏著《汉书音释》40 卷，在《汉书·司马迁传》中解释“十篇缺”之语，指出了亡佚的篇名，并说汉代元、成二帝之间褚先生补其中 4 篇。《史记集解》裴骃引《汉书注》张晏语：“迁没之后，亡《景纪》《武纪》《礼书》《乐书》《律书》《汉兴已来将相年表》《日者列传》《三王世家》《龟策列传》《傅靳蒯列传》。元成之间，褚先生补阙，作《武帝纪》《三王世家》《龟策》《日者列传》，言辞鄙陋，非迁本意也。”唐代张守节《正义》认为褚少孙补了 10 篇，清代史学家赵翼《廿二史札记》卷一则专写了《褚少孙补〈史记〉不止十篇》。司马贞在《史记索隐》按语中说：“景纪取班书补之，武纪专取封禅书，礼书取荀卿礼论，乐取礼乐记，兵书亡，不补，略述律而言兵，遂分历述以次之。三王世家空取其策文以辑此篇，何率略且重，非当也。日者不能记诸国之同异，而论司马季主。龟策直太卜所得占龟兆杂说，而无笔削之功，何芜鄙也。”指出补作或替代篇章的资料来源，并认为这些不能与司马迁的成就匹配。但也有学者考证这段按语不尽属实。

另外，《三国志·王肃传》：“司马迁以受刑之故，内怀隐切，著《史记》非贬孝武。……武帝闻其述《史记》，取孝景及己本纪览之，于是大怒，削而投之，于今此两纪有录无书。”可见，曹魏明亲时《史记》景、武本纪仍然残缺。现存景、武本纪，赵翼《廿二史札记》以为武帝纪与《太史公自序》自序相违，是褚少孙所补，“系全取封禅书下半篇所叙武帝事”，仅侈陈封禅一事而已。

二、“究天人之际，通古今之变，成一家之言”

司马迁编写《史记》，固然是对家传事业的继承，要完成父亲的遗愿，更重要的这也是他个人主观的意愿，即延续、发扬孔子的《春秋》精神，宣扬“王道”。《太史公自序》说：“夫《春秋》，上明三王之道，下辨人事之纪，别嫌疑，明是非，定犹豫，善善恶恶，贤贤贱不肖，存亡国，继绝世，补敝起废，王道之大者也。”同时，他的写作方法也是延续孔子“述而不作”的精神，“余所谓述故事，整齐其世传，非所谓作也”。

这项前所未有的伟大工程能够完成，也与司马迁的悲惨遭遇和自强不息的精神密切相关。在《报任安书》中司马迁借古人比况自己：“古者富贵而名摩灭，不可胜记，唯俶傥非常之人称焉。盖西伯拘而演《周易》；仲尼厄而作《春秋》；屈原放逐，乃赋《离骚》；左丘失明，厥有《国语》；孙子髌脚，《兵法》修列；不韦迁蜀，世传《吕览》；韩非囚秦，《说难》《孤愤》；《诗》三百篇，大氐贤圣发愤之所为作也。此人皆意有所郁结，不得通其道，故述往事，思来者。及如左丘明无目，孙子断足，终不可用，退论书策以舒其愤，思垂空文以自见。仆窃不逊，近自托于无能之辞，网罗天下放失旧闻，考之行事，稽其成败兴坏之理，凡百三十篇。亦欲以究天人之际，通古今之变，成一家之言。”

此后，“究天人之际，通古今之变，成一家之言”就成为中国古代史学家最高追求。司马迁这一志向所体现出的历史观是进步的，即历史是不断发展变化的，这种变化从古到今有着阶段性，今天不一定不如古代，有时还更胜于古，在历史变迁中，天道、天命的作用往往难以把握，人事的作用则很显著，但人事的作用还不能摆脱天的束缚，因此要准确把握历史变化中的天人关系，最大限度发挥人的主观能动性，推动历史发展。这是《史记》编写的目的，也是史学家的责任和使命。从这一点来说，司马迁是中国古代历史上第一位公开以创史自命的史家。

“究天人之际”中的“天”具体表现为什么呢？公元前104年，司马迁与壶遂等造《太初历》，专门研究整理了天文历法的成果。《日者列传》借司马季主之口论及此项工作：“分别天地之终始，日月星辰之纪，差次仁义之际，列吉凶之符。”《天官书》也谈到此次修订历法对天文学的整理，据春秋242年之间日食三十六、彗星三见等星象，联系天子衰微、诸侯力政、五伯代兴与战国及秦汉之际的社会变乱，总结出天运30年一小变，100年一中变，500年一大变，三大变为一纪，三纪而大备的“大数”，最后认为“天人之际续备”。

“人”又如何体现？《春秋》《国语》等过去的历史著作都记载了人的历史活动，但这些记载都是以时间或事件为主线，人的主体地位未能被充分地表现出来，而且，这些历史著作中的人物总体说来，一是局限于社会上层，至多包括了游士策士；二是局限于政治性人物，范围有限。《史记》首创的以“纪传”为主的史学体裁，第一次以人为本位来记载历史，表现出对人在历史中的地位与作用的高度重视。《史记》以“本纪”为纲领，记述了从三皇五帝到秦皇汉武那些在国家民族的发展过程中奋发有为、积极进取、艰苦创业的历代帝王的光辉形象。他们的身上，充分体现了中华民族奋发进取的民族精神。世家中不少人物表现出积极有为、奋发进取的创业精神，如勾践、孔子、张良、萧何等。列传中记载了不少人物在追求功名及实现自己人生价值时表现出的自强不息、积极进取精神，如伍子胥、屈原、李广、张骞等。

近代学者刘咸炘《太史公书知意·序论三·挈宗旨》说：“盖谓古今之变有非人力之所能为者，则归之于天。此所谓天，非有深意，即《孟子》所谓莫之为而为者耳。故于秦之成，则归之天助……势之成也，天人参焉。故曰际也。”“通古今之变”的基本方法是“原始察终，见盛观衰”。“原”是考察缘由的意思，“始终”指的是因果关系。“原始察终”就是追原其始，察究其终，从把握历史演变的全过程来看它的原因、经过、发展和结果。司马迁试图从历史生活现象中去寻求历史变化的原因，如他写《平准书》时曾说：“作《平准书》，以观事变。”《平准书》先记述汉初生产恢复和发展的情况，后叙述汉武帝拥有汉初积累的雄厚经济实力，引起了他的内外政策的变化，尤其是连年用兵，使财政困难，经济遭受破坏，由此而引起了汉武帝时期政治上的变化。

最终如何“成一家之言”？《史记》所体现的价值观包含有儒家思想，以人为本，宣扬立德立功立言，尊崇圣贤，如表彰《孔子世家》《仲尼弟子列传》；又推崇黄老道家和阴阳五行家思想，隆礼重法，赞扬隐逸，详论五德终始。司马迁会通众说，成一家之言，除了在文中史家笔法的褒贬之外，从篇末“太史公曰”也可见一斑。《伍子胥列传》中“太史公曰”：“向令伍子胥从奢俱死，何异蝼蚁！弃小义，雪大耻，名垂于后世。悲夫！方子胥窘于江上，道乞食，志岂尝须臾忘郢邪？故隐忍就功名，非烈丈夫孰能致此哉！”《游侠列传》中也评论说：“今游侠，其行虽不轨于正义，然其言必信，其行必果，已诺必诚，不爱其躯，赴士之厄困，既已存亡死生矣，而不矜其能，羞伐其德，盖亦有足多者焉。”司马迁对伍子胥、游侠的评价能说明他的价值取向，他对儒家的义利观、诚信观等有继承，也有发展。

把握天人之际、古今之变，最终成一家之言的前提就是实录，这样才能客观公正分析、总结天道与人事变迁的关系，古往今来的前因后果，评价历史人物的功过是非。这正是史学家最基本也是最高的职业素养要求。近代以来大量考古资料和研究成果也证实了《史记》所记载历史事件的真实性。《汉书·司马迁传》赞语说：“自刘向、扬雄博极群书，皆称迁有良史之材，服其善序事理，辨而不华，质而不俚，其文直，其事核，不虚美，不隐恶，故谓之实录。”“实录”精神已成为中国史学的优良传统。由于历经战乱，当时的文献资料散乱残缺现象非常严重，《史记·太史公自序》说：“周道废，秦拨去古文，焚灭《诗》《书》，故明堂石室金匮玉版图籍散乱。”为了写作《史记》，司马迁到处游历寻访，与燕、赵间豪俊交游，周览四海名山大川，同时博览群书，“厥协六经异传，整齐百家杂语”。班固《汉书·司马迁传》也说：“司马迁据《左氏》《国语》，采《世本》《战国策》，述《楚汉春秋》，接其后事，讫于天汉。”当代学者冯天瑜也指出，《史记》的十二本纪取法于《春秋》，十表取法于《五帝系牒》《春秋历谱牒》，八书则可能取法于《居篇》《作篇》。三十世家为编年体，七十列传为人物传记，司马迁前也早有其例，把他们综合到一起却是他首创。

在历史哲学上，司马迁将“究天人之际”和“通古今之变”统一起来，将天人之际这类哲学问题落实为历史问题，在历史演变中看天人关系的变化，将形而上的天人之学和历史学内在统一起来，成为历史和逻辑统一的辩证思维方法的典范，这也形成了我国古代优秀的学术传统。至于他不隐恶，不虚美，不囿于俗见，将楚汉之争中失败了的项羽编入“本纪”，与胜者刘邦同列，以孔子、陈涉等入“世家”，与王侯将相同班，抑扬褒贬，自有标准。此外，他还注意到经济活动在社会历史演变中的作用，批判讽刺“鬼神之事”等迷信活动等。这些表明司马迁具备过人的史才、史学、史识、史德，在史学活动中始终洋溢着人文的、理性的历史文化精神，无愧为后来史家的典范。

三、《史记》的价值和影响

《史记》的价值在于实录历史，保存了大量真实史料，能比较客观地分析、评价历史人物和历史事件。对于古代帝王英雄，往往在歌颂他们丰功伟业的同时，也会指出并批判他们身上暴露出的缺陷。

如对刘邦，《高祖本纪》并无过分贬低，但与《项羽本纪》记载的项羽英雄气概相比，刘邦的怯弱、卑琐、狡诈就相当明显；而且把项羽的事迹列入“本纪”，不因项羽失败而抹杀他的历史地位。在《萧相国世家》《淮阴侯列传》中则揭露了刘邦猜忌臣下的心理和杀害功臣的罪行。对武帝刘彻，由于《今上本纪》已经亡佚，不知道情况如何，但《封禅书》明显讽刺他的迷信，大搞“鬼神之事”，揭露汉武帝的残暴虚伪、奢侈纵欲。《酷吏列传》多武帝时人，而《循吏列传》中却无汉朝人，司马迁用讽刺的文辞，揭露了武帝的爪牙张汤等酷吏的凶残和奸诈。在《吕后本纪》《魏其武安侯列传》等篇中也对上层权贵的贪婪、自私等有强烈批评和揭露。《越王勾践世家》批评陶朱公长子吝财而失次子。

受时代限制，《史记》也存在某些缺点与不足之处。例如，存在天命、灾异和历史循环论的神秘思想的影响。在《六国年表序》论述秦并天下的原因时，称其“盖若天所助焉”。《高祖本纪》带有“三统循环论”的色彩，以为“三王之道若循环，终而复始”。在《天官书》中，记述各种特殊的自然天象时，常常与人事联系在一起，宣扬灾异变化的神秘思想。这些说明《史记》在“究天人之际”时，并没有摆脱“天人感应”神学思想的影响。

后来班彪、班固父子以正统的儒家观念衡量《史记》，认为司马迁在进行历史评判时不以圣人之是非为是非，有其弊端。《汉书·司马迁传》批评说：“其言秦汉，详矣。至于采经摭传，分散数家之事，甚多疏略，或有抵梧。亦其涉猎者广博，贯穿经传，驰骋古今，上下数千载间，斯以勤矣。又其是非颇缪于圣人，论大道则先黄老而后六经，序游侠则退处士而进奸雄，述货殖则崇势利而羞贱贫，此其所蔽也。……以迁之博物洽闻，而不能以知自全，既陷极刑，幽而发愤，书亦信矣。”“进项羽、陈涉而黜淮南、衡山，细意委曲，条例不经。”(《后汉书·班彪传》)

但是在秦汉之际的大转折时期，关于把项羽列入“本纪”的原因，司马迁说：“秦失其政，陈涉首难，豪杰蜂起，相与并争，不可胜数。然羽非有尺寸，乘势起陇亩之中，三年，遂将五诸侯灭秦，分裂天下，而封王侯，政由羽出，号为‘霸王’，位虽不终，近古以来未尝有也。”(《史记·项羽本纪》）项羽对灭秦起了极为关键的作用，所以应当按其历史地位、历史影响将他归入“本纪”。又如《史记》不为孝惠帝立本纪而为吕太后立本纪，这也是因为孝惠帝名分上是天子可是政不由己，吕太后虽名分上为“高祖微时妃也”却“女主称制”，且有“政不出房户，天下晏然”的历史贡献。基于此，司马迁的体例安排一方面能够显示吕氏之篡夺，一方面能够明了历史之真实，倒是班固为惠帝立了本纪之外再写一篇《高后纪》反而显得画蛇添足。

其实，《史记》这些受批评的地方往往也是《史记》堪称千古绝唱的原因所在。司马迁没有人云亦云、故步自封，我们能从中看出古人为立德、立功、立言而积极进取的奋斗历程，感受古人忍辱含垢、发奋有为的自强不息精神，还有为反抗暴政酷刑、追求真善美而敢于舍生取义、忘我牺牲的人格自尊、自信、自立精神。这些沉淀于历史长河中的人文主义精神，已经成为中华民族的民族精神。

特别值得注意的是，《史记》首列《五帝本纪》，将黄帝作为五帝之首，依次是黄帝、颛顼、帝喾、尧、舜，无疑是对战国中晚期以来黄帝崇拜以及国家统一趋势的思想反映，作者突出了黄帝的人文贡献与人文精神，有助于增进中华民族的团结和睦与凝聚力，维护国家与主权的统一与完整，增强全世界炎黄子孙的文化认同感，影响深远。

（李江辉）

崇尚名教　宣扬汉德——《汉书》

《汉书》是我国古代又一部历史文化经典。它是我国古代第一部由学者私著而得到官方认定的正史，也是首部以儒家经学为指导编撰的断代史。它将经学和史学结合起来，从学术理论上进一步巩固了司马迁将天人之学和历史学结合的辩证思维方法。改《书》为《志》，创编《地理》《艺文》《刑法》《五行》诸志，宣扬汉德，维护礼法，述百家学说，殊途同归，言精练，事赅密，体例完备，对后来历朝正史的编撰产生了深远影响。

一、《汉书》概述

《汉书》的作者一般署名为东汉的班固（32—92），字孟坚，右扶风安陵（咸阳东北）人。实际上现在传世的这部书作者不止一个人，也不是一次完成的。

西汉司马迁著《史记》，所记内容截至汉初武帝的太初年间，后世许多学者曾试图为其作续篇，以补完西汉史事。而班彪认为虽然有褚少孙、刘向、刘歆、冯商、扬雄等近20位今可知见的学者续补《史记》，他们或仅是材料的堆砌，或文字鄙俗，都不足与《史记》相匹配。《后汉书·班彪传》："迁之所记，从汉元至武以绝，则其功也。至于采经摭传，分散百家之事，甚多疏略，不如其本，务欲以多闻广载为功，论议浅而不笃。其论术学，则崇黄老而薄五经；序货殖，则轻仁义而羞贫穷；道游侠，则贱守节而贵俗功：此其大敝伤道，所以遇极刑之咎也。然善述序事理，辩而不华，质而不野，文质相称，盖良史之才也。诚令迁依五经之法言，同圣人之是非，意亦庶几矣。”于是他续采前朝遗事，旁贯异闻，写《史记后传》凡65篇。今本《汉书》中的《元帝纪》《成帝纪》《韦贤传》《翟方进传》《元后传》便是他所著。

东汉光武帝建武三十年（54），班彪去世，其子班固自太学回乡居忧，在班彪续补《史记后传》的基础上开始编写《汉书》。班固编写《汉书》不仅是为了继承父亲的遗志，也是要远接从司马迁、刘向、扬雄以来修史的传统，宣扬“汉德”。西汉210余年，有过赫赫功业，也有过许多弊政，其中治乱兴衰，给人启发，写出一部“汉史”，正是史家的责任。永平五年（62），有人向朝廷上书告发班固“私改作国史”。班固被抓，书籍也被查抄。其弟班超上书为兄申辩，书稿经过审查，得到汉明帝欣赏，班固被任命为兰台令史（兰台是汉朝收藏图书之处），掌管和校订图书，参与编撰本朝历史。① 永元四年（92），曾把持朝政的大将军窦宪在政争中失败自杀。依附窦氏的班固因“不教学诸子，诸子多不遵法度”，被与其有宿怨的洛阳令借机抓捕入狱，同年死于狱中，年61岁。

此时，《汉书》的八表及《天文志》均未完成，汉和帝便命其妹

---

① 《陔余丛考》卷五《汉书》：“古时如司马迁、李延寿之类，则自作一家著述。班彪改《史记》为《汉书》，亦是私史。至其子固，欲续成其业，为人所告，诬以私改国史。明帝取其书，阅而善之，乃使固终成前所著。是《汉书》已属官书矣。其八表及《天文志》未就。和帝又诏其妹昭续之，又令马融兄续继昭成之。是续《汉书》不特班昭，又有马续矣。至其体例，删去世家而存纪传，陈胜、项籍俱入列传中，此皆班彪所定，非固所为也。见彪本传。”

班昭就东观藏书阁所存资料，续写班固的遗作，然她尚未写毕便去世。① 与班氏同居于扶风的经学大师马融曾在班昭处学得《汉书》，其兄马续受命又补成了七表及《天文志》，现在流传的《汉书》才最终成书。因此，《汉书》始作于东汉光武帝建武年间，经班彪、班固、班昭、马续之手，成书于汉和帝时期，可以说是经过班氏家族近40年的努力才完成的。

《汉书》是我国第一部纪传体断代史，包括本纪12篇，表8篇，志10篇，列传70篇，共100篇，后人划分为120卷，共80万字，主要记述汉高祖元年（前206）至新朝的王莽地皇四年（23），共230年间的历史。《汉书·叙传》说："汉绍尧运，以建帝业，至于六世，史臣乃追述功德，私作本纪，编于百王之末，厕于秦、项之列。太初以后，阙而不录，故探纂前记，缀辑所闻，以述《汉书》，起元高祖，终于孝平、王莽之诛，十有二世，二百三十年，综其行事，旁贯五经，上下洽通，为春秋考纪、表、志、传，凡百篇。"

历史上曾经有《汉书》古本，部分内容和篇目编排上与今本有所不同。据《南史·刘之遴传》："时鄱阳嗣王范得班固所撰《汉书》真本献东宫，皇太子令之遴与张缵、到溉、陆襄等参校异同。"与今本异者数十处。清代史学家赵翼在《陔余丛考》卷五进一步说明，"古本《汉书》称'永平十六年五月二十一日己酉郎班固上'，而今本无上书之年月日。又按古本《叙传》号为《中篇》，今本称为《叙传》。又今本《叙传》载班彪事行，而古本云彪自有传。又今本纪及

---

① 《后汉书》卷八十四《列女传》："扶风曹世叔妻者，同郡班彪之女也，名昭，字惠班，一名姬。博学高才。世叔早卒，有节行法度。兄固著《汉书》，其八表及《天文志》未及竟而卒，和帝诏昭就东观藏书阁踵而成之。帝数召入宫，令皇后诸贵人师事焉，号曰大家。每有贡献异物，辄诏大家作赋颂。及邓太后临朝，与闻政事。以出入之勤，特封子成关内侯，官至齐相。时《汉书》始出，多未能通者，同郡马融伏于阁下，从昭受读，后又诏融兄续继昭成之。"

表、志、列传不相合为次，而古本相合为次，总成三十八卷。又今本《外戚》在《西域》后，古本《外戚》次《帝纪》后。又今本高五子、文三王、景十三王、孝武六子、宣元六王杂在诸传中，古本诸王悉次《外戚》下，在陈、项传上”，诸如此类。最后下结论说：“改古本为今本，不知起于何时，盖即其妹续成时所重为编次耳。宋景文校刻时，其所校旧本内尚有‘曹大家本’，卷帙文字皆与今同，则今本即曹大家所定无疑也。”

另外还有一种说法，如王充、葛洪、刘知几等认为班固基本上是抄袭扬雄、刘歆所著。其实班氏父子必定参考了前人著作，但未有明确证据，不能轻易断言抄袭。

《汉书》历代注者甚多，《隋书·经籍志》罗列唐代以前各家注释，以注解音义为主，现在多已佚失，唯有唐代颜师古《汉书注》是集注，对此前各家注解多有吸收，从中可以略见应劭、服虔、臣瓒、蔡谟等人的观点。此后的《汉书》注解基本上未能超越颜师古。到了清代，考据学兴起，钱大昕、沈钦韩、王鸣盛等才在校勘、注释方面有所成就。清末以来，王先谦集67家考订之作的精华，撰写的《汉书补注》(中华书局1983年版）被认为是目前注释《汉书》最为完备的。此外，研究者中杨树达《汉书窥管》长于训诂校勘，陈直《汉书新证》系统利用汉简、汉碑、古器物、文字研究《汉书》，多所发明，也是学习和研究者必不可少的参考文献。

二、《汉书》的主要思想内容

班氏家族深受儒家学说熏陶，《汉书》成书过程受到官方意识形态影响，编修理念是继承和发展以西汉董仲舒为代表的天人感应、君权神授理论，维护儒家的纲常秩序，宣扬“汉为尧后”的正统说和“五行灾异”学说。

（一）正统论

《史记》的通史体例，将西汉一代“编于百王之末，厕于秦、项之列”，既不利于宣扬“汉德”，又难以突出汉朝的历史地位。这是《汉书》断代为史的原因。于是，《汉书》“包举一代”，断限起自西汉建立，终于新朝灭亡，将《高帝纪》置于首篇。《汉书》中神化西汉皇权，拥汉为正统，是为论证东汉王朝的正统性和神化东汉皇权服务的。

西汉末年刘歆著《三统历谱·世经》，构建了一套系统的五行相生的五德终始说，主要观点之一便是以“汉为尧后”。《汉书·高帝纪》据此整理自唐尧至刘邦的具体世系，系统宣扬“汉为尧后”。但刘歆宣扬“汉为尧后”说，是希望刘汉皇朝能像唐尧禅位于虞舜一样禅位于王莽，因而是为了服务于汉政权和平过渡的政治需要；而班固宣扬“汉为尧后”说，则是有鉴于刘邦“无土而王”，需要从神意角度做出历史解说，为刘汉政权的合法性提供理论依据。

《高帝纪》所述刘氏世系并非班固凭空杜撰，而是依据《左传》的记载得来的。《左传》涉及刘汉世系的记载主要有三处：一是文公十三年，叙述了刘氏先人士会逃到秦国，晋人设计将他骗回。留在秦国的部分家眷改以刘为氏。交代刘氏的来历。二是襄公二十四年，士会之孙范宣子历数自己的世系。宣子曰：“昔匄之祖，自虞以上，为陶唐氏，在夏为御龙氏，在商为豕韦氏，在周为唐杜氏，晋主夏盟为范氏，其是之谓乎？”三是昭公二十九年，借晋史蔡墨答魏献子的话，叙述自刘氏先人刘累到成为范氏的过程。

《高帝纪》糅合《左传》三处记载，外加刘向之说，补上了士会留秦一支从秦迁至魏再迁至丰的过程，而高祖正是出自该支。顾颉刚指出：“言刘氏为其后的只有《左传》和图谶，五经家则从无是说。《左传》编于刘歆之手，图谶起于哀平之间，这一说的来源也就可想而知”。①

班固依据五行相生之五德终始理论，勾勒出了一个自伏羲氏而至刘汉的天命王权体系，“汉承尧运，德祚已盛，断蛇著符，旗贴上赤，协于火德，自然之应，得天统矣”（《汉书·高帝经赞》）。通过作《高帝纪》，班固依据《左传》关于刘氏世系的论述，考究出了一个自唐尧至刘邦的刘氏家族世系。班固正是借助于这两个系统的建立，从而对刘汉皇朝的历史统绪做出了神意化的解释。所以，以阴阳五行学说为理论根据的“五德终始说”和王权神授的封建神学说教，便成为《汉书》正统史观的主要内容。

（二）灾异观

《汉书·董仲舒传》与《史记·儒林列传》中的《董仲舒传》有一个重要区别，那就是《汉书》将集中体现董仲舒天人感应思想的《天人三策》完整地收入《汉书·董仲舒传》，并在“赞”中列举了刘向、刘歆和刘向曾孙刘龚等人对董仲舒的评价，其中刘向的评价最高，认为董仲舒有虽伊吕不以加的“王佐之材”；而刘歆、刘龚则认为“仲舒遭汉承秦灭学之后，六经离析，下帷发愤，潜心大业，令后学者有所统一，为群儒首”。班固充分认识到了《天人三策》所宣扬的天人感应思想对西汉武帝以后整个思想界产生的极其重要的影响。

董仲舒以天人感应为理论基础的灾异学说，被刘向、刘歆等人进一步发扬，用以解释社会、历史现象。由班固整理，体现东汉官方意识形态的《白虎通》中的《封禅》《灾变》总结前代学者的灾异理论说，“天下太平，符瑞所以来至者，以为王者承天统理，调和阴阳，阴阳和，万物序，休气充塞，故符瑞并臻，皆应德而至”（《白虎

① 顾颉刚：《五德终始说下的政治和历史》，载《古史辨》第五册，上海古籍出版社，1982，第506页。

通·封禅》)；“天所以有灾变何？所以谴告人君，觉悟其行，欲令悔过修德，深思虑也”(《白虎通·灾变》)。

集中反映班固灾异思想的《汉书·五行志》，正是通过记载董仲舒、刘向和刘歆等人的灾异理论，夹杂自己的灾异观点编成的。为了宣扬“天人感应”、灾异祥瑞的封建神学思想，《汉书》首创《五行志》，专门记述五行灾异的神秘学说，还创立《睦两夏侯京翼李传》，专门记载五行家的事迹，把历史上和当时的各种自然现象和灾异与社会人事等联系起来，阐释自己对历史、政治、现实的看法。

例如记述鲁庄公二十年“夏，齐大灾”。刘向以为是由于齐桓公好色，宠信女子，以妾为妻，嫡庶数更，故致大灾。董仲舒也以为，齐国不守纲常礼教，故遭天灾惩戒。十八年“五月壬午，宋、卫、陈、郑灾”。董仲舒以为王室将乱，而诸侯莫救，未担负其保卫王室的责任，故上天降灾于四国，预示其将灭亡。刘向以为，宋、陈两国是王者之后，卫、郑两国与周同姓也，却都外附于楚国，没有尊周室之心，故天灾四国。

西汉惠帝四年十月，未央宫两次发生火灾，班固借刘向之口解释为因吕太后杀赵王如意，残戮其母戚夫人，立惠帝姐姐鲁元公主的女儿为皇后，残忍暴虐，悖乱纲常，因此凌室和织室两处分别发生火灾。凌室是皇宫供养饮食之处，织室是供奉宗庙衣服之处，这两次灾祸等于告诫皇室没有供奉宗庙之德，祭祀将会断绝。后来惠帝果然无后，众大臣诛吕氏而立文帝。

（三）宣扬汉德、维护纲常礼法

《史记》通记古今人物，立《陈涉世家》《项羽本纪》。《汉书》认为尊立项羽于《本纪》，冠于汉代帝王之上，不合礼法，体例不严；陈胜于秦末称王，数月而败，身死无子，所以也不应列为《世家》。因此，班书将陈、项俱改为《列传》，就是要严格维护儒家纲常礼法。

《史记》于《高祖本纪》后即继以《吕后纪》，而孝惠帝在位七年，竟然删削不载。班固认为，虽然当时朝政皆出于吕后，但惠帝并未被废，名义上还是天子，孔子修《春秋》，于鲁昭公流亡他国，每岁书“公在乾侯”，《史记》的体例与孔子修《春秋》“尊尊亲亲”的观点不合，实际上破坏了礼法秩序。

此外，《汉书》大力表彰征伐匈奴的卫青、霍去病等人功绩，以及出使西域、匈奴的张骞、苏武等坚贞不屈和一心向汉的气节。例如《卫青霍去病传》记述苏建劝卫青招贤纳士，壮大势力，卫青说：“自魏其、武安之厚宾客，天子常切齿。彼亲待士大夫，招贤黜不肖者，人主之柄也。人臣奉法遵职而已，何与招士！”在《酷吏传》中对酷吏也多有回护，认为他们“其廉者足以为仪表，其污者方略教道，一切禁奸，亦质有文武焉。虽酷，称其位矣”。他还极力批评吕氏、霍氏等外戚专权乱法，其目的实际上都是在宣扬儒家“尊王攘夷”“君君臣臣”的纲常秩序。

（四）学术观

班固的学术观集中反映在《艺文志》《儒林传》中，主要是继承刘歆的观点，尊孔崇儒，坚守古文经学，主张学术调和，认为百家学说相反相成，殊途同归。

根据刘歆《七略》的六分法，《汉书》把庞杂的书籍分为《六艺略》《诸子略》《诗赋略》《兵书略》《术数略》《方技略》。其中《六艺略》排在首位，《六艺略》主要著录了《易》《诗》《书》《礼》《乐》《春秋》《论语》《孝经》《小学》九类图书，这些儒家相关文献被置于首位，独立一略，充分体现了班固尊孔崇儒的学术思想。

《诸子略》将儒家排在先秦诸子的前面，给儒家以高度的评价。它还进一步阐明刘歆提出的“诸子出于王官”说，指出“儒家诸流盖出于司徒之官”，“道家者流，盖出于史官”，“阴阳家者流，盖出于羲和之官”，“法家者流，盖出于理官”，“名家者流，盖出于礼官”，“墨家者流，盖出于清庙之守”，“纵横家者流，盖出于行人之官”，“杂家者流，盖出于议官”，“农家者流，盖出于农稷之官”，“小说家者流，盖出于稗官”，而且这十家学说中有价值的不过九家，“合其要归，亦六经之支与流裔”，都是依附于“六经”或者说是受“六经”影响才形成的，此后这一观点几乎成为学术界的定论。直到近代，对这一观点的质疑和批评才逐渐兴起，学者们开始从社会史的角度分析诸子学说的起源。

诸子九流十家的学术分类标准，反映了两汉之际刘、班以儒家“六经”为正统的学术观，所梳理出的学派师承、学术流变都是在维护儒家和“六经”的权威。

三、《汉书》的历史地位及影响

《汉书》对后世影响最大的是体例上的创新和叙事方式的完备。把《史记》的“本纪”省称“纪”，“列传”省称“传”，“书”改曰“志”，取消了“世家”，汉代勋臣世家一律编入“传”。这些变化，被后来的一些史书沿袭下来，成为古代官修正史的典范。

《汉书》的“纪”，采用编年形式，记录皇帝与国家的大事。由于西汉并没有真正意义上的独立封国，所以班固弃用“世家”，而将其并入“传”中，以适应汉代中央集权的需要。《汉书》始记汉高祖立国元年，故将本在《史记》“本纪”的人物（如项羽等）改置入“传”中；又由于东汉不承认王莽建立的新朝，故将王莽置于“传”中，贬于“传”末。

“传”的编排，以公卿将相为序，按照时代顺序，先专传，次类传，再次为边疆各族传和外国传，最后以乱臣贼子《王莽传》居末，体统分明。仿“太史公自序”之意，“传”最后一篇作《叙传》，述其写作动机、编纂、凡例等。“传”以记载西汉一朝为主。“传”各篇后均附以“赞”，即仿《史记》篇末“太史公曰”的体例，说明作者对人或事的批评或见解。

“表”首先是记载汉初异姓诸侯王的《异姓诸侯王表》，其次是记载同姓诸侯王的《诸侯王表》《王子侯表》，再是记载汉高祖至汉成帝的《功臣表》等。《百官公卿表》，首先叙述秦汉分官设职的情况，各种官职的权限和俸禄的数量，然后用简表记录汉代公卿大臣的升降迁免。《古今人表》，也以儒家学说为标准，将所记人物分为四类九等。这些“表”都是借由记录等级尊卑来达到尊汉的目的。

《汉书》将《史记》的“书”改为“志”，名称虽改，实质未变，而内容却有很多的扩充。将《史记》的“礼书”“乐书”改为“礼乐志”，将“律书”“历书”改为“律历志”，将“天官书”改为“天文志”，将“封禅书”改为“郊祀志”，将“河渠书”改为“沟洫志”，将“平准书”改为“食货志”。《史记·封禅书》讲历代封禅，封禅只是祭天祀地中的一种，于是班固改称《郊祀志》。“郊”是祭天，“祀”是祭地，班固讲郊天祀地的演变，题目变了，意义便有区别。《封禅书》是一项特殊事件，《郊祀志》历代正史都可有。《沟洫志》记述上古至汉朝的水利工程，并说明治理水文的策略。太史公因治黄河作《河渠书》，渠就是渠道，班固再把此题目扩大，改作《沟洫志》，“沟洫”是古代井田制度里的水利灌溉，包括了治水害、开河渠。

《汉书》新增加了《刑法志》《五行志》《地理志》《艺文志》。《五行志》根据有关五行灾异之说编成，保存了大量的自然史资料。《天文志》保存上古至汉哀帝元寿年间大量有关星运、日食、月食等天文资料。《刑法志》概述上古至西汉时期的刑法，论述了汉文帝、汉景帝时期的刑法改革，指出汉武帝任用酷吏而导致的恶果。《食货志》上卷谈“食”，即农业经济状况；下卷论“货”，即商业和货币的情况。“平准”是汉武帝时一项重大的经济政策，太史公特别用它来作“书”名。而到班固，把“平准”改成“食货”，平准只是讲“货”，他特地加上了“食”，讲国家经济最重要的两件事，一篇《食货志》便成了一代的经济专史。《艺文志》是目录校雠学的根源，采用了刘歆《七略》的分法，将古代的学术著作区分为6大类38小类，考证各种学术派别的源流，记录存世的书籍，是我国现存最早的图书目录。

班固以前的地理著作，如《山海经》《职方》等，一般以山川为主体，将地理现象分列于作者所拟定的地理区域中，而不注重疆域政区的现实情况。《禹贡》虽然有了地域观念，以山川的自然界线划分九州，分州叙述各地的地理。但“九州”仅是个理想的制度，并没有实现过。所以，《禹贡》还不是以疆域、政区为主体、为纲领的地理著作。《地理志》详述战国时期、秦朝、西汉时期的领土疆域、建置沿革、封建世系、形势风俗、名门望族和帝王的奢靡等。正史专列《地理志》是从《汉书·地理志》开始的。各正史地理志都以《汉书·地理志》为蓝本，自唐《元和郡县志》以下的历代全国地理总志也无不仿效其体例。《汉书·地理志》正文记西汉政区，以郡为纲，以县为目，详述西汉地理概况。这部分以汉平帝元始二年（2）的全国疆域、行政区划为基础，叙述了103个郡国及所辖1578县（县1356，相当县的道29，侯国193）的建置沿革、户口统计、山川泽薮、水利设施、古迹名胜、要邑关隘、物产、工矿、垦地等内容，篇幅占了《汉书·地理志》的三分之二。这种体例创自班固，反映了他以人文地理为中心的新地理观。

《汉书》开创了断代史的叙史方法，注重史事的系统、完备，凡事力求有始有终，记述明白。保存了珍贵的史料，比较完整地引用诏书、奏议，边疆诸少数民族传的内容也相当丰富。它写社会各阶层人物都以“实录”精神，平实中见生动，堪称后世传记文学的典范，例如《霍光金日磾传》《苏武传》《外戚传》《朱买臣传》等。

历代正史中，除《史记》《南史》《北史》外，基本都沿用《汉书》体例。唐代史学家刘知几在《史通·六家》中说：“历观自古，史之所载也，《尚书》记周事，终秦穆；《春秋》述鲁文，止哀公；《纪年》不逮于魏亡，《史记》唯论于汉始。如《汉书》者，究西都之首末，穷刘氏之废兴，包举一代，撰成一书。言皆精练，事甚该密，故学者寻讨，易为其功。自尔迄今，无改斯道。”清代史学家章学诚在《文史通义》中也认为：“迁《史》不可为定法，固《书》因迁之体而为一成之义例，遂为后世不祧之宗焉。”

（李江辉）

气化自然　重视效验——《论衡》

王充博通百家，独立思考，卓尔不群。他奋力写下的《论衡》高举“疾虚妄”旗帜，以“理义”为准则，以元气自然论为基础，大力批判当时流行的谴告、灾异、符命等谶纬迷信现象，反对鬼神观念和长生不死说，是我国古代弘扬人文理性精神的重要文化经典。

一、王充与《论衡》

《论衡》是东汉王充的代表著作。王充（27—约97），字仲任，会稽郡上虞（今浙江上虞）人。先祖居魏郡元城（今河北大名），曾祖父王勇因军功受封会稽杨亭，仅一年即失去封爵，成为庶民，落户于会稽。祖、父辈以“农桑为业”“贾贩为事”（《论衡·自纪》）。其家族世代豪侠任气，父辈由此与地方豪族结怨，“举家徙处上虞”（《论衡·自纪》）。王充6岁开始读书，8岁进学馆，15岁左右赴洛阳入太学，做过著名学者班彪的学生。他为学不守章句，“博通众流百家之言”（《后汉书·王充传》）。中年在会稽做过下级官吏，因与同僚政见不合辞官归乡，59岁时应扬州刺史董勤征召做过两年官吏，一生大部分时间以教书著述为业。晚年“贫无一亩庇才……贱无斗石之秩”（《论衡·自纪》）。

王充生活于东汉光武帝至和帝时期。当时，赤眉起义已被镇压下去，东汉后期的农民起义在他死后才又拉开序幕。王充生活的年代，东汉政权相对稳定，但豪族势力日益膨胀。王充出生“细族家庭”，本人政治地位很低，在当时受到鄙视，连从事著述也遭到非难。此种处境使王充产生了深沉的压抑感，对社会现实发出了不平的抗争。比如，他对豪门贵族的血统论做了批判，针对当时盛行的迷信之风举起“疾虚妄”的旗帜，将自己的著述与儒家经典相提并论，并对儒家经典甚至孔、孟等圣人有所质疑，认为“书亦为本，经亦为末”（《论衡·书解》），“苟有不晓解之问，追难孔子何伤于义？诚有传圣业之知，伐孔子之说何逆于理？”（《论衡·问孔》）《论衡》中的《问孔》《刺孟》篇对孔、孟的言论主张提出了许多质疑和批评。

王充是一个博通百家、独立思考、自有取舍标准的学者。他批评儒家经典和圣人，是因为当时经学统治和谶纬泛滥造成了许多错谬，实际上，他在批评儒家的同时，又尊孔子为“百世之圣”（《论衡·别通》），赞成儒家的养德、用贤和礼义及“生死有命，富贵在天”的观点，并批评法家“知以鹿马喻，不知以冠履譬”，即主张儒家的道德教化和礼仪规范不可废除。他吸收道家“天道自然”的思想，但又反对道家消极避世和神仙不死之术。肯定墨子的感觉论，认为“须任耳目以定情实”（《论衡·实知》），赞成薄葬，运用墨家的逻辑方法进行论说，但又反对墨子“天志”“明鬼”的理论观点。因此，后人评价说，王充的思想“乍出乍入，或儒或墨”（《抱朴子·喻蔽》），《四库全书》也将其列入杂家。事实上，王充是一位融合百家、具有创造精神的思想家。

王充的著作有《讥俗节义》《政务》《论衡》和《养性》等。《后汉书》本传说，王充“著《论衡》八十五篇，二十万余言”。现存《论衡》84篇，缺《招致》一篇，其他著作皆佚。在古代，除极个别人（如清初的熊伯龙）称赞王充的无神论外，赞赏者多以其论点新奇，可以作为“谈助”。反对者则斥之“过激”，甚至认为他“诬及圣贤”“非圣灭道”（《四库全书总目·卷首》）。因此，《论衡》一书一直没有受到重视，古代没有注释。近代的注释有黄晖的《论衡校释》（中华书局2006年版）和刘盼遂的《论衡集解》（中华书局1990年版）。黄著资料丰富，刘著见解新颖，二书可以相互参照、相互补充。

二、《论衡》的主要思想内容

《论衡》一书最突出的贡献是对神学迷信的批评和反驳，其基本理论武器是元气自然论。王充认为，天是没有意志的自然物体，不能有意识地创造万物和人类。他说：“夫天，体也，与地无异。”（《论衡·变虚》）又说：“天地，含气之自然也。”（《论衡·谈天》）当时自然科学的宇宙论有盖天说、浑天说、昼夜说，前两者认为宇宙是体，后者认为宇宙是气。王充把这两种看法加以统一，认为天地是由气构成的实体，是无意志的自然。万物和人类产生于天地之间，是天地施气的结果，而天地施气也是一种自然现象，不是有目的、有意识的活动。“天之行也，施气自然也。施气则物自生，非故施气以生物也。”（《论衡·说日》）他有时也把气称为元气，元气又分为阴阳之气、天地之气、精气、和气，以此说明自然界和人类社会的复杂现象。

王充认为，自然界和人类社会各有其自身的规律，“人不能以行感天，天亦不随行而应人”（《论衡·初禀》）。被说成符命、灾异、谴告的那些现象，不过是与社会事件偶然巧合的自然现象而已。王充指出，“文王当兴，赤雀适来；鱼跃乌飞，武王偶见”（《论衡·初禀》），并不是天降给文武的符命，有时自然界个别现象与人类社会某个事件同时出现是“自然之道，适偶之数”（《论衡·偶会》），与人的善恶、功过无关，并不含有灾异、谴告的意义。传说孟姜女哭夫城为之崩，表面上看似乎是天人感应，其实也是偶然巧合，“或时城适自崩，杞梁妻适哭”（《论衡·感虚》）。王充还依据自然科学知识和实际观察解释了一些自然现象，指出自然现象之间的联系与天人感应具有不同性质，从不同角度反驳了天人感应的神学观点。

王充还反对鬼神观念和神仙不死之说。他认为：“人死不为鬼，无知，不能语言，则不能害人矣。”（《论衡·论死》）人的生命现象实质是指阴阳二气的交感聚合而已，阴气形成人的骨肉，阳气形成人的精神，精神附于形体。阴阳二气未结合成人时是没有知觉的，结合成为人时才产生知觉。生命死亡时，“精神升天，骸骨归土”（《论衡·论死》），重新还原为没有知觉的气。“人死血脉竭，竭而精气灭，灭而形体朽，朽而成灰土，何用为鬼？”（《论衡·论死》）除从形神关系论证人死不为鬼外，王充还把生死比喻成冰水，阴阳之气凝为人犹水凝而为冰，人死还原为阴阳之气犹冰释而为水，生命只是气的一种暂时状态。王充对人们所讲的鬼神观念做出了两种解释。一是“畏惧则存想，存想则目虚见”（《论衡·订鬼》）；二是“鬼神，阴阳之名也”，“非死人之精也”（《论衡·论死》），即鬼神不是人死后的灵魂，而是气的一种变化莫测的形态而已。由此，王充进而对汉代所盛行的成仙、不死之术做了深刻的批判，得出“有血脉之类，无有不生，生无不死”（《论衡·道虚》）的结论。

“自然”的概念出自《老子》，汉初《淮南子》对此多有发挥。王充自称其观点继承了《老子》和《淮南子》的自然思想，“虽违儒家之说，合黄老之义也”（《论衡·自然》），并用以反对“天故生人”“故生万物”的神学目的论。在王充看来，自然生成万物，或者自然界奇异现象都是“气自为之”，是无意识的，并无所谓祥瑞、灾异、谴告之说。如果真的存在谴告的事实，则“自然焉在？无为何居？”（《论衡·自然》）。不过，王充也指出，道家的自然论也存在着缺陷，即“道家论自然，不知引物事以验其言行”（《论衡·自然》），王充有针对性地提出了以事实和效果检验言行正确与否的观点。这是对道家自然论的发展，在认识论上具有重要意义。

王充的元气自然论虽然强调了事物的客观性和规律性，但他把精神现象归结为某种特殊的物质，不能说明精神的本质。此外，王充认为人的精神来源于“精气”或“阳气”（《论衡·订鬼》），并把善恶观念赋予阴阳之气，认为有所谓“善气”“恶气”“仁之气”“五常之气”决定着人们的命运，从而陷入了命定论。这是王充虽有抗争精神但凭借一己之力很难改变现实的思想折射，从而使王充的思想产生了内部的理论矛盾。

王充思想的内部矛盾在他的社会思想中也有体现。王充认为，汉代远远超过三代，不仅在国土上大于三代，在文化上和农业生产上也超过三代。（《论衡·恢国》《论衡·宣汉》）王充的这种看法是有事实依据的。他自己辩解说，歌颂汉代胜于三代，“非以身生汉世，可褒增颂叹，以求媚称也；核事理之情，定说者之实也”（《论衡·宣汉》）。“宣汉”即意在用社会进化观否定今不如古的社会退化论。但另一方面，王充又认为古今本质上并没有什么区别。他说：“夫上世治者，圣人也；下世治者，亦圣人也。圣人之德，前后不殊，则其治世，古今不异。”（《论衡·齐世》）很显然，在历史观上王充的观点是前后矛盾的。

在社会治乱问题上，王充反对以君主个人的道德高低判定社会治乱的传统观点，十分重视物质生产与生活在历史发展中的作用。这是很有道理的。但是，王充又认为，“谷食”生产的多少完全在于“时数”。《治期》篇又把社会治乱的根本原因归结于“天”“时”，像日食、月食的规律一样，非人力所能改变，《命义》篇又说社会治乱的根源在于“国命”“天命”。这就忽略了人在社会经验生活和政治生活中的能动作用，把社会治乱的原因神秘化了，最终使王充的相关理论很难与神学的天命论加以区别。这说明，不懂得人类社会与自然界的差别，企图直接用元气自然论的观点说明社会历史的发展变化，得不出正确的答案。

王充在反对神学迷信和解释自然与社会现象的过程中，贯穿着一个基本精神，用他自己的话说就是注重“效验”。“事莫明于有效，论莫定于有证”（《论衡·薄葬》），“凡论事者，违实不引效验，则虽甘义繁说，众不见信”（《论衡·知实》）。他把感觉经验置于首要地位，从事实出发，运用逻辑思维，通过类比推理从已知到未知，从事物的产生预计结果，由现象进入本质。王充所依据的基本上是经验知识，其逻辑思维也主要是形式逻辑，表现为用“效验”的方法对具体观点一一验证，用事实作为标准判别是非。

王充所运用的认识方法主要有：1.“任耳目以定情实”（《论衡·实知》），即运用耳目感官去了解事情的原委真相；2.“引物事以验其言行”（《论衡·自然》），即用实际事物检验言论的是非，用实践的效果验证行为的得失；3.“揆端推类，原始见终，从闾巷论朝堂，由昭昭察冥冥”（《论衡·实知》），即运用类比推理的逻辑方法，要求遵守矛盾规律，不能上下相违、前后相伐；4.“贵其识知”（《论衡·别通》），即理论要以确切的科学知识为依据；5.“不学不成，不问不知”（《论衡·实知》），即要通过学习、疑问获得新的认识；6.“事有不可知”，“及其知之，用不知也”（《论衡·实知》），即当论据不足不能做出判断时，不要强不知以为知；7. 注意分析“虚妄”产生的根源。①

王充运用“效验”的方法分析神学迷信，揭露虚妄不实，在《论衡》中有许多成功的范例。《自然》《谴告》等篇成功地反驳了谴告说。

---

① 张岂之：《中国思想史》（上册），西北大学出版社，2012，第332页。

谴告说的理论前提是天人感应说。王充认为，有神论讲天立人君，又讲人君的行为不合天的意志时必将招致天的谴告，这种理论并不能自圆其说(《论衡·自然》)。王充在这里抓住了谴告说的前提与内容之间的矛盾：天的全能性与局限性的矛盾问题。谴告说总想把天说成是全能的；但如果天是全能的，就不会生出平庸之君，谴告就没有存在的必要；现在既出了平庸之君，说明天并非全能，天未必能谴告，那天又如何确保君权的无上神圣与权威呢？由此可见君权神授、天谴告人君说虚妄不实。

王充还将“效验”方法用于探求事物的真相。谴告说宣称“雷为天怒”，王充不同意这个说法，认为雷是火，并提出人中雷而死，须发、皮肤有烧灼之状可见，尸体有烧灼之味可闻等五个证据加以证明，最后得出结论说：“夫论雷之为火有五验，言雷为天怒无一效，然则雷为天怒，虚妄之言。”(《论衡·雷虚》)对于许多被古人神化了的传说，王充都力图给予合乎实际的解释。传说“尧葬于苍梧，象为之耕；舜葬会稽，鸟为之田”(《论衡·书虚》)，迷信的解释说这是天保圣德的体现。王充认为实际情况可能是苍梧象多，会稽鸟多，人们看到象践泥土、鸟食杂草，形容为象耕鸟田，实际并没古人所谓的象耕鸟田之事，更不是天保圣德的体现。他还对人的预见能力做了合理的解释。如秦庄襄王的母亲夏太后把墓地选在杜陵时预言，百年之后她的墓旁将有万家邑，其后果如其言。这类预言被谶书加以神秘化，成为迷信的证据。王充指出，事物的发展变化都是有迹兆的，“案兆察迹，推原事类”(《论衡·实知》)，即使是一般人也可以凭此预见事物的未来发展趋势，没有必要用神怪去解释。

不过，王充的“效验”方法也存在理论概括的不足。王充虽然用大量事实或类比推理反驳谶纬迷信的观点，但却并不能从理论上真正地驳倒有神论。因为在有神论看来，神之所以为神，就在于它具有超人性，可以不以目视、不以耳听。要反驳有神论仅靠“效验”是不够的，必须从理论上证明不存在神那样的超自然性。王充没有做出这种证明，所以不能彻底驳倒有神论，这是经验论的认识方法不能克服的弱点。

三、《论衡》的历史地位及影响

《论衡》是中国思想史上一部划时代的著作。首先，它是批判两汉神学迷信思潮的重要理论成果。西汉董仲舒倡导天人感应的宗教神学，并受到汉武帝的推崇而上升为国家统治意识形态。天人感应说本来是殷周时期的古老传统思想，在春秋战国诸子争鸣时期，这种思想遭到很大冲击。西汉天人感应说的恢复和发展，对先秦诸子学说而言是一股巨大的思想回流。随着两汉之际的社会动荡，谶纬学说日益盛行，天人感应说遂与谶纬学说合流，各种神秘主义思想在社会上层和民间流行开来，两汉时期的思想文化领域充满了浓厚的迷信色彩，把儒家经学改装成为带有宗教性质的儒教。王充的《论衡》以元气自然论的观点，对两汉时期的神学迷信思潮做了深刻批判，它所建立的无神论体系，是先秦以来无神论的高峰和精华，在汉代思想史上大放异彩。

其次，它对东汉末期以来学术思想的变动产生了重要影响。尽管王充在世时，《论衡》没有得到广泛的流传，影响仅及东吴地区，但东汉末年，避难入吴的蔡邕和会稽太守王朗把《论衡》带到北方，引起了人们的浓厚兴趣，被视为“奇书”“异书”。在经学衰落、无神论和黄老思想重新抬头的环境中，它汇入新的时代潮流，引发了离经叛道的学术倾向。蔡邕、王朗对《论衡》标新立异的兴趣，也就是对经学教条的厌弃。孔融发出父于子无恩，子孕母腹“譬如寄物缻中”

（《后汉书·孔融传》）的言论，就是王充“夫妇合气，子则自生”（《论衡·物势》）的推演。在东汉末年政治危机的时代，王充的抗争与怀疑精神发展为王符、仲长统的政治批判精神，影响到整个社会。他以道家自然无为观点解说儒家经典的做法，对魏晋玄学家们用老庄解释儒经也具有启发作用。钱穆就曾指出：“王充力反时趋，独尊黄老，正为黄老一主天地自然，最不信鬼神上帝之说，王充捉紧这一点，遂开此下魏晋新思想之先河。”①

最后，它的元气自然观和无神论思想被后世学人继承和发挥，对中国思想的发展产生了重要影响。从哲学体系讲，王充的元气自然论和无神论思想最有价值，在中国思想史中有着承上启下的作用。南北朝的范缜总结《论衡》的思维经验和教训，不再把精神看成一种特殊的精细的物质，进一步提出了“形神相即”“形质神用”等命题，对当时的有神论思想做了更加深刻的批判，推进了中国古代无神论思想的发展。唐代柳宗元继承和发展了《论衡》的元气自然论，肯定天体是由元气构成的物质存在，整个自然都是由元气运转的结果，认为天地、元气、阴阳没有意志，不可能赏功罚祸，并把无神论思想延伸到政治、历史领域，将中国古代的无神论思想提高到新的水平。宋代的张载同样坚持认为宇宙是由“气”构成的，对天体运行和自然现象做了认真的考察，并将其与自己的哲学创造联系起来，构建起了以气为本的理学思想体系。明清之际的王夫之系统整理和总结这些思想成果，成为中国古代朴素唯物主义思想的集大成者。总之，汉代以后，始终伴随中国思想的发展并不断走向深化的元气自然观和无神论思想，与《论衡》有着重要的渊源关系。

（曹振明）

① 钱穆：《中国思想史》，台湾学生书局，1983，第118页。

空而非空　即真齐观——《肇论》

《肇论》是受学于鸠摩罗什的僧肇的著作，它较全面系统地阐述了佛教般若思想，对中国佛教的发展有着巨大的影响。在印度佛教传入中国并经历中国化的过程中，《肇论》率先起了廓清国人对佛教思想误解的作用，由此该书成为我国重要的佛教文化经典之一。

一、僧肇其人与《肇论》其书

僧肇是东晋时期会通玄佛的著名佛教哲学家，也是译经家鸠摩罗什的四大弟子之一。《肇论》是现存反映僧肇佛学思想的重要文献。

僧肇（384—414），俗姓张，京兆（今陕西西安）人，少年家贫，以代人抄书为业，得以历观经史，备览坟籍。早年醉心于老、庄，但却认为老、庄之说“美则美矣，然期栖神冥累之方，犹未尽善”（《高僧传》卷六，下同），意境虽美，但它并不能使人获得彻底的精神解脱。后阅读支谦旧译《维摩诘经》，“欢喜顶受，披寻玩味”，认为找到了安顿生命的终极归宿，并由此出家学佛。此后数年，僧肇“学善方等，兼通三藏”，20 岁不到便凭其横溢之才华、独步之辞锋，名振关辅。“时竞誉之徒，莫不猜其早达，或千里负粮，入关抗辩”（同上），僧肇“才思幽玄，又善谈说，承机挫锐，曾不流滞”（同上），其时京兆宿儒及关外英杰“莫不挹其锋辩，负气摧衄”（同上）。后秦弘始三年（401），姚兴迎请罗什入长安。不久，僧肇就学于罗什。“姚兴命肇与僧叡等入逍遥园，助详定经论”。僧肇以“去圣久远，文义多杂，先旧所解，时有乖谬，及见什咨禀，所悟更多”。在罗什译出《大品般若经》后，僧肇便著成《般若无知论》，罗什读后称赞曰：“吾解不谢子，辞当相挹。”承认他对般若理解的正确。时庐山慧远与隐士刘遗民读《般若无知论》后，以为是“未尝有”的奇文。刘遗民还就文中问题致书僧肇，僧肇亦一一作答。“肇后又著《不真空论》《物不迁论》等，并注《维摩》及制诸经论序，并传于世。及什亡之后，追悼永往，翘思弥厉，乃著《涅槃无名论》。”（同上）僧肇似乎重复着魏晋玄学家早慧早衰的生命轨迹，于东晋义熙十年(414)辞世，春秋三十有一。①

现存僧肇的著作主要是《肇论》《注维摩诘经并序》《百论序》《表上秦主姚兴》《答刘遗民书》《长阿含经序》《鸠摩罗什法师诔》，其中以《肇论》最为著名。《肇论》是僧肇的论文集，由《物不迁论》《不真空论》《般若无知论》和《涅槃无名论》组成，最早见于南朝宋明帝时陆澄所选《法集》目录。至南朝陈时，又收录了《宗本义》，合为今本《肇论》。但中外学者历来对《涅槃无名论》和《宗本义》的真伪存有异议。

目前学界对《涅槃无名论》的真伪主要有以下几种观点。第一种观点认为《涅槃无名论》是伪作，持此论者以汤用彤及其学生石峻为代表。汤用彤对《涅槃无名论》首先提出质疑，认为该论除内容上涉及后世发生的顿悟、渐悟问题外，文献上道宣《大唐内典录》记载的《无名论》与《涅槃无名论》无关。其学生石峻又加以补充论证，断

① 僧肇之生卒年，慧皎《高僧传》作384—414年。近人日本学者冢本善隆认为僧肇生于374年，41岁去世，理由是根据僧肇在姑臧师从罗什的时间上溯，推论僧肇十二三岁便深解老庄，殊可质疑；再是古人四十写为“卌”，和“卅”相似，可能辗转笔误。考历代史传记载，均言肇公早逝；且魏晋玄学家早慧如王弼，史亦有载。故在没有确证僧肇41岁去世之前，还是依据《高僧传》的记载较为稳妥（参见方立天《魏晋南北朝佛教论丛》，中华书局，1982，第115页；唐秀连：《僧肇的佛学理解与格义佛教》，宗教文化出版社，2010，第143—144页）。

言《无名论》是伪作。但吕澂、侯外庐认为对此问题需进一步考证。第二种观点认为《涅槃无名论》是僧肇之作，日本学者普遍持此论，其中以横超慧日为代表。第三种观点以许抗生、孙炳哲为代表，认为僧肇本作《涅槃无名论》，但经过后人的篡改和增补，《涅槃无名论》既包含着僧肇也包含着后人的佛学思想。第四种观点以任继愈主编的《中国佛教史》（第二卷）为代表，认为从总体上看，《肇论》四篇论文以般若学为中心，围绕玄学和佛教哲学的基本问题做出了总结性回答，因而构成了一个完整的体系，《涅槃无名论》所论述的这些问题，虽然纯属于神学领域，但由于它们关系到佛教全部认识和实践的最终目标，所以涉及的方面仍然很广，理论性依旧很强。从这个意义上也可以说，《涅槃无名论》是“僧肇一生学说的总结”。①

《宗本义》旧录未载，慧达《肇论疏》亦阙，于南朝陈始现，经石峻考证，判其为伪作。任继愈主编的《中国佛教史》（第二卷）认为，《宗本义》真伪难辨，但基本思想与僧肇的其他诸论并无矛盾，思想体系是属于僧肇的般若观点，《宗本义》以“权慧”二字归纳《肇论》的基本内容，同僧肇的整个思想也是完全相应的，但在解释“不思议解脱”时未能把《肇论》在理论上的主要特征表达出来，讲“涅槃”的地方过于简单。②

---

①　分别参见汤用彤《汉魏两晋南北朝佛教史》，北京大学出版社，1997，第232—234页；石峻《读慧达〈肇论疏〉述所见》，《现代佛教学术丛刊》第四十八册，大乘文化出版社，1979；吕澂《中国佛学源流略讲》，中华书局，1979，第101页；侯外庐主编《中国思想通史》第三卷，人民出版社，1957，第457页。唐秀连《僧肇的佛学理解与格义佛教》，宗教文化出版社，2010，第148页。许抗生《僧肇评传》，南京大学出版社，1998，第26—40页；孙炳哲《肇论通解及研究》，北京大学博士学位论文，1996年。任继愈主编《中国佛教史》（第二卷），中国社会科学出版社，1985，第471—474页，第511页。

②　石峻：《读慧达〈肇论疏〉述所见》，《现代佛教学术丛刊》第四十八册，大乘文化出版社，1979。任继愈主编：《中国佛教史》（第二卷），中国社会科学出版社，1985，第471—474页。

今本《肇论》被编入《大正藏》卷四十五，除四论、《宗本义》外，前附小招提寺沙门慧达《肇论序》，又收录了《答刘遗民书》并附《刘遗民书问》。另外，由石峻、楼宇烈等主编的《中国佛教思想资料选编》第一卷收录的《肇论》，是根据上海佛学书局影印宋本《肇论中吴集解》的标点本，除四论、《宗本义》外，也收录了《答刘遗民书》并附《刘遗民书问》。此外，人民出版社 1973 年出版的任继愈《汉唐佛教思想论集》的附录中，有《物不迁论》《不真空论》《般若无知论》三篇的标点与今译。

二、《肇论》的基本思想

（一）《物不迁论》

《物不迁论》的主旨是通过论证即动即静、非动非静，阐明诸法不生不灭，以反对小乘佛教执“无常”为常。“物不迁”之语源出《庄子·德充符》“审乎无假，而不与物迁”，意谓世间万象虽流转变化，但至人“冥心守一”，不以变为变。僧肇认为，现象世界的变化无论“生死交谢，寒暑迭迁”“四象风驰，璇玑电卷”“江河竞注，野马飘鼓”，还是“庄生之所以藏山，仲尼之所以临川”“梵志出家，白首而归”[①]，都只是世俗的人之常情（俗谛）；“动静未尝异”才是事物的真如实性。僧肇根据“昔物不至今”这一命题得出了或动或静两个完全相反的结论。僧肇说：“夫人之所谓动者，以昔物不至今，故曰动而非静；我之所谓静者，亦以昔物不至今，故曰静而非动。动而非静，以其不来；静而非动，以其不去”（《物不迁论》）。又说：“既知往物而不来，而谓今物而可往。往物既不来，今物何所往？何

① 石峻、楼宇烈等：《中国佛教思想资料选编》（第一卷），中华书局，1981，第 142—143 页。

则？求向物于向，于向未尝无；责向物于今，于今未尝有。于今未尝有，以明物不来；于向未尝无，故知物不去。覆而求今，今亦不往。是谓昔物自在昔，不从今以至昔；今物自在今，不从昔以至今”（同上）。在僧肇看来，事物是静止于每一瞬时的时间点上，过去的事物只存在于过去，现在的事物只存在于现在；过去的事物不能来到现在，现在的事物也不能返回过去。从现在看过去的事物，过去的事物现在不存在了，所以过去的事物是变化的而不是静止的；从过去看现在的事物，过去存在的事物只在过去存在，现在不存在过去的事物，过去的事物并没有延续到现在，所以事物是静止的而不是变化的。因此僧肇认为，动静说法虽异，本质并无不同，动静关系的本质是即动即静，非动非静。之所以言动言静，是“谈真有不迁之称，导俗有流动之说”（同上）。既然事物是即动即静，非动非静，事物本质上根本不具内在的稳定性，故无自性、不生不灭，那么小乘佛教执着于“无常”的观念，把“无常”绝对化的片面认识，就不攻自破了。

在论证中，僧肇通过割裂事物的存在和事物的运动，割裂运动中事物的前后一致性，否定事物存在和运动的连续性，也否定事物之间的联系，从而在根本上否定事物的运动，否定事物的客观实在性，以证成其“物不迁”和缘起性空等的观点。虽然僧肇的讨论思辨性很强，却孤立、片面、静止地看事物，但也表现出远超前人的抽象思维水平，应予肯定。

（二）《不真空论》

《不真空论》是最为接近鸠摩罗什所传中观思想的一篇论文。该论运用非有非无、空假不二、不落两边的中道思维方法，通过讨论有无、本末关系，阐明般若学缘起性空之义，并对般若学“六家七宗”中的本无、心无、即色三家进行了批判。僧肇认为，“不真”是指缘起事物无自性故非真实存在，所以“不真”即“空”。《不真空论》的基本观点是“虽无而非无，无者不绝虚；虽有而非有，有者非真有”，就是说缘起事物无自性，本质是空，但假象存在，所以不是绝对的空无；缘起事物虽然存在，但非真实的存在，所以不是真正的有。因此，在认识论上僧肇认为：“真谛以明非有，俗谛以明非无。岂以谛二而二于物哉？”（《不真空论》）也就是说，真谛看到了事物的假象，而俗谛否定了绝对的虚空，只有“二谛相即”，空、有并观，才能正确认识诸法实相。根据非有非无的中道思维原则，僧肇批评本无宗：“情尚于无多，触言以宾无。故非有，有即无；非无，无即无。寻夫立文之本旨者，直以非有非真有，非无非真无耳。何必非有无此有，非无无彼无？此直好无之谈，岂谓顺通事实，即物之情哉？”（同上）认为本无宗以无为本，把无作为真正的无，也即把无作为有自性的无，这个无也就成了有。对于心无宗，僧肇批评说：“心无者，无心于万物，万物未尝无。”（同上）认为心无宗“心无色有”是肯定了“色有”，即肯定了缘起事物的自性。对于即色宗，僧肇认为：“即色者，明色不自色，故虽色而非色也。夫言色者，但当色即色，岂待色色而后为色哉？此直语色不自色，未领色之非色也。”（同上）认为即色宗看到色的无自性故假有——“虽色而非色”，但是没有认识到色空相即，当空即色，当色即空，而不明当体空，毕竟空。僧肇不真空论暗含了朴素辩证思维在内，极大提升了佛教空论的理论思维水平。

（三）《般若无知论》

僧肇对般若智慧无知特征和达到般若无知智慧的方法特征的揭示，丰富了佛教修行尤其是修行境界的认识论内容，极大地推进了中国佛教认识论的进展。在分析中，他虽然将佛教智慧和世俗智慧联系起来进行双遣双非的中道观察和思考，但还未能正面清晰揭示出世俗智慧和般若智慧之间的固有联系，以及上达般若智慧的具体途径，使般若智慧空悬于世俗智慧之上；而在用语上对“无”的普遍运用，表现出对世俗智慧的潜在否定，似乎一旦完全否定了世俗智慧的必要地位和积极作用，就可以妙悟上达般若智慧，佛教空宗直观想象成分浓郁，但并不符合认识辩证法。

（四）《涅槃无名论》

《涅槃无名论》是僧肇最后一篇佛学论文。论前附《奏秦王表》，论分九折十演，讨论涅槃学说的九个问题。本论以讨论涅槃有名、无名为中心，涉及涅槃与法身、涅槃与众生，以及涅槃的悟得及其渐、顿等问题。涅槃，旧译“泥洹”，意译“灭度”“寂灭”等，一般指证悟诸法实相而烦恼永断、离欲爱尽、了生脱死所获得的特殊精神境界，是佛教理论与实践追求的终极目的和最高理想。对于涅槃，僧肇说：“涅槃非有亦复非无，言语道断，心行处灭。”（《涅槃无名论·开宗第一》）对于获得涅槃的精神境界，僧肇描述为“天地与我同根，万物与我一体”（《涅槃无名论·妙存第七》），“涅槃之道，存乎妙契；妙契之致，本乎冥一。然则物不异我，我不异物。物我玄会，归乎无极”（《涅槃无名论·通古第十七》），“夫涅槃之道，妙尽常数，融冶二仪，涤荡万有。均天人，同一异，内视不已见，返听不我闻，未尝有得，未尝无得”（《涅槃无名论·玄得第十九》）等。僧肇认为，名言概念都有相待性，涅槃是超言绝象，非名言概念所能把握。无论“有余涅槃”还是“无余涅槃”，都是假名而非真实，只是引导修习者最终证悟“无余涅槃”的“方便”之说。所以，僧肇说：“有余无余者，盖是涅槃之外称，应物之假名耳。”（《涅槃无名论·位体第三》）在《涅槃无名论》中，僧肇用“妙存”来形容涅槃的非有非无又不离有无，“拔玄根于未始，即群动以静心，恬淡渊默，妙契自然。所以处有不有，居无不无。居无不无，故不无于无；处有不有，故不有于有。故能不出有无，而不在有无者也”（《涅槃无名论·妙存第七》）。对于修行者如何证悟涅槃，僧肇说：“于外无数，于内无心，彼此寂灭，物我冥一，怕尔无朕，乃曰涅槃。”（同上）“然则玄道在于妙悟，妙悟在于即真。即真则有无齐观，齐观即彼已莫二。”（同上）这里，僧肇思想中又明显透露出现象即本质，个体在现实中解脱，而非在现实之外寻求涅槃的意思，开启了中国大乘佛教出世即入世的发展方向。

三、《肇论》的佛学背景及思想意义

（一）《肇论》的佛学背景

魏晋之际，玄风激荡。玄学家“黜天道而究本体”[①]，以“有无之辨”为中心，力求透过形而下的经验现象直探天地万物之本体，为名教与自然关系、言意之辩等提供理论支撑，进而反思自然、社会与人生。魏晋玄学的本体论思维摆脱了两汉经学神学化、形而下思维（宇宙生成论）的束缚，把思维的兴趣从形而下转到形而上领域。在佛教空宗大乘般若学传入之前，魏晋玄学无疑是中国学术史上最富哲学思辨精神的学术思潮。魏晋玄学从贵无论、崇有论发展到独化论，理论上已经完成了玄学关于本体论的探讨。独化论虽然通过进一步明晰“有”“无”概念的内涵批判贵无论与崇有论，但作为本体的“玄冥之境”本质上是以主观的认识来泯灭客观的差别而达到的一种精神境界。独化论之后，魏晋玄学“思想发展的规律要求其致思的方向由外向内转移，即由讨论外在的客体问题转向内在的主体问题，亦即由客体本体论的探讨转入对主体本体论的探讨”。[②] 在有无之辨上，魏晋玄学已经缺乏内在的理论资源，而大乘空宗般若学的传入给魏晋玄学关注的主题提供了新的思想动力。

---

① 汤用彤：《汤用彤学术论文集》，中华书局，1983，第233页。

② 康中乾：《有无之辨——魏晋玄学本体论再解读》，人民出版社，2003，第77页。

般若学的基本命题是“缘起性空”和“性空幻有”。“缘起性空”，指一切事物和现象都依赖一定的条件存在，故一切事物无独立、实在的自体，无恒常、主宰的自性，所以一切事物的本质是空。“性空幻有”是指一切事物无自性故空，但假象存在。在鸠摩罗什系统介绍大乘中观学说之前，在佛玄交互激荡以及“格义”佛教的背景下，这一时期般若学者受魏晋玄学的影响，以玄解佛，以无解空，对般若空义的理解存在不同程度的偏差，形成了般若学“六家七宗”。“六家七宗”主要依据早期所译大品类(《放光般若经》《光赞般若经》)、小品类(《道行般若经》《大明度无极经》)，客观上限制了这一时期的般若学者对印度大乘空宗中观学派思想的把握。鸠摩罗什主持长安译经后，在众多杰出弟子的协助下，全面翻译介绍了龙树、提婆的大乘空宗中观学派著述，使中国佛教进入一个新的发展阶段。大乘空宗中观学派的基本理论著作是《中论》《百论》《十二门论》与《大智度论》，其思想核心是中道实相。基于“缘起性空”和“性空幻有”，中道实相的含义大致有四：其一，世间万象的本质是毕竟空，诸法实相非任何名言、思虑所得，只能依靠般若智慧直觉而当体明空，缘起即性空。其二，以“中道”观诸法实相，即以“二谛相即”观空。俗谛观有（现象），真谛观空（实相），空假并观，不落两边，非有非空，非非有非非空。其三，用彻底的否定式（遮诠）方法，破邪显正，荡相遣执，逼显诸法毕竟空。既遣于有，又复空空，既非有非无，亦无生无灭。其四，实相涅槃。

《肇论》正是在大乘空宗中观学派与玄学的交互激荡背景下产生的。僧肇早年深通老庄，具有深厚的中国传统文化背景。就学于罗什门下后，准确把握住了中观学派中道思维的精髓，置身于“关中四子”“罗门四圣”之列，罗什也以之为“秦人解空第一者”①。在东晋玄佛

① 《大正藏》第42卷，第232页。

激荡的学术思潮背景下，僧肇会通玄佛，以佛释玄，以玄解佛，成就了在中国思想史上具有重要地位的不朽名著《肇论》。

（二）《肇论》的思想意义

《肇论》将玄学佛学有效融为一体，构建出自己的佛学体系，是印度佛教中国化历程中具有里程碑意义的经典著述。《肇论》既是佛学的玄学，也是玄学的佛学；既是玄学发展的顶峰，也是印度大乘空宗般若学在中国发展的顶峰。

第一，《肇论》准确把握大乘空宗中观学派的思想和思维方法，既深悟般若空义，又能娴熟地运用中道思维。通过对般若学"六家七宗"的评判，总结了玄学的成就，统一了各派的分歧，提出了以即体即用为核心的独创性命题，并以此为理论基础重新诠释了玄学的许多重要命题，把魏晋玄学发展到一个新的高度。正如汤用彤所言："其所作论，已谈至'有无''体用'问题之最高峰，后出诸公，已难乎为继也。"①

第二，《肇论》借鉴玄学的概念、命题、思维方法和主题对般若学进行了个性化的阐释，使印度大乘空宗般若学真正深层次与中国传统文化契合。潘桂明指出："《肇论》所讨论的般若学，虽无意于老庄学说中有关道与万物对待的讨论，但致力于庄子'体道'式的精神生活，在动与静、有与无、色与空、知与无知的思辨中，使个体意识直接体验最高真实，领悟宇宙人生的全部奥秘。"②《肇论》中"道远乎哉？触事而真。圣远乎哉？体之即神"（《不真空论》），"玄道在于妙悟，妙悟在于即真。即真即有无齐观，齐观即彼已莫二"（《涅槃无名论·妙存第七》）等对成佛和涅槃的描述，反映出《肇论》使般若学与玄圣心灵境界的思路相契合，而这对以后的禅宗产生了影响。

---

① 汤用彤：《汉魏两晋南北朝佛教史》（上），中华书局，1983，第240页。

② 潘桂明：《中国佛教思想史稿》第一卷（上），江苏人民出版社，2009，第336页。

第三，《肇论》既实现了佛玄互动，又触及佛儒互动。《肇论》的立意不在调和儒佛辩难，而重在契合。论中明确提出“庶拟孔《易》十翼之作”，“图以弘显幽旨”（《涅槃无名论·奏秦王表》），即要以《周易》及《易传》作为弘扬佛学的指导思想。因此，《肇论》似乎触及儒佛互动的契合点，而成为从佛玄互动向佛儒互动转型的启蒙作之一。①

（张彤磊）

① 张岂之：《中国思想学说史》（魏晋南北朝卷），广西师范大学出版社，2007，第487页。

心外无佛　自悟自修——《坛经》

《坛经》是佛教中国化完成并形成中国佛教宗派后，由中国佛教人士创作的最著名禅宗经典，也是隋唐时代儒佛道三教对立融合背景下，中国思想文化不断传承创新的产物。其即心即佛说，为中国佛教人人能够成佛进行了最深刻的思辨性理论证明，达到了中国佛教思想的高峰，也极大地推动了佛教的社会传播与普及。

一、《坛经》作者及版本述略

禅宗是最为典型的中国化佛教宗派，六祖慧能（638—713）是禅宗的实际创立者。慧能“一生以来，不识文字”①，其传法记录及生平事迹经由弟子法海整理而成为《坛经》。“坛”，指法坛、戒坛；“经”，是将慧能说法内容比作释迦牟尼所说的佛经。《坛经》是禅宗的基本经典，而且在佛教史上，《坛经》是唯一一部除释迦牟尼说法之外被尊称为“经”的佛教典籍。

慧能，也称惠能，因久住曹溪弘法而被称为“曹溪大师”“曹溪古佛”，其禅法也被称为“曹溪法门”。俗姓卢，其父行瑫官于范阳（今河北涿州），后左降迁流岭南新州（今广东新兴）。慧能生于岭南，早年丧父，家境贫寒，与母相依为命，靠卖柴为生。24 岁时于市偶闻一客诵《金刚

① 郭朋：《坛经校释》，中华书局，1983，第 81 页。

经》，“心明便悟”①，遂辞母前往湖北黄梅参礼五祖弘忍。后弘忍为付法衣，命众弟子作偈以见。神秀上座之偈被弘忍评价为只到门前，尚未见自本性。神秀所作偈曰：“身是菩提树，心如明镜台。时时勤拂拭，莫使惹尘埃。”慧能所作偈曰：“菩提本无树，明镜亦非台。佛性常清净，何处惹尘埃！”但在惠昕本以后的各本《坛经》里，“佛性常清净”被改为“本来无一物”。慧能之偈得到弘忍认可②，并因此而密受法衣，成为禅宗六祖。慧能得法后，为防人争夺法衣，领弘忍之训，南归隐遁，“混农商于劳侣”，“杂居止于编人”，前后共16年。39岁至南海（今广州）法性寺遇印宗法师，正式落发出家，并在法性寺的菩提树下为众人开法。翌年，至韶州（今广东韶关）曹溪宝林寺弘法，前后36年。先天二年（713）入寂，春秋七十有六。③

《坛经》在历史上有许多版本，这间接反映出不同历史时期禅宗思想的演变。其中，真正独立、有代表性的主要有四种：

（一）敦煌写本④。大约抄写于唐末至宋初，是目前发现的最古的版本。全称为《南宗顿教最上大乘摩诃般若波罗蜜经六祖慧能大师于韶州大梵寺施法坛经》，一卷，经文不分章节品目，约12000字左右，是《坛经》的早期形式。迄今为止，敦煌写本《坛经》有四种：其一，敦煌本（斯坦因本，现藏于伦敦大英博物馆，编号为S. 5475）；其二，敦博本（1943年向达于敦煌发现、现藏敦煌博物馆的写本，编号为敦博077）；其三，北图本（北京图书馆收藏本）；其四，旅博本（原旅顺

---

① 郭朋：《坛经校释》，中华书局，1983，第4页。

② 郭明：《坛经校释》，中华书局，1983，第12—18页。

③ 慧能生平除了生卒年古今从无异说外，其他特别是慧能参礼五祖弘忍和出家开法年代，佛教史上记载出入很大。上述慧能生平采用潘桂明的考证（参见潘桂明《坛经全译》，巴蜀书社，2000，前言第10—12页）。另也可参考印顺法师的考证（参见印顺《中国禅宗史》，广陵书社，2008，第122页）。

④ 潘桂明：《坛经全译》，巴蜀书社，2000，前言第15—18页。

博物馆收藏本）。其中，敦煌本自身字迹混乱，错讹过多，现行各种校本都仍有不够完善之处；北图本残缺不全，非完整写本，且脱写较严重；旅博本已佚，现仅见首尾各一页；相较之下，敦博本的抄写比其他诸本都要规范，不仅错、误、讹、脱、衍少，而且在用字的选择方面，比敦煌本更为准确、简明，因而具有更高价值。

（二）惠昕本。由北宋初年惠昕改编，经胡适和铃木大拙考证，成书于北宋太祖乾德五年（967），名《六祖坛经》，上下两卷，共11门，约14000字。后传入日本，经兴圣寺翻刻，又称兴圣寺本。

（三）契嵩本。虽未署名，但一般认为是北宋契嵩的改编本。名《六祖大师法宝坛经曹溪原本》，3卷（现存本一卷），共10品，约20000余字。

（四）宗宝本。由元代宗宝编订，名《六祖大师法宝坛经》，不分卷，共10品，约20000字。明代以后流传最广，几乎成为《坛经》的唯一流通本。

因敦煌写本《坛经》年代最早，所以一向受学术界重视。日本学者矢吹庆辉1923年于伦敦大英博物馆发现敦煌本，经校写收入《大正藏》第四十八卷。另有日本学者铃木大拙1934年的校订本，该本参照和利用了日本兴圣寺本，在分全文为57节的基础上，加以校注，撰文解说，改正了敦煌本的一些明显错误。① 国内学者郭朋的《坛经校释》，以铃木校本为底本，并纠正了铃木的某些失误，提出了作者的见解，在国内学术界影响较为广泛。另杨曾文以敦博本为底本，在铃木、郭朋两种校本的基础之上，参以敦煌本、惠昕本，重新校订《坛经》，完成的《敦煌新本六祖坛经》（上海古籍出版社1993年出版），进一步推动了《坛经》的研究。此外，潘桂明《坛经全译》的附录部分

① 参见《坛经全译》前言第15页。

有校注的《坛经》原文，该校注以敦博本为底本，参以敦煌本、北图本、旅博本，并吸收了杨曾文《敦煌新本六祖坛经》、李申《敦煌坛经合校》的研究成果，具有较高学术价值。

二、《坛经》的佛学背景及基本思想

（一）《坛经》的佛学背景

《坛经》是记载慧能禅法思想的最重要的禅宗文献，《坛经》的产生有其佛学背景和客观条件。禅宗纯粹是中国佛教的产物，印度佛教只有“禅”而无“禅宗”。禅宗因主张用“禅”概括佛教的全部修习而得名，但禅宗所说禅是“见本性不乱为禅……外离相曰禅”，即不执着于外相，保持本性不乱，实际上禅宗之禅反对一切执着于形式的修习，反对为坐禅而坐禅。

禅，梵文（Dhyāna）（禅那）音译的简称，意为“静虑”“思维修”，是思维意识的修持，原为印度古代各种教派普遍采用的修习方式。中国佛教学者通常把“禅”与“定”（Samādhi，三摩地、三昧）合称为“禅定”。禅法本身包含着止与观两层含义，止观方法的核心是禅定。在东土初祖①菩提达摩②（或作达摩、达磨）来华传禅之前，南

---

① 禅宗是最重视佛教“祖统”的宗派，其以不立文字、以心传心而将本宗的传承上溯至摩诃迦叶。自摩诃迦叶至菩提达摩“师资相承”二十八代，即“西天二十八代”祖师说。自菩提达摩至慧能“师资相承”共有六代，即“东土六代”祖师说。其实，所谓“西天二十八代”祖师说，多由传闻编排而成，反映了隋唐时期佛教各宗派争法统的历史，但其中不排除蕴含有若干历史事实。（参见杜继文、魏道儒《中国禅宗通史》，江苏人民出版社，2007，导言第20页）。

② 菩提达摩（？—536或528），历史上关于菩提达摩的传说纷纭，聚讼颇多。据说是南天竺人，在南朝宋末或梁代航海至广州，先至金陵，因与梁武帝话不投机，遂折苇化舟，渡江北上，往北魏入少林寺，面壁九年。后传法慧可，并以4卷本《楞伽经》为印证（参见《中国禅宗通史》第59页）。

北朝时期中国境内大致同时流行着三种禅法，即以数息为要务的“安般守意”小乘禅，以对治和观佛为主要内容并兼容了大乘的小乘禅，以证悟大乘佛教“如来藏”佛性为根本的如来禅。[①] 达摩所传禅法的主要内容包括“理入”和“行入”两个方面。“理入”就是“藉教悟宗”，即凭借“种种教法”而悟道；“行入”就是“报怨行”“随缘行”“无所求行”“称法行”，即不再专注于传统禅法的形式，而注重在契悟真性的基础上无贪无执、随缘而行。菩提达摩、慧可、僧璨三代禅师都崇奉四卷本《楞伽经》，《楞伽经》对上述禅师的影响体现为他们对如来藏（真如）缘起思想的重视。达摩禅传至道信、弘忍，经道信、弘忍的弘扬，已成为禅门一大系统。道信、弘忍的禅法，史称“东山法门”[②]，其禅法的核心是“一行三昧”[③]。“东山法门”坚持《楞伽经》中如来藏思想，还吸收了般若性空思想，同时又特别重视大乘经典“即心即佛”的思想，以心性论为基础，把外向求佛转向自求解脱、内在成佛，这成为尔后禅宗的直接源头。由于《楞伽经》在禅法顿、渐问题上的模糊不清，以及“东山法门”内部对《楞伽经》和《般若经》的同时奉持，而道信与弘忍又对般若思想重视程度有别，影响到弘忍弟子对东山法门精神的不同理解和取向。[④]

弘忍之后，因神秀与慧能的禅法歧异，自“东山法门”分出神秀和慧能两个禅学系统，形成南北之争，以致有“南宗北宗”“南能北秀”“南顿北渐”之说。北宗以神秀为代表，神秀与弘忍弟子道安、玄赜以及神秀弟子普寂、义福等人遵循师说，以《楞伽经》为依，弘传以循序渐

① 参见《坛经全译》前言第2页。

② 道信住在黄梅西北的双峰山，弘忍住在双峰山之东的冯茂山，又名“东山”，故其禅法号称“东山法门”。“东山法门”实际上包含了道信和弘忍两代禅师的禅法思想。

③ “一行三昧”出自《文殊说般若经》。“一行”指法界一相，无有差别；“三昧”指三摩地，正定。

④ 潘桂明：《中国佛教思想史稿》（第二卷下），江苏人民出版社，2009，第559页。

进修行为特色的禅法，并在武则天、唐中宗的支持下，为朝野所重，盛行于北方嵩洛一带。安史之乱后，北宗逐渐势微，至唐武宗灭法，以寺院为主要依托的北宗完全衰落。与北宗相较，慧能在南方所传授的以顿悟为根本原理的禅法为南宗。慧能弟子神会北上弘扬慧能禅法，公开指责神秀为代表的北宗“师承是傍，法门是渐”（《中华传心地禅门师资承袭图》）。安史之乱，两京陷落，神会应邀为朝廷设坛度僧，以助军需，获帝室重视，南宗大盛。至唐德宗立神会为禅宗第七祖，南北禅宗正傍之争方告结束，保持山林佛教特色的慧能南宗迅速发展，取代北宗，成为禅门正宗，致令“凡言禅皆本曹溪”（柳宗元：《曹溪第六祖赐谥大鉴禅师碑》）。所以后世论禅，往往把慧能南宗直接等同于禅宗，而且几乎成为中国佛教的代名词。

（二）《坛经》的基本思想

《坛经》最初大概只有一个本子，即慧能弟子法海记录慧能受韶州刺史韦璩之请，在大梵寺说法的内容。现在所见敦煌写本《坛经》全部内容，则由三个部分组成：慧能自述生平、大梵寺说法兼授无相戒，慧能与弟子答问及临终嘱咐。可见《坛经》传承中虽经过后人不断修订，但基本体现了慧能的禅法思想。总体上，慧能是以顿悟解脱为核心并贯穿其禅学理论和实践。一般而言，顿悟是相对渐悟而言，指刹那间完全地把握佛教真理；渐悟是指通过坐禅、念佛、礼诵等循序渐进的修行逐步把握佛教真理。在历史上，顿悟说虽非慧能首创，但到慧能才把顿悟作为解脱和成佛的根本思想和方法。慧能既反对渐修渐悟，也反对渐修顿悟，主张无修而顿悟。[①] 以顿悟解脱为根本特点，慧能的禅学思想大致可概括为自心即佛的心性论、自在解脱的解脱论、自修顿悟的修行观。

---

① 方立天认为慧能主张渐修顿悟。参见方立天著《中国佛教哲学要义》第二十九章第二节“南顿北渐”。

自心即佛的心性论是慧能顿悟解脱法门的理论前提。佛教的根本宗旨是众生解脱成佛，而这一问题的逻辑前提又是众生能不能成佛。慧能的自心即佛思想是从心性论上将众生与佛平等地直接贯通起来。在《坛经》中，“心”有多重含义，其中在心性论上最重要的内涵是“本心”。“本心”是指心的内在本质，也即“本性”“真心”；同时，“本心”也是佛教智慧、本质永恒清净的佛性。自心即佛是指众生的“本心”，就是佛教的菩提、智慧、觉悟，就是佛性。《坛经》多处记载慧能自心即佛的思想，如“我心自有佛，自佛是真佛；自若无佛心，向何处求佛”“佛是自性作，莫向身外求”等。通过自心即佛，慧能将佛性植入众生心中，又将众生的“本心”与佛性相合为一并作为世间万法的本原，使众生与佛平等，理论上把成佛之路彻底转向内在解脱。

与此相应，慧能提出自在解脱的解脱论。在《坛经》中，与“本心”（“真心”）相对的是“妄心”（“迷心”“邪心”“毒心”）。慧能认为，众生的“本心”是自在清净的，而众生心的当下现状，虽有时清净，但往往是迷惘的。所以慧能强调主体自心的觉悟，并把自心的迷悟看作能否成佛的唯一标准。《坛经》说：“自性迷，佛即众生；自性悟，众生即是佛”“心行转《法华》，不行《法华》转”“前念迷即凡，后念悟即佛”，迷悟、凡圣，皆在一念之间。但是，在慧能的禅学思想中，“真心”与“妄心”并非对立的，而是辩证统一于众生的念念不断、念念不住的当下每一心念，它既是“真心”又是“妄心”，既非“真心”又非“妄心”，所以“烦恼即是菩提”。慧能把自己的禅学理论概括为“我此法门，从上以来，顿渐皆立无念为宗，无相为体，无住为本”。“无念”并非要求众生刻意去除自然之念，而是不起妄念，任真如佛性自然呈现。“无相”指“于相而离相”，既认识万法无自性而不执着，又体悟万法假有、实相无相，而不执着于任何相。“无住”即无所住心，意指众生无所执着，顺应本性，随心任运。“无念、无相、无住”体现出慧能所追求的解脱之路，并不是摒除任何思虑的观心看净、返璞归真，而是念念不住、念念相续的当下现实之心的自然任运，在日常生活中自在解脱。

与上述观点相联系，是慧能自修顿悟的修行观。慧能认为，任何对心的执着都会失去“本心”，起心即妄，任心即真，而众生“本心”就在众生当下现实之心中。众生不假思虑，不假修持，自呈本心，即证悟佛法，也就当下成佛。所以《坛经》说“不识本心，学法无益，识心见性，即悟大意”“言下便悟，即契本心”。“本心”就在众生当下的一念之间，所以慧能强调单刀直入、自修顿悟的修行法门。《坛经》说：“令自本性顿悟。”也就是众生对“本心”的把握是当下一刹那间把握，顿悟自性，妄念俱灭，进入“当下与本初、瞬间与永恒、个体与整体统一的精神境界”①。此种境界非任何语言思虑所能把握，也无须经历长时间的修习，只能依靠个体在日常生活中刹那间直观，体悟自心即佛，就顿入佛地。因此，慧能反对一切执着于形式的修习。对于坐禅，《坛经》认为“看心看净，却是障道因缘”，提出“于一切时中，行、住、坐、卧，常行直心是”；对于读经，《坛经》说“三世诸佛，十二部经，亦在人性中，本自具有”，主张“不假文字”；对于是否出家修行，《坛经》说：“若欲修行，在家亦得，不由在寺”。这些都体现出禅宗“不立文字，直指人心，见性成佛”的禅法特色以及直接简易的禅风。

三、《坛经》的意义和影响

印度佛教传入中国的历程，也是印度佛教与中国传统文化双向互

---

① 方立天：《中国佛教哲学要义》（上卷），中国人民大学出版社，2002，第417页。

动、相互融摄的历程。渗入了老庄自然主义与儒家心性思想的《坛经》，集中体现了慧能的禅学理论与实践对传统佛教的创造和革新，标志着佛教中国化进入了一个新的阶段。以《坛经》为基本经典的禅宗此后沿着慧能的禅学思想开枝散叶，虽宗风几变，门庭各异，但始终薪火相传，流播大江南北，成为流传时间最长、影响最广的中国佛教宗派。在中国思想史上，《坛经》的意义和影响主要体现在以下几个方面：

首先，《坛经》这部由中国佛教学者创作而被尊称为“经”的佛教典籍，“破除了长期以来对印度佛教的迷信，否定了印度佛教经典的绝对权威。这对树立中国佛教的自信，发扬民族文化中的优秀传统，都有重大意义”①。

其次，《坛经》对禅进行了重新诠释，把禅法转向从心性方面探求实现生命自觉、理想人格和精神自由的问题，彻底改变了人们对禅的传统认识，极大开拓了禅宗的视野。此后禅宗发展出棒喝、机锋、公案、古则、话头、默照甚至呵祖骂佛等形形色色的禅法，把禅发展为在有限、短暂、相对的生命中追求无限、永恒、绝对的生命智慧和艺术，深刻地影响着此后中国人的心灵境界、审美情趣与艺术世界。

第三，《坛经》倡导众生在当下现实生活中顿悟解脱的思想，改变了传统佛教“出世解脱”的观念，开创了把宗教修行融入日常生活“行住坐卧”的新宗风，这使得讲求出世的佛教能够适应并立足于中国古代传统的小农生产方式和生活方式，从而使禅更趋平民化和世俗化。

第四，《坛经》自心即佛、自在解脱、自修顿悟的禅学理论，高扬了个体生命的主体性和能动性。《坛经》主张生佛不二，心外无佛，把佛从彼岸世界拉回此岸世界，并植入众生当下现实之心中，在把佛拉下神坛的同时，突出人的自心自性，把人的当下解脱推到突出的位

---

① 《坛经全译》，前言第35页。

置，因而主张“不假文字”，反对受佛经束缚；主张独立思考，大胆怀疑，反对迷信权威、偶像崇拜；极大地提高了人的生命主体的地位，具有思想解放的特殊意义。

第五，《坛经》以顿悟解脱为发端的心性思想，为宋明理学的形成提供了先行的思想素材。无论程朱理学的基本命题“性即理”，还是陆王心学基本命题“心即理”，都是要把儒家道德形而上化后再落实于现实的人心之中。《坛经》中围绕心与性、佛性与人心展开的理论与实践，特别是将佛性植入人性，以及对本性的追求而实现的内在自我超越，对宋明理学家不无启发。理学家将佛转换为圣人，将佛性转换为儒家道德，将人性转换为先验的道德理性，在日常生活和道德修养中呈现先验的、内在足具的道德理性，来追求生命的价值和意义。

以《坛经》立宗的禅宗不仅成为晚唐以来禅宗乃至整个中国佛教的主流，而且对世俗思想文化具有极强的冲击力，但《坛经》在中国思想史上的影响是复杂的。《坛经》把佛性植入人性，虽然高扬了个体生命的主体性，但人神之间已无悬隔，也就自然弱化了佛教的宗教性，而“如果缺乏宗教性敬畏感、超越感，人类就有可能变得狂放不羁、肆无忌惮，放弃个体义务和社会责任，无法成就伟大的道德人格”①，同时“由于让个人承担起对世界人生不可能承担的全部责任，其结果是抹杀了社会环境的决定性作用”②。此外，《坛经》倡导的顿悟成佛，突出个体刹那间的瞬间直觉而自悟，是以放弃理性通过概念辨析来展开对真理的探索为代价的，而以直觉通过不证自明而获得的“自信”“自力”，难以保证其成为人类的道德榜样，历史上禅宗后期的激进化和流俗化就是最好的证明，而这也是必须正视和反思的。

（张彤磊）

---

① 潘桂明：《中国佛教思想史稿》（第二卷下），江苏人民出版社，2009，第642页。
② 杜继文、魏道儒：《中国禅宗通史》，江苏人民出版社，2007，第189页。

太虚即气　民胞物与——《正蒙》

《正蒙》书名乃以儒家性理订正愚顽蒙昧之义。张载以此书为主，超越汉唐元气论，建立起以“太虚即气”命题为核心的气本论世界观，“有象斯有对，对必反其为；有反斯有仇，仇必和而解”（《正蒙·太和》）的辩证方法论，会通此前各种人性论主张的“天地之性”和“气质之性”有机统一的人性论，“大其心”以“体天下之物”，“穷理尽性”“变化气质”以达到《西铭》所谓“天人合一”理想境界的修养论，为宋明理学奠定了基本思想框架，推动中国古代哲学或儒学进入宋明理学的新时期。《正蒙》也由此成为中国古代重要的哲学文化经典之一，受到后来哲学家王夫之等学人的高度重视，产生了深远影响。

一、张载与《正蒙》

张载(1020—1077)，北宋凤翔府郿县（今陕西眉县横渠镇）人，世称“横渠先生”，北宋著名的思想家、教育家、政治家，“关学”①的创始人，理学的重要奠基者，先后担任祁州（今河北安国）司法参军、云岩（在今陕西宜川）县令、著作佐郎、签渭州（今甘肃平凉）军事判官公事、崇文院校书、同知太常礼院等职。

① “关学”就其纯字面意义而言指关中学术，但这一名词自出现以后就有了特定的含义，最初专指张载的学术，是与周敦颐的“濂学”、二程的“洛学”、朱熹的“闽学”等并称的学术派别。宋以后“关学”的范围逐渐扩大为在关中传播的儒学。

张载一生发愤苦读，精于致思，勤于写作，著述颇丰。1978 年，中华书局出版了章锡琛点校的《张载集》，收录有《正蒙》《横渠易说》《经学理窟》《张子语录》《文集佚存》《拾遗》等，并根据历代各种版本做了校订、补遗，在附录中收集了《横渠先生行状》《宋史・张载传》《司马光论谥书》，以及各本序文等。

其中，《正蒙》集张载一生思想精华，是把握张载思想至关重要的著作，同时也是中国思想史中的一部杰作。“正蒙”取之于《周易・蒙卦・彖》“蒙以养正”，即订正愚顽蒙昧，使人始终正而不邪之义。张载的弟子苏昞依据《论语》《孟子》的体例，为之编订章次，共分为 17 篇，即今本《正蒙》。张载本人及其门人对此书十分重视，后世学者也多为此书作注发挥。中华书局于 2012 年出版了林乐昌的《正蒙合校集释》(上、下册)，此书汇集南宋以来 11 种不同版本加以校勘，搜辑南宋以来 19 种旧注加以集释，并对《正蒙》义理加以辨析，共分为解题、合校、征引、释、按语等五个部分。但张载的不少著述已经佚失，近年来，陆续有学者从古籍中辑出张载的部分佚文和佚诗。①

青年的张载“慨然以功名自许”。21 岁的张载在面谒范仲淹后，开始研读《中庸》。这是张载学术道路的第一次转折。《中庸》是儒家经典，它提出的“天命之谓性，率性之谓道，修道之谓教”，是儒家探究天人之学的经典论断。但张载在反复研读《中庸》之后，不能感到满足，于是开始遍读佛、道之书。这是张载学术道路的第二次转折。经过多年的研究，张载穷究佛、道之学，但感到佛、道之学并不符合自己的理想抱负，于是又回归儒学，潜心研究儒家经典。这是张载学术道路的第三次转折。经由“有似于黑格尔所说的正、反、合的三个阶段”② 的曲折反复，张载最终构建起了以“天人合一”为主题的气

① 林乐昌:《张载佚书〈孟子说〉辑考》,《中国哲学史》2003 年第 4 期。
② 余敦康:《内圣外王的贯通——北宋易学的现代诠释》，学林出版社，1997，第 265 页。

本论思想体系。历代传诵不衰的“张子四句”，即“为天地立心，为生民立命，为往圣继绝学，为万世开太平”（《横渠语录》），就是对张载的思想主题和理想抱负的完整表达。张载还讲学授徒，开创了关中学派，与洛学一同成为北宋时期理学最大的学派。

二、《正蒙》的主要思想内容

张载以《周易》为基本依据，以“气”构建了一个有机的宇宙整体。他认为，整个宇宙是由“气”构成的，“气”有“聚”“散”等不同运动形式，气聚则为有形体之物，能被人们看见；气散则为无形之物，无法被人们看见，但却不是空无所有。因此，“圣人仰观俯察，但云‘知幽明之故’，不云‘知有无之故’”（《正蒙·太和》）。在张载那里，“气”不见得一定是有形的、可见的，将张载的“气”统归于“有形”“形下”的存在,① 实际上落入了“以程（朱）解张”的理论轨道，也是张载所反对的在“气”之上别置“太虚”（“虚能生气”）的观点。

为了表明“气”的消散或本然状态，张载创用了“太虚”这一传统范畴。“太虚”，“六经、孔、孟无是言也”（《孟子字义疏证》卷上《理》），最早见于道家，后来被道教和佛教广泛运用。张载有时把“太虚”理解为无限空间,② 不过在张载哲学中“太虚”的普遍含义是被视为“气”之“本体”的“太虚”。在张载那里，“气”之“本体”是指气的消散、本然、原始的状态。他说：“太虚无形，气之本

---

① 牟宗三：《心体与性体》，上海古籍出版社，1999，第358—489页；丁为祥：《虚气相即——张载哲学体系及其定位》，人民出版社，2000，第59—69页；林乐昌：《张载两层结构的宇宙论哲学探微》，《中国哲学史》2008年第4期；林乐昌：《20世纪张载哲学研究的主要趋向反思》，《哲学研究》2004年第12期；杨立华：《气本与神化：张载哲学述论》，北京大学出版社，2008，第40页。

② 侯外庐：《中国思想通史》（第四卷，上册），人民出版社，1959，第551页。

体。其聚其散，变化之客形尔。”“太虚不能无气，气不能不聚而为万物，万物不能不散而为太虚。”（《正蒙·太和》）作为气的消散、本然、原始状态的“太虚”本质上还是“气”，具体言之就是“气”阴阳未分的状态，也就是“湛一”之气。张载说：“气本之虚，则湛一无形”（《正蒙·太和》），“湛一，气之本”（《正蒙·诚明》），“太虚之气，阴阳一物也”（《横渠易说·系辞下》），“言虚者，未论阴阳之道”（《张子语录·语录中》）。这就是张载“太虚即气”的基本理论，由此道家（教）的“无”和佛教的“空”便失去了立足之地。

作为本然、“湛一”之气的“太虚”蕴含着内在的超越本性。首先，“太虚”被等同于“天”，具有自然世界的本原属性，“由太虚，有天之名”（《正蒙·太和》）“太虚者，天之实也”“与天同源谓之虚”（《张子语录·语录中》）。“太虚”取得了与“天”相互等同的地位，“虚者，天地之祖，天地从虚中来”“万物取足于太虚，人亦出于太虚”（《张子语录·语录中》）。“太虚”成为宇宙万物的终极根据。因而张载说：“金铁有时而腐，山岳有时而摧，凡有形之物即易坏，惟太虚无动摇，故为至实。”（《张子语录·语录中》）其次，“太虚”被赋予了仁义礼智信等价值世界的本原属性。张载说：“天地以虚为德，至善者虚也。”“虚者，仁之原。”（《张子语录·语录中》）同时“太虚”还是“性之渊源”（《正蒙·太和》），即包括人在内的天地万物内在本性的根据。

张载还把“气”不同状态的内在属性分为两个层面：“神”和“化”。他指出：“一物两体，气也。一故神，两故化，此天之所以参也。”（《正蒙·参两》）“神，大德，化，天道。德，其体，道，其用，一于气而已。”（《正蒙·神化》）“神”是“太虚”超越而又统摄阴阳二气交感变化的总体属性，即“天德”，它能“一天下之动”（《正蒙·神化》）；“化”是“两”即阴阳二气交感变化过程的属性，表现为“天道”。“太虚”及其属性“德”“神”为“体”，阴阳二气的交感及其属性“道”“化”为“用”，它们是基于“气”而展开的相互差别、相互蕴涵的两个方面。① 可见，张载所谓的“太虚”实际上是物质实体和精神本原合而为一的超越本体。正所谓：“气之性本虚而神，则神与性乃气所固有。”（《正蒙·乾称》）这是张载哲学“气本论”的真正含义。

张载认为，整个宇宙始终处于不断的运动变化中，但都要经过“感”的环节。“感”一词出自《周易·咸卦》。张载曰：“二端故有感，本一故能合。天地生万物，所受虽不同，皆无须臾之不感。”（《正蒙·乾称》）“感”即交感、感应，“感”之所以存在，是因为世界万物都有相互对立而又相互统一的两个方面，张载称之为“一物两体”。所谓“一”，即气的本然状态“太虚”，张载有时也称之为“太极”；所谓“两”，是指“一”所包含的对立双方，即阴与阳。“两不立则一不可见，一不可见则两之用息”（《横渠易说·说卦》），“一”与“两”相互依赖而不可分割。张载将“一物两体”生生不息的交感变化的整个过程归纳为：“气本之虚则湛一无形，感而生则聚而有象。有象斯有对，对必反其为。有反斯有仇，仇必和而解。”（《正蒙·太和》）

阴阳交感而化生万物的问题涉及“道”“天道”或“理”“天理”等范畴。在张载那里，“道”基本等同于事物的客观规律，但不能离开阴阳二气而独立存在，故曰：“由气化，有道之名。”（《正蒙·太和》）同时张载又提出“理”或“天理”：“天地之气，虽聚散、攻取百涂，然其为理也顺而不妄。”（《正蒙·太和》）“理”或“天理”也是指阴阳交感而化生万物过程中所蕴含的规则，即“天序”“天秩”。不过与程朱多论“天理”不同，张载并不多谈“理”或“天理”。

宋代理学家无不将如何沟通“天”“人”、为现实伦理道德确立先天根据作为思考的核心问题，由此产生了理学家的道德论。为了说明

① 方光华：《中国古代本体思想史稿》，中国社会科学出版社，2005，第308—313页。

人性或善或恶的来源或根据，张载从气本论出发，别分“天地之性”与“气质之性”，诠释了人性的内涵。“天地之性”与“气质之性”均根据于“气”，“天地之性”以太虚之气为根据，是人性先天固有的至善本质，“天性在人，正犹水性之在冰”，“天所性者通极于道，气之昏明不足以蔽之”（《正蒙·诚明》）。所谓“气之昏明”是指阴阳二气有刚柔、缓速、清浊等不同的性质，“气质之性”就是万物成形时不同程度地禀受气之清浊昏明所产生的性质，秉之正，便是圣人；秉之偏，“天地之性”就受到熏染，便是凡人乃至恶人。不过，“秉”之偏者，通过后天努力可以消除人性中的恶，最终成为圣人，“形而后有气质之性，善反之，则天地之性存焉”（《正蒙·诚明》）。朱熹曾赞叹张载的“气质之性”理论“极有功于圣门，有补于后学”（《朱子语类》卷四）。

在人性论的基础上，张载提出“天理”与“人欲”的问题。此后理欲之辩成为理学家们津津乐道的题目。张载并不否定人的正当生存和生理需求：“饮食男女，皆性也，是乌可灭?”（《正蒙·乾称》）但他反对“穷人欲”，认为过分地追求欲望的满足就会伤害“天理”，“徇物丧心，人化物而灭天理者乎”（《正蒙·神化》），告诫人们“不以嗜欲累其心，不以小害大、末丧本焉尔”（《正蒙·诚明》）。这就是张载反对“灭理穷欲”的修养论。

张载的道德修养论还包括“穷理尽性”和“穷神知化”。“穷理尽性”见于《周易》。“天理”内涵于宇宙万物中，要“尽性”必先“穷理”，“穷理”则须“尽物”，即接触事物、研究事物、参与实践，以此达到对“天理”和人之道德品性的体察。在“穷理”过程中，张载十分重视由耳目等感官获得的“见闻之知”，但又强调“穷理”不能仅仅依赖于见闻所得，而应充分发挥先天主体意识——“德性之知”，张载称之为“尽心”“大心”，其实也就是通过主体意识的自悟达到对“天理”的神秘贯通：“大其心则能体天下之物……其视天下无一物非我，孟子谓尽心则知性知天以此。”（《正蒙·大心》）“认识论与道德修养论分不开，这是张载和其他理学家的思想特点。”① 经过“穷理”“尽性”过程“然后能至于命”，达到至诚至善、无思无虑、无私无欲，上与天合一，下与万物贯通的圣人境界，张载称之为“中正”。“穷神知化”也是《周易》中的术语。“穷神知化”同样需要凭借人的“德性之知”，努力探赜索隐，穷尽“天”“人”奥秘，克制和消除不合理欲望，忘却自我之私，与“天”融为一体。这种境界是常人思维不能达到的。

张载是二程的表亲，至于“横渠之学，其源出自程氏”之说，二程认为并“无是事”（《河南程氏外书》卷十一《时氏本拾遗》；朱熹《伊洛渊源录》卷六《遗事》亦取此说，但在案语中强调关洛的学术关系）。不过，与张载将“穷理尽性以至于命”视为相互衔接的不同阶段的看法不同，二程认为“物理”与“人性”是二而一的关系，“穷物理”即是“尽人性”，其间并无先后次第，“穷理尽性以至于命，三事一时并了，元无次序”（《河南程氏遗书》卷二上《二先生语·二上》）。此外值得注意的是，二程对张载阐发“民胞物与”思想的《西铭》非常推崇，认为“明理一而分殊”，“仁孝之理备于此”“孟子以后，未有人及此”（《河南程氏遗书》卷九《答杨时论〈西铭〉书》、卷二上《二先生语·二上》）。

强调经世致用是张载思想一以贯之的显著特色。他基于对历史发展和北宋时局的深刻反思提出了社会政治改革方案，认为推行井田、封建、宗法是拯救北宋内外困局、成就国家治平的根本之道。概言之，其一，北宋“不抑兼并”的土地政策使社会财富日渐失衡，“家不富，志不宁”（《横渠易说·上经》），“贫富不均，教养无法”（《张载集·附录·横渠先生行状》），士人不能承担起社会责任，学

① 侯外庐、邱汉生、张岂之：《宋明理学史》（上册），人民出版社，1984，第117页。

者也“莫不降志辱身，起皇皇而为利”“为身谋而屈其道”（《文集佚存·策问》）。这导致家族涣散、社会道德沦丧。恢复井田就是要为家庭稳固、道德教化奠定经济基础，它是推行“仁政”的首要之务。其二，北宋矫枉过正式地加强中央皇权，使军政效率日益低下，地方势力日趋衰弱，积贫积弱和内忧外患的弊病积重难返。重建封建的重点就是要调整中央和地方的关系，让皇帝和中央适当放权于臣子和地方，减少中央朝廷庞大的财政支出，巩固和加强日渐衰弱的地方力量以抵御外辱，从而实现国家之“安荣”（《经学理窟·周礼》）。其三，中国古代国家向来是放大了的家族统治，国家立基于家族和谐与稳固之上。“家且不能保，又安能保国家!”（《经学理窟·宗法》）推行宗法的核心即在于以人伦培养社会大众的“忠义”观念，以宗法增强社会的凝聚力和向心力，使国家形成和谐稳固、坚不可摧的统一整体，形成强而有力、“修文德以远之”的国家形象，从而奠定“为万世开太平”的千古伟业。张载的宗法诉求与他的“民胞物与”思想相互贯通。

三、《正蒙》的历史地位及影响

张载受到历代统治者和儒家学者的重视和推崇，其学说在中国思想史上占有重要地位，对后世产生了巨大影响。

首先，他依据儒家经典首创了一系列核心范畴和命题，奠定了理学的理论框架。在张载之前，周敦颐通过“无极”“太极”“阴阳”“五行”等范畴构建起一个包含宇宙论、人性论、道德修养论等为主要内容的“天人合一”的宇宙论模式，初步提出了理学的理论规模。但理学的诸多基本范畴和核心命题是由张载提出并奠定的。“天理”虽未受到张载的特别重视，但已经成为张载思想体系中代表天地宇宙内在属性的一个至关重要的范畴，后被程朱发展为理学中的首要范畴。理学的人性论是“天地之性”与“气质之性”。在理学思想史中，这一理论也是由张载开创的，并为理学道德修养论奠定了理论基础。在道德修养论方面，张载所提出的“穷神知化”“穷理尽性”“变化气质”以及“诚”与“明”的贯通等基本理论，也奠定了程朱理学道德修养论的基本规模。总之，张载在理学宇宙观、人性论、道德修养论等方面为理学的进一步发展和完善提供了丰富的理论资源。作为理学的奠基者，张载当之无愧。

其次，张载首次将“四书”并重而加以突出，在推动“六经”学向“四书”学转变的过程中发挥了承前启后的重要作用。“‘四书’学的兴起，标志着中国经学由汉学向宋学的转变”①。虽然在张载之前《论语》《孟子》均受到儒家学者的推崇，《大学》《中庸》也已被从《礼记》中抽出独立注解，但儒家学者们均选择其中一种或数种加以推崇，尚未有学者将此四种书同时并重并提。《宋史·道学传序》说，二程“表章《大学》《中庸》二篇，与《语》《孟》并行”。其实，《宋史》忽视了张载在推动“六经”学向“四书”学转变中所发挥的作用，同时并提此四种书且将其加以突出的第一人是张载。② 他指出：“要见圣人，无如《论》《孟》为要。”“学者信书，且须信《论语》《孟子》……如《中庸》《大学》出于圣门，无可疑者。”（《经学理窟·义理》）在此基础上，张载还对“四书”的“义理”之学做了深入的发挥，并将其与“五经”或“六经”的“义理”之学贯通起来，③ 使儒学思想体系呈现出新的面貌。此后，二程从为学次第上视这四部书比“五经”更加重要，朱熹晚年将这四部书的注解合成一集

---

① 蔡方鹿：《经学理学化及其意义》，载于《经学与中国哲学》，华东师范大学出版社，2009。

② 龚杰：《张载评传》，南京大学出版社，2011，第23—30页。

③ 龚杰：《张载的四书学》，《西北大学学报（哲学社会科学版）》1994年第3期；肖永明：《张载之学与〈四书〉》，《船山学刊》2007年第1期。

刊出并冠之以“四书”之名，“四书”最终取得与“五经”同等重要乃至优先的地位。

最后，张载的气本思想和经世致用特色，奠定了明清实学思潮的理论基础。基于对“气”及其运动变化的探索，张载注重研究自然科学的趋向十分突出。《正蒙》中有很多对天象、历法、潮汐、日月星辰等自然现象的讨论，不少观点十分接近现代科学。[①]“为万世开太平”是张载一生的宏愿，他年少时即关心时务，尤喜谈兵，此后又提出拯救时局危机的社会政治改革方案，辞官归乡后还亲自购置土地将井田之法验之一方，彰显出学贵于用的强烈色彩。张载注重实用的学术特色还表现在躬行礼教上。任地方官时，张载就非常注重以礼教敦化社会风俗，晚年“学者有问，多告以知礼成性、变化气质之道，学必如圣人而后已”（《张载集·附录·横渠先生行状》）。张载弟子吕氏兄弟在张载思想的基础上，“率乡人”作乡约乡规并付诸实践，使“关中风俗一变而至于古”（《宋元学案》卷十七《横渠学案上》）。明清以来，罗钦顺、王廷相、李贽、王夫之、顾炎武、黄宗羲等一批学人继承和发扬了张载的气本思想和经世致用传统，掀起了中国实学发展的高潮。

二程认为张载堪比孟子，朱熹将张载纳入“北宋五子”之列。南宋嘉定十三年（1220），宋宁宗赐谥“明公”。宋理宗淳祐元年（1241），赐封“郿伯”（《宋史·张载传》为宋孝宗淳熙元年），从祀孔庙。至明清时期，张载的著述被编入科举教科书《四书大全》《五经大全》《性理大全》和《性理精义》等，产生了广泛而深远的影响。

（曹振明）

① 郑文光、席则宗：《中国历史上的宇宙论》，人民出版社，1957，第102—103、第111—112页。

鉴于往事　资于治道——《资治通鉴》

《资治通鉴》是由司马光主编，范祖禹、刘攽等参与撰写，记述战国至五代末历史的编年体史学著作。它述历史兴衰，考国政得失，鉴往事，资治道，总结我国古代国家治理的经验和教训，供后来治国者借鉴，是我国古代又一部历史文化经典。

一、司马光与《资治通鉴》

司马光（1019—1086），初字公实，更字君实，号迂夫，晚号迂叟。北宋真宗天禧三年，父亲司马池任职于河南光山县时，司马光出生，故名光，原籍陕州夏县（今属山西夏县）涑水乡人，世称涑水先生，是北宋政治家、文学家、史学家。他历仕仁宗、英宗、神宗、哲宗四朝，卒于哲宗元祐元年，享年 68 岁，追赠太师、温国公，谥文正。

司马光少年时聪慧好学，成熟稳重，喜读《左氏春秋》。司马光最初立志编撰史书，目的就是要供治国者借鉴。他在治平三年（1066）撰成战国迄秦的《通志》八卷，上觐宋英宗，得到认可，受命设局续修，由官方供给费用，增补人员。宋神宗即位后，以其书“有鉴于往事，以资于治道”，赐名《资治通鉴》，并亲自为之写序。此时王安石在宋神宗的支持下行新政，司马光竭力反对，强调“祖宗之法不可变”。熙宁三年（1070），自请离京，以端明殿学士知永兴军

(现陕西西安)。次年退居洛阳，任西京留守御史台，以书局自随，继续编撰《通鉴》，常与二程、邵雍、文彦博、吕蒙正等会于洛阳。元丰七年（1084）书成后，司马光官升为资政殿学士。元丰八年（1085)宋哲宗即位，高太皇太后听政，召他入京主国政，次年任尚书左仆射、兼门下侍郎，数月间罢黜新党，尽废新法，史称“元祐更化”。但执政不久即去世。生平所著除《资治通鉴》外还有《易说》《书仪》《涑水纪闻》等。

《资治通鉴》由司马光主编，刘攽负责两汉史，魏晋南北朝归刘恕，范祖禹负责唐代及五代史，司马光的儿子司马康也加入一起编修《资治通鉴》，负责检订文字。删改定稿则完全由主编司马光一人完成，历时十九年，在完成《资治通鉴》同时，“又略举事目，年经国纬，以备检寻，为《目录》三十卷。又参考群书，评其同异，俾归一涂，为《考异》三十卷。合三百五十四卷”。元代胡三省注《资治通鉴》作《序》说：“温公遍阅旧史，旁采小说，抉擿幽隐，荟萃为书，劳矣。而修书分属，汉则刘攽，三国迄于南北朝则刘恕，唐则范祖禹，各因其所长属之，皆天下选也，历十九年而成。则合十六代一千三百六十二年行事为一书，岂一人心思耳目之力哉。”清代顾栋高《司马温公年谱序》称：“唯公忠厚质直，根于天性，学问所到，诚实金石。自少至老，沉密谨慎，因事合变，动无过差。故其文不事高奇，粥粥乎如菽粟之可以疗饥，参苓之可以已病。”

《资治通鉴》是我国最大的一部编年史，全书共294卷，通贯古今，上起战国初期韩、赵、魏三家分晋（前403），下迄五代（后梁、后唐、后晋、后汉、后周）末年赵匡胤灭后周以前（959），凡1362年，其间史实，依时代先后，以年月为经，以史实为纬，顺序记写；其中贤君、令主、忠臣、义士、志士、仁人，兴邦之远略，善俗之良规，匡君之格言，立朝之大节，可以说巨细靡遗，条理分明。全书按朝代分为16纪，司马光以“臣光曰”的形式，撰写了史论102篇，其余84篇是裴子野等各家评论，比较集中地反映了司马光的政治、史学观点。

《通鉴》成书后，范祖禹、司马康、黄庭坚、张舜民等奉命重新校订，元祐七年（1092）刊印行世，但此本今已不可见。南宋高宗绍兴二年（1132）有余姚重刻本，亦多残缺。司马光一生不写草字，《资治通鉴》草稿全部以正楷写成，李焘《巽岩集》载：“张新甫见洛阳有《资治通鉴》草稿，盈两屋。”《资治通鉴》残稿今存仅8卷，记载东晋永昌元年（322）一年的史实，页29行，465字，目前藏于北京图书馆。

对《资治通鉴》的整理、评注、研究，代不乏人，研究成果中以明末王夫之《读通鉴论》、近代史学家陈垣《通鉴胡注表微》最佳。注释本中影响较大的是元代胡三省注本；中华书局据清胡克家翻刻的元刊胡三省注本，加以标点校勘，重新出版，是《通鉴》最好的版本（中华书局2011年）。

二、《资治通鉴》的思想观点

前人说到《资治通鉴》的成就，大多集中在史料价值、历史文学、编撰体例方面。其实，收集、考辨大量史料，耗费心力，是多位史学家集体之力，还不足以体现司马光的史学功力；叙事完备、条理清楚，如《史记》《汉书》等著作，也不足以让《资治通鉴》专美；仿《左传》作编年体通史，魏晋以来已经有人尝试，如习凿齿之《汉晋春秋》，可见编年体通史的体例不是此书的首创。虽是以《左传》为榜样，但春秋笔法也不是本书的重点。陈垣在《胡注通鉴表微》中指出：“《通鉴》书法，不尽关褒贬，故不如《春秋》之严。温公谦不敢法《春秋》，而志在续《左氏传》，有所感触，亦仿左氏设辞‘君子曰’而称‘臣光曰’以发之。余则据事直书，使人随其实地之异而评其得失，以为鉴戒，非有一定不易之书法也。”①

此书的独特魅力究竟在哪里？

（一）有鉴于往事，以资于治道

宋神宗为《资治通鉴》赐名时所说“有鉴于往事，以资于治道”，揭示了该著的鲜明特色和重要价值。元初胡三省《新注资治通鉴序》说:“为人君而不知《通鉴》，则欲治而不知自治之源，恶乱而不知防乱之术。为人臣而不知《通鉴》，则上无以事君，下无以治民。为人子而不知《通鉴》，则谋身必至于辱先，作事不足以垂后。乃如用兵行师，创法立制，而不知迹古人之所以得，鉴古人之所以失，则求胜而败，图利而害，此必然者也。”《资治通鉴》一书的编修，意图“鉴前世之兴衰，考当今之得失”，故宋神宗赐名“资治通鉴”。这反映出该书的史学功能观，即史学要为现实国家治理服务。

往事越千年，何者可资治？在司马光看来，史学著作中关于王朝盛衰兴替、社会繁荣发展的原因、规律的探索，前提是搜集辨别真实的史料，客观讲述、分析历史事件发生、发展变化的过程，才能从中得到正确的经验教训。王夫之《读通鉴论·释资治通鉴论》通过对“资治通鉴”四个字的解释，对司马光的史学功能论做了进一步诠释。他认为，“资治”，不仅仅要了解什么是治，什么是乱，更要从历史认识中得到如何实现治世的经验。实现治世，最大的依靠是“法之所著也”。“治之所资者，一心而已矣。以心驭政，则凡政皆可以宜民，莫匪治之资；而善取资者，变通以成乎可久。”②“鉴”的意思，就是镜子；历史借鉴，指人们不仅能从历史演变中认识到历史事件变化的原

① 陈垣:《通鉴胡注表微》，辽宁教育出版社，1997，第15页。

② 王夫之:《读通鉴论》，中华书局，1975，第1114页。

因、国家治理得失的缘故，还能从历史中找到在现实条件下如何做到有所得，面临困境时如何避免有所失。“论鉴者，于其得也，而必推其所以得；于其失也，而必推其所以失。其得也，必思易其迹而何以亦得；其失也，必思就其偏而何以救失；乃可为治之资。”①“通”的含义，在于能倡扬君道、国是、民情、边防、臣谊、臣节、士行、为学等，会通公理、大义。历史中所包含的这些信息，可以随人自取，以治身治世，应变无穷，故名“资治通鉴”。这是此书在撰写意图和史观上与其他史书最大的不同。

（二）以礼法为纲纪

司马光没有选择以帝王将相、贤人君子等人物为叙述中心的纪传体，而是按照时间线索论述历史发展，这样可以凸显历史演变过程自身的意义，避免离开历史变化过程进行历史人物评价。孔子修《春秋》是要“正名分”，作为编年体通史，《资治通鉴》在形式和内容上都可以说是对《春秋左氏传》的继承和发展。因而此书的首要原则也是维护礼法。张须在《通鉴学》中说：“《春秋》之意，最重名分，名分所在，一字不能相假，封建之世，以此为纲维。名分既坏，则纲维以抉，政权崩溃，恒必由之。温公以此事兆东周之衰与七国之分立，而又系论以见托始之意。”②

左丘明的《左传》，截止于哀公十七年赵襄子灭智伯，《资治通鉴》则接续此事，以韩、赵、魏三家分晋，周威烈王册封“晋大夫魏斯、赵籍、韩虔为诸侯”开始。为何以此事件开篇？不仅仅是出于接续《左传》的考虑。胡三省在注解中说得很准确：“三卿窃晋之权，暴蔑其君，剖分其国，此王法所必诛也。威烈王不惟不能诛之，又命之为诸侯，是崇奖奸名犯分之臣也。《通鉴》始于此，其所以谨名

---

① 王夫之：《读通鉴论》，中华书局，1975，第1114页。

② 张煦侯：《通鉴学》，安徽人民出版社，1981，第76页。

分欤！”

紧接着的“臣光曰”，是司马光在全书的首篇评论，主要是在阐明天子的权威和职责在于维护礼法名分。“天子之职莫大于礼，礼莫大于分，分莫大于名。何谓礼？纪纲是也。何谓分？君、臣是也。何谓名？公、侯、卿、大夫是也。”荀子是先秦礼学的集大成者，他曾有过类似的表述：“人道莫不有辨，辨莫大于分，分莫大于礼。”（《荀子·非相》）礼教就是法纪；区分地位最重要的就是君臣有别；名分就是公、侯、卿、大夫等官爵名号。始终坚持礼法名分的原则不动摇，则能贵贱相安、上下相保。

司马光认为，东周王室虽然衰微，但依然可以在诸侯交攻中维持的原因就是能谨守“天子”的名分，“周之地则不大于曹、滕，以周之民则不众于邾、莒，然历数百年，宗主天下，虽以晋、楚、齐、秦之强不敢加者，何哉？徒以名分尚存故也”。当这种名分被周威烈王自己破坏时，就代表天子放弃了自己的权力和职责，其统治必然无法继续。“故三晋之列于诸侯，非三晋之坏礼，乃天子自坏之也。呜呼！君臣之礼既坏矣，则天下以智力相雄长，遂使圣贤之后为诸侯者，社稷无不泯绝，生民之类糜灭几尽，岂不哀哉！”

（三）正统观

正统观一直以来都是古代历史观中至为重要的一个方面，它涉及史学家对整个历史演变的系统反思。历史上对这一方面的争议极大，集中反映在如何处理分裂时代各个政权的关系问题上。司马光的正统观是对《三国志》的作者西晋陈寿的发展，在宋代曾引起较大争议。

《资治通鉴》具有强烈的正统立场，在分裂时期，如三国，魏有《纪》，蜀、吴无《纪》；南北朝时期，南朝有《纪》，北朝无《纪》。《通鉴》卷七二魏明帝太和五年记载：“（诸葛）亮帅诸军入寇，围祁山，以木牛运。”他称蜀为寇，认为曹魏政权禅让自东汉，故为正统；

曹魏、司马氏西晋、东晋、南朝实为一脉相承，故为正统。这期间政权的交接形式有些是名为禅让、实为篡位，有些是武力侵夺，但至少在名分上都是符合礼法的，而且都是汉人政权，坚持了夷夏之辨，所以司马光将他们视为正统。

对此，南宋思想家朱熹批评说："三国当以蜀汉为正，而温公乃云，某年某月'诸葛亮入寇'，是冠履倒置，何以示训？缘此遂欲起意成书。推此意，修正处极多。若成书，当亦不下《通鉴》许多文字。但恐精力不逮，未必能成耳。若度不能成，则须焚之。"他准备作一部《通鉴纲目》，改以蜀汉为刘氏宗亲，当继东汉为正统。

《资治通鉴》正统观的另一特殊之处在于所采用的纪年方式。撰写前先由天文学家刘羲叟编订正确年历，以夏历为主，作为全书的骨干，若同年有二年号以上，则以后来者为准。

全书首篇《周纪一》首句表述时间起止："起著雍摄提格（戊寅），尽玄黓困敦（壬子），凡三十五年。"胡三省注解这一句时说："纪，理也，统理众事而系之年月。温公系年用春秋之法，因史、汉本纪而谓之纪。"他引《尔雅·释天》解释说："太岁在甲曰阏逢……在戊曰著雍……在壬曰玄黓……在寅曰摄提格……在子曰困敦……"所以"起著雍摄提格"，即是起于戊寅年；"尽玄黓困敦"，即是截至壬子年，共 35 年。这种纪年方式不同于常用的天干地支的表述方式，其实是夏商周时期出现的以岁星运行纪年的方式，是中国最早的官方时间术语，由于误差大，到汉代就废止了。被司马光采用为历史的纪年词语，正是为了凸显自三代以来历史发展变化的正统。

三、《资治通鉴》的影响

中国古代学术研究历来非常重视历史，同时善于从历史中汲取经验，正因为如此，才确保了中国文化的发展传承在王朝颠覆和兴替中不致中断，反而得以不断延伸和发展，生生不息，绵延不绝，并通过一次次内外思想文化的融入与整合，中华文化才更加丰富多彩。

北宋结束了中唐以来的长期混战，实现了国家统一，恢复和发展了社会经济，繁荣了学术文化；但同时在内政外交两方面“积贫积弱”，局势不稳。司马光、范祖禹等面对现实而回顾历史，总结经验教训，借鉴历史，以求有资于治国安邦，更好地解决现实矛盾。《资治通鉴》自成书以来，历代帝王将相、文人骚客、各界要人争读不止。点评批注《资治通鉴》的帝王、贤臣、鸿儒及现代的政治家、思想家、学者不胜枚举、数不胜数。

在《资治通鉴》这一编年体通史的典范之作面世后，许多学者都沿用这一体例续写后代历史。续写著作中影响较大的有南宋李焘（1115—1184）作的《续资治通鉴长编》，记载北宋王朝长达 168 年的历史，史料丰富，考辨翔实，是中国古代私家著述中卷帙最大的断代编年史；清代毕沅（1730—1797）等撰的《续资治通鉴》，与《资治通鉴》相衔接，起于宋太祖建隆元年（960），下迄元顺帝至正二十八年（1368），共 409 年，是一部较完备的宋辽金元编年史。

此外，受司马光编年体通史体例启发，后代学者不断参照此书丰富中国古代史学编撰体例和内容。由于《资治通鉴》采用编年体，事件分散，阅读起来头绪纷乱，难得完貌。于是南宋朱熹（1130—1200）创作纲目体史书《资治通鉴纲目》，简化《资治通鉴》的内容，以纲记述一条史实，以目详细地阐述纲中的历史事件，即以“纲为提要，目为叙事”，纲仿《春秋》，目效《左传》，维护儒家纲常名教。南宋袁枢（1131—1205）撰《通鉴纪事本末》，书中文字全抄司马光的《资治通鉴》原文，只是改变撰写方式，取《通鉴》所记之事，区别门目，分类编排，专以记事为主，每一事详书始末，并自为标题，共记239事，另附录66事，开创了以“事”为纲的纪事本末体史书先例。

在史学评论方面，明末思想家王夫之（1619—1692）作《读通鉴论》，对司马光“臣光曰”所表现出的历史观、政治观等既有发展，又有批判。每一节都是针对《通鉴》所记的某一段史实而发的议论，借《资治通鉴》所载史实系统地评论自秦至五代之间漫长的封建社会历史，分析历代盛衰得失，臧否人物，探求历史发展进化规律，论述精到，是中国古代史论中极其精彩的著作之一。

清代史学家王鸣盛说：“此天地间必不可无之书，亦学者不可不读之书。”（《十七史商榷》卷一百《缀言》）近代著名学者梁启超将二千年史家列出六人：司马迁、杜佑、郑樵、司马光、袁枢、黄宗羲，并评价《通鉴》说：“司马温公《通鉴》，亦天地一大文也。其结构之宏伟，其取材之丰赡，使后世有欲著通史者，势不能不据为蓝本，而至今卒未有能逾之者焉。温公亦伟人哉！”（《新史学·中国之旧史》，载《饮冰室文集》之九）

（李江辉）

天道流行　具理应事——《四书章句集注》

朱熹集 40 余年之力著成的《四书章句集注》，是我国古代非常重要的儒家尤其是理学文化经典之一。

“四书”包括《大学》《中庸》《论语》《孟子》，其中《大学》《中庸》本是《礼记》（戴圣编选的小戴《礼记》）中的两篇，属于《礼记》的一部分。《论语》《孟子》的专门介绍，已见本书前文。需要注意的是，在中华文化的传承中，儒家的“十三经”至北宋已完全形成，但“五经”（《诗》《书》《礼》《易》《春秋》）依然占有很重要的地位。从唐代中晚期开始，伴随着孟子学的升格和古文复兴运动，《孟子》《论语》《中庸》《大学》开始受到儒、道乃至佛家学者重视，这和唐、五代至北宋以来的三教融会关系密切。北宋范仲淹、张载、程颢、程颐等人都很重视这四部著作，要求学者反复研读，深入体会，融会贯通。至南宋朱熹始将“四书”聚在一起进行集注，使此书成为表达理学思想体系的主要著作。与汉唐注疏不同，《四书章句集注》并不局限于疏不破注、注不破经的传统经学说解的原则，而侧重义理，特别关注对心、性、理、气及其关系的哲学挖掘与阐发。宋末到元初，随着朱子学的振兴以及科举考试的需要，《四书章句集注》愈来愈受到人们重视，研读“四书”及《四书章句集注》的作品也层出不穷，“四书”学蓬勃发展，在中华文化的传承和创新中发挥了重要作用。

一、《四书章句集注》与“四书”学

理学产生伊始，经学本身也发生了变化。宋初 80 年，经学仍然沿袭汉唐诸儒的治学方法，但在新形势下，这种方法已明显不能适应在传统儒学基础上建立新思想体系的需要。汉唐经学要求儒生恪守经注，严重压抑了学者理论思维的创新活动，儒生们的要求难以在旧的经学体系中实现。

庆历前后，一大批儒生开始怀疑汉唐古注，并攻击训诂章句的解经方法。南宋陆游描述当时的情景：“唐及国初，学者不敢议孔安国、郑康成，况圣人乎？自庆历后，诸儒发明经旨，非前人所及。然排《系辞》，毁《周礼》，疑《孟子》，讥《书》之《胤征》《顾命》，黜《诗》之《序》，不难于议经，况传注乎?”（王应麟《困学纪闻》卷八《经说》）由于汉唐儒生恪守的传注乃至某些经书受到怀疑和诋毁，一些儒生开始根据自己的思想观点取舍儒经，解说经书，发明经旨，侧重探究经文义理。这种做法在唐末啖助及弟子赵匡、陆淳已开其端，但只是个别儒生所为。仁宗庆历之后，自刘敞《七经小传》、王安石《三经新义》刊行，义理解经蔚然成风，汉唐训诂之学，遭到很大冲击。

理学产生时期，义理之学大盛，义理解经影响了一代学术风气，给理学家利用儒经的范围、命题和理论框架建立新的思想体系提供了有利条件。理学家们主张以“义理”解经，热衷于对经书所表达的思想内容进行解说。二程说：“圣人作经，本欲明道。今人若不先明义理，不可治经。”（《河南程氏遗书》卷二）治经的目的，在于“观圣人所以作经之意，与圣人所以用心，与圣人所以至圣人，而吾之所以未至者，所以未得者”（《河南程氏遗书》卷二十五）。他主张学者要有“独见”（《河南程氏粹言》卷一），在经书原义的启示下，不断创立新的思想观点。张载也主张“学贵心悟，守旧无功”（《经学理窟·义理》），治经应“义理有疑，则濯去旧见以来新意”（《经学理窟·学大原下》），“心解则求义自明，不必字字相校”（《经学理窟·义理》）。理学家把自己的思想观点融进经解中，仿佛理学思想本来就在经中，只不过人们没有领悟罢了。理学所创义理之学，在儒学复兴的潮流中，对理学思想体系的发展和传播，起了相当大的作用。

北宋科举制度的变化，对理学的义理之学也有直接的影响。太宗时，在“明经”科之外，还有“九经”“五经”“三礼”“三传”等科目，增加了儒家经书在科举考试中的比重。宋神宗即位，“笃意经学，深悯贡举之弊”，并采纳王安石的建议，“罢诗赋、帖经、墨义，士各占治《易》《诗》《书》《周礼》《礼记》一经，兼《论语》《孟子》。每试四场，初大经，次兼经，大义凡十道（后改《论语》《孟子》义各三道）。次论一首，次策三道”，还规定“试义者须通经、有文采乃为中格，不但如明经墨义粗解章句而已”（《宋史·选举志一》）。

以义理之学取代章句训诂之学、会通诸经、创立新说是当时的学术发展趋势。北宋五子对《大学》《论语》《孟子》《中庸》的关注，以及对“四书”与“五经”的区别与联系的把握，都与这种风气以及唐宋间学术转型有关。

“四书”在宋以前是不并行的。以《论语》《孟子》为例，《论语》是儒家经书，《孟子》是子部的书。宋代官定“九经”，《孟子》被列为“九经”之一，正式由“子”入“经”。就在《孟子》由“子”入“经”的时候，《大学》和《中庸》也日益受到重视。北宋的皇帝还赐赠《大学》《中庸》供臣下学习，并与其他经书一起成为科举考试的重要科目，“四书”取得了与“五经”相同的地位。这不只是几本书地位的偶然变动，也是后世从谈经论道转向谈书论道的先兆。

理学奠基人二程首先详加阐述了“四书”的道德观念。二程一门不仅重视《易》，还重视《语》《孟》《学》《庸》。他们著有《论语解》《孟子解》，明道改正《大学》，伊川改正《大学》，《中庸解》(《中庸解》不是二程所写，而是蓝田吕大临所著。但双方的思想是一致的。见《朱子语类》卷六十二)。这里，要特别提到《中庸解》。该书根据《中庸》所说“君子不动而敬”，提出类似“坐禅入定”的“主敬”术，强调“始言一理，中散为万事，末复合为一理，‘放之则弥六合，卷之则退藏于密’”（《四书章句集注·中庸章句》“子程子语”）的道理。二程第一次从经学的视野，提倡“四书”并行（“四书”名称的真正确立实际在南宋光宗绍熙年间）。程颐认为为学应“以《大学》《语》《孟》《中庸》为标指，而达于‘六经’”（《宋史·程颐传》）。

大二程十余岁的张载以“四书”为主，阐述儒家“性与天道”等思想，撰成了以《正蒙》《经学理窟》为代表的义理著作。他认为，“耳不可以闻道”，“子贡以为不闻，是耳之闻未可以为闻也。”（《经学理窟·学大原上》）正心诚意才可理解“性与天道”。他强调说“不以苟知为得，必以了悟为闻”（《张子语录·语录上》），主张通过理性“了悟”（心思）的途径来探讨“性与天道”的学问。张载极力推崇《孟子》的“尽心”学说，认为孟子能不受见闻的局限，“不以见闻梏其心”（《正蒙·大心》），充分发挥思维器官的功能，通过“尽心”而“知性”“知天”，把“尽心”和“性与天道”相联系，阐明了知性知天道的理论和方法，解决了困惑孔子弟子的疑难，发展了《论语》的思想。对《中庸》《大学》，张载认为这也是阐述“性与天道”的书。他在《正蒙》中专门写有《诚明篇》《中正篇》，重点阐述《中庸》的“诚明”和“性与天道”的联系。他认为，“诚明”是包括“诚”和“明”的复合范畴，“诚”是指通过内省体验所达到的最高修养境界，“明”是指通过学习途径所达到的最高认识境界，人达到了“诚明”的境界，也就认识了人类和自然的本质，使天人之间、主客之间和谐地统一起来。张载在著作中虽未辟专章论《大学》，但他十分重视《大学》的“格物”。他解释说，“格物”就是见物，“见物多，穷理多”（《横渠易说·说卦》），认为这是《论语》《孟子》《中庸》三书未曾述及的思想。他解释“格”为“见”，观察和接触大量事物，才能穷理、尽性、“至于命”（《横渠易说·说卦》）。所谓“命”，就是指客观必然性，“至于命”，也就是达到对“性与天道”的合乎规律性的认识。这样，张载就在认识论上明确了《大学》是“性与天道”思想体系中不可缺少的内容。张载把《论语》的“性与天道”命题，《孟子》的“尽心”“知性”“知天”学说，《中庸》以“诚明”达到“性”“道”“教”三者统一的理论，以及《大学》的“格物”思想，作为理论框架，并在此基础上会通《易》与佛道思想，建立起自己的思想体系。

朱熹改定《大学》，特别是补充“格物致知”章，王阳明重视《大学》古本，都是为了阐发并形成自己的新的思想学说。此后改定《大学》者并不只是二程、朱、王，还有很多，可参见邱汉生先生著《四书集注简论》。①

二、《四书章句集注》的形成过程与解经特色

朱熹著述甚丰，大多保存下来。计有《上蔡语录》《论语要义》

① 邱汉生：《四书集注简论》，中国社会科学出版社，1980。

《论语训蒙口义》《困学恐闻》《资治通鉴纲目》《论语精义》《八朝名臣言行录》《西铭解义》《太极图说解》《伊洛渊源录》《近思录》（与吕祖谦合著）《阴符经考异》《论语集注》《孟子集注》《论语或问》《孟子或问》《诗集传》《周易本义》《易学启蒙》《孝经刊误》《小学》《大学章句》《中庸章句》《大学或问》《中庸或问》《孟子要略》《楚辞集注》《仪礼经传通解》《韩文考异》《周易参同契考异》《书集传》等。他的书信、题跋、奏章、杂文等被儿子朱在编为文集100卷，又有续集11卷、别集10卷，合称《朱子大全》。他的语录被黎靖德编为《朱子语类》140卷。今有上海古籍出版社、安徽教育出版社2002年出版的《朱子全书》，共27册。

朱熹探讨“四书”的著作，除《四书章句集注》外，前后陆续刊刻的还有《论语要义》《论语训蒙口义》《论语精义》《论语集注》《论语或问》；《孟子集注》《孟子要略》《孟子或问》；《大学章句》《大学或问》；《中庸章句》《中庸或问》等。内容更加宽泛，有些出自弟子的记录，具有参考价值，但最重要的是《四书章句集注》。

庆元四年（1198），宁宗下诏要求伪学之徒“改视回听”，并订立了《伪学逆党籍》，列入党籍者从宰相到士人共59名，致使朱熹的门人故交都不敢再与他交往，许多人甚至不敢以儒者自命。朱熹处在空前孤立的境地，但他仍然坚持讲学，到临终前三天，还在修改《大学·诚意章》。

宋理宗宝庆三年（1227）下诏：“朕观朱熹集注《大学》《论语》《孟子》《中庸》，发挥圣贤蕴奥，有补治道。朕方励志讲学，缅怀典刑，深用叹慕，可特赠熹太师，追封信国公。”（《宋史纪事本末》卷二十一《道学崇诎》）并提倡学者习读朱熹《四书章句集注》等著作。从此，以朱熹为代表的理学成为中国的正宗思想体系。

三、《四书章句集注》的义理思想

(一)“天理”论

朱熹在《大学或问》中有一段解说“天道流行，发育万物”的论述，可以说是朱熹宇宙生成论和道德起源论的概括：

> 天道流行，发育万物。其所以为造化者，阴阳五行而已。而所谓阴阳五行者，又必有是理而后有是气。及其生物，则又必因是气之聚而后有是形。故人物之生，必得是理，然后有以为健顺仁义礼智之性；必得是气，然后有以为魂魄五脏百骸之身。(《大学或问》上)

“健顺仁义礼智”等道德品性源于天理，它们在人的身上体现出来，是在气聚成形，天理寓于人身体之后。天理寓于人的身体，经过了阴阳交感、五行妙合的过程。

在朱熹看来，人性、物性均源于天理，因此具有共同性。草木、鸟兽、昆虫、人类俱得天生物之理，其知觉运动等生理作用一致。但从社会角度考察，人性与物性，却有很大差别。尽管禽兽草木也具有道德性，如先后次序、高下等级等，但与人性相比，其道德因素则十分微弱。朱熹说：“盖徒知知觉运动之蠢然者，人与物同；而不知仁义礼智之粹然者，人与物异也。”(《孟子集注·告子上》)人、物之性相同之处，在于他们都具有一种无意识的生理本能，所以叫“蠢然”；人与物不同之处，在于人具有物所不具备的意识能力，这个意识能力，就是“心”。

“心”虚灵不测，妙用无穷，“心者，人之神明，所以具众理而应万事者也”（《孟子集注·尽心上》），“如肺肝五脏之心，却是实有一物。若今学者所论操舍存亡之心，则自是神明不测”（《朱子语类》卷五）。形上之心无形无影，不是实有之物，但却能够认识一切、分析一切，人正是有这样的认识能力，才能对万物之理、对人身之理、对太极阴阳五行动静用理性的眼光去观察、去认识，因而也最能接受理的全体。“心”还有另外一层含义：它是天理寓于人身的方所，所谓理在人身正是在人心中，“心之全体，湛然虚明，万理具足”（《朱子语类》卷五）。“心”虽不是天理，但它却包容天理，蕴含天理，穷理也正是穷“心”中之理。

（二）“性即理”说

关于“性”，朱熹的说法沿用二程，把“性”（人性）作为天理在人心物体中的显现。“性”的内涵即“仁、义、礼、智”等道德品性，“性者人之所受乎天者，其体则不过仁、义、礼、智之理而已”（《孟子或问》卷十四）。因此，其本质是至善的，但在现实世界中，性善的人并不很多，性纯然至善者仅限于圣人，大多数的人性中往往有恶的成分。那么，性中恶的成分从何而来？朱熹总结了古往今来关于性善恶的种种争论，认为只有张载关于“天地之性”与“气质之性”的学说才能说明这个问题。朱熹在张载理论的基础上，进一步系统地阐述了这一观点。

他依据《中庸》“天命之谓性”说，将张载的“天地之性”又称为“天命之性”或“本然之性”，认为“天命之性”的实质就是天理，是天理在人心中纯然至善、无一丝杂质掺于其间时的状态。当有人讲“天命之谓性，只是主理言”时，朱熹连称“极是，极是”。他反复说明“论天地之性，则专指理言”（《朱子语类》卷四）。“天地之性”没有“气”的成分，“天地之性是理也，才到有阴阳五行处，便有气质之性”（《朱子语类》卷九十四）。“天地之性”完美无缺，万善皆备。

“气质之性”则是天理产生之后，由于理所寓住的物体都是由气所聚合而成的，而气又有清浊之分，所以不免对寓于物体中的天理有所遮蔽、侵蚀，不免使之具有杂质，因而就产生了“气质之性”。他举例说，性好比水，本来是清清爽爽的，如果用干净清洁的器皿盛它，水就能保持清洁，但如果用脏污的器皿盛它，就会污染水的净洁，使之混浊。“气质之性”的由来，就是由于气有混浊的一面，它聚成的物体，其浊性污染了天理。朱熹对“气质”的解释不同于张载，他认为“气”即阴阳，“质”即五行，五行是“质具于地，而气行于天者也”（《太极图说解》）。阴阳二气已属于形而下者，五行更是有了具体质态的物体，它们源于天理，按说也应是纯正至善的，但由于太极具有动的功能，而阴阳五行又处于不停顿的运动变化之中，其混浊的杂质便在运动中掺和到事物里面了。

（三）理欲观及格物致知说

朱熹不同意二程把天理、人欲截然对立开来的观点，他认为二者既对立，又相互依存。“有个天理，便有个人欲。盖缘这个天理，须有个安顿处，才安顿得不恰好，便有人欲出来。”并说“人欲中自有天理”（《朱子语类》卷十三）。但是，理欲之间，对立是主要的、占主导地位的，朱熹反复强调的也正是这一点：“天理人欲，不容并立。”（《孟子集注·滕文公上》）如果用“是非”作为衡量理欲的标准，那么“是”则为天理，“非”则为人欲。理欲之间的相互关系是一方吃掉一方、淹没一方、战胜一方的关系：“人只有个天理人欲，此胜则彼退，彼胜则此退，无中立不进退之理，凡人不进便退也。”“天理存则人欲亡，人欲胜则天理灭，未有天理人欲夹杂者。”（《朱子语类》卷十三）要完善自身的道德，必须“穷天理，灭人欲”

（《朱子语类》卷十二）。

穷理灭欲的途径也是格物致知与克己复礼的过程。朱熹关于格物致知的理论比二程更加细密。他解释格物致知说：“格，至也；物，犹事也。穷至事物之理，欲其极处无不到也。”（《大学章句》）格物即接近、接触和直接了解社会事物和自然万物，穷尽事物中的天理，达到物理的至极至尽处，使物中之理完全被感知、被体认。他又说：“致，推极也。知，犹识也。推极吾之知识，欲其所知无不尽也。”（《大学章句》）致知即充分运用人的认识能力，达到体认天理蕴奥的最终目的。格物致知的整个过程，朱熹对《大学》“格物致知”章做了集中阐发：

> 所谓致知在格物者，言欲致吾之知，在即物而穷其理也。盖人心之灵莫不有知，而天下之物莫不有理。惟于理有未穷，故其知有不尽也。是以《大学》始教，必使学者即凡天下之物，莫不因其已知之理而益穷之，以求至乎其极。至于用力之久，而一旦豁然贯通焉，则众物之表里精粗无不到，而吾心之全体大用无不明矣。此谓物格，此谓知之至也。（《大学章句》）

格物致知有三个步骤：第一，“即物”，接触、参与事物，和事物打交道；第二，“因其已知之理而益穷之”，运用人的认识能力，在已体认天理的基础上做进一步扩展，达到对天理的完整认识；第三，“豁然贯通”，这是一个认识逐渐积累，由量变到质变的认识阶段，达到这一阶段，天下万物及内心之理都会被认识得清清楚楚。

朱熹说，每一物都有理，格物穷理，如果在事事物物上都要格过一番，那将不胜其烦。更何况即使穷尽草木器用之理，也达不到豁然贯通、一悟百悟的境地。他主张格物也应有先后缓急之序，要人们首先明人伦，讲圣言，求世故，进行道德践履与体验。这点与张载的“穷理尽性”说和二程的“格物穷理”说一致，也是理学的共同特点，即认识论与道德修养论相联系，并不截然分开。

如果说格物致知论还具有认识论意义，那么克己复礼论则完全是道德修养论。朱熹也是通过解说《论语·颜渊》“颜渊问仁”一章阐述其克己复礼论的。他认为克己就是灭除私欲，复礼就是使自身的言行完全合乎“礼”的规则。“礼”是沟通主观自我与客观天理的媒介。天理虽然寓于人心，并转化为人性，但任何人都无法使自我意识直接认知内心之理，只有借助天理的外在表现形式——礼，才能达到这一目的。所以道德实践——对礼仪规则的自觉遵奉——便成了通达天理的唯一途径。克己灭欲、回归天理的关键在于自我，恪守礼教的道德践履完全是自觉自愿的事。

总体上，朱熹《四书章句集注》中贯穿着“天理说”，而且他的注解使“四书”内部以及理学思想的各组成部分形成一个有机整体。这也是他的经学思想与经学方法与众不同的地方。

（陈战峰）

本心即理　知行合一——《传习录》

《传习录》是我国古代又一部儒家文化经典。它主要记载了明代心学大家王阳明的思想，如“致良知”说、“心即理”说、知行合一主张等。这些内容足以构成儒家心学思想体系，标志着古代心学发展到历史的高峰，对近现代儒家思想产生了深远影响。和朱子学一样，阳明学也是影响东亚地区的重要儒学派别。

一、王阳明与《传习录》

明初，与君主专制空前加强相应，朱熹的学说也被朝廷利用，成为官方意识形态，禁锢着人们的思想。到明中叶，社会矛盾十分尖锐，土地兼并严重，“饥荒流民”遍地，农民起事频仍。王阳明巡抚镇压，了解实情，说：“其间想亦有不得已者：或是为官府所迫，或是为大户所侵，一时起错念头，误入其中……此等苦情，亦甚可悯。”① 在这样的情况下，王阳明等学者起而批评朱子学，提倡独立思考、理性自觉，“破心中贼”②，挺立人的主体性，成为时代思潮的代表。

---

① 吴光、钱明、董平、姚延福编校：《王阳明全集》下，上海古籍出版社，1992，第1244页。以下简称《全集》。

② 《与杨仕德薛尚谦》，《全集》上，第168页。

王阳明（1472—1529），名守仁，字伯安，浙江余姚人，世称阳明先生，因平定宸濠之乱等被封为新建伯。穆宗隆庆元年（1567）追封侯爵，谥文成，后人尊称王文成公。神宗万历十二年（1584）从祀孔庙。

他出身于书香门第，官宦世家。高祖父王与淮精研《礼》《易》，祖父王伦，翰林编修，有《竹轩稿》《江湖杂稿》行世，父王华，成化十七年进士第一，官至南京兵部尚书。阳明幼年志向高远，以学圣贤为天下第一等事。21 岁中举，遍求朱熹遗书读之，在其父亲官署中，与朋友一起实践"格物穷理"说，"穷格竹子的道理"①，或三日，或七日，皆劳思致疾。《大学》八条目以格物为起点。何谓格物？格物如何与致知、诚意等修养环节相统一？用阳明的话说："纵格得草木来，如何反诚得自家意？"② 对朱熹格物说的实践和思考，成为阳明心学产生的起点。

阳明 28 岁中进士，34 岁在京倡言身心之学，时人"咸目以为立异好名"③，只有湛若水（1466—1560）一见定交。正德元年（1506），宦官刘瑾弄权，谏臣下狱，阳明直言救之，也被下狱，廷杖四十，贬为贵州龙场驿驿丞。正德三年（1508），抵龙场。静坐沉思，"因念圣人处此，更有何道？忽中夜大悟格物致知之旨，寤寐中若有人语之者，不觉呼跃，从者皆惊。始知圣人之道，吾性自足，向之求理于事物者，误也"④，此即"龙场悟道"，阳明心学诞生了。

正德四年（1509），38 岁，"始论知行合一"⑤。明年三月，任江西庐陵知县，开导人心，不事威刑。正德十一年（1516），升都察院

① 《传习录》下，《全集》上，第 120 页。
② 《传习录》下，《全集》上，第 119 页。
③ 《年谱》，《全集》下，第 1226 页。
④ 《年谱》，《全集》下，第 1228 页。
⑤ 《年谱》，《全集》下，第 1229 页。

左佥都御史，巡抚南、赣等处，行十家牌法，选练精兵，对付流贼，奏巡抚改为提督，“得以军法从事”①。十三年（1518），升都察院右副都御史，修复濂溪书院，刊刻古本《大学》及《朱子晚年定论》，《传习录》（即今《传习录》上卷）由门人薛侃刊行。正德十四年（1519），王阳明48岁，平定宁王朱宸濠叛乱，引来阉党嫉恨，身陷谗嫉。在各种磨难体验中，益信良知威力，遂于南昌提出“致良知”说，阳明心学走向成熟。

嘉靖元年（1522），在越守父丧，阐发《大学》“万物一体”之旨。嘉靖三年（1524），南大吉取薛侃首刻《传习录》，增补续刻为五卷（增补内容即今本《传习录》中卷）。嘉靖六年（1527），兼都察院左都御史，带病征广西思州、田州，临行前以“四句教”概括其思想宗旨，史称“天泉证道”。阳明在广西迅速平定叛乱，翌年班师奏捷，病卒于江西南安归途，时嘉靖七年（1528），终年57岁。临终遗言“此心光明，亦复何言”八字。士民闻丧，远近遮道，沿途哭送，直至越中。

后人将其著作编为《王文成公全书》，今上海古籍出版社1992年出版了吴光等学者编校整理的《王阳明全集》，《传习录》置于卷首。

《传习录》书名出自《论语·学而》：“传不习乎？”其上、下二卷分别收录徐爱、陆澄、薛侃及陈九川、黄直等弟子所录师生答问，中卷有《答顾东桥书》等书信八通，附《训蒙大意示教刘伯颂等》及《教约》。徐爱搜集阳明早期言论，薛侃、陆澄增补，正德十三年（1518）于赣州首次刊行，是上卷；嘉靖三年（1524），南大吉增收阳明门人所藏阳明论学书，由其弟南逢吉校刊重刻，嘉靖七年（1528），陈九川校正删减，钱德洪增录《答聂文蔚》第二书，移

---

① 《年谱》，《全集》下，第1243页。

《答徐成之》于外集，将《训蒙大意示教读刘伯颂》附录于后，改论学书为问答语，称《续刻传习录》，除去薛侃等刊刻部分，即今《传习录》中卷；嘉靖七年（1528），钱德洪、王畿等人搜集阳明遗言，嘉靖三十五年（1556），曾才汉刊行于湖北，名《阳明先生遗言录》，后钱德洪加以删削，刻于宁国（今安徽）。嘉靖二十五年（1546），钱德洪又增加了部分内容，重新刊刻，即今《传习录》下卷。

上、中二卷经过阳明自己裁剪，能确实反映阳明的思想，下卷为阳明殁后门人从不同角度采择而成，未经阳明手订，或有歧见。从思想内容看，上卷主要反映阳明早期的思想，下卷有些篇目受人怀疑，唯中卷经作者审阅，又定于其思想成熟时，学者重之。

二、《传习录》的思想内容

《传习录》是反映阳明心学思想的代表作。阳明尝言："迩来只说致良知……我这个话头自滁州到近，亦较过几番，只是致良知三字无病。"①"致良知"作为阳明思想的核心命题，获得了阳明自己的首肯；心即理、心外无物、格物、知行合一诸论，可以看成其"致良知"说的一部分。

（一）"致良知"说

阳明心学要旨，在以"致良知"成人、治世。他相信，人是"天地之心"，人人都有其本心，即良知；在良知基础上，人与天地万物一体；人们通过"致良知"修养，在言行活动中呈现出良知，就可以实现"公是非，同好恶，视人犹己，视国犹家，而以天地万物为一体"② 的美好社会理想。

---

① 《传习录》下，《全集》上，第105页。

② 《传习录》中，《答聂文蔚》，《全集》上，第79页。

天地万物一体之仁，用概念表示，叫作良知或本心，这是《传习录》的核心范畴。在阳明看来，良知有以下意义：

第一，良知指产生世界万物的气，是“造化的精灵”，它“生天生地，成鬼成帝”①，似乎是世界的根源。张载有“太虚即气”说，阳明认为：“良知之虚，便是天之太虚；良知之无，便是太虚之无形。日月、风雷、山川、民物，凡有貌象形色，皆在太虚无形中发用流行，未尝作得天的障碍。”② 良知如太虚，是世界万物的统一者，人与物、自然和社会“同此一气，故能相通”③。这样的良知有气那样的坚硬实在性。后来黄宗羲继承此说，打通心和气的界限，将抽象的精神落实为修养功夫、文化生命、民众利欲等，可以看成是阳明良知论的进一步发展。

第二，理学要旨在为仁义道德进行理论说明，但程朱和陆王有别。程、朱以“性即理”论证性与天道统一，阳明承认这一点，但他更强调心（良知、本心）即性、心即理，凸显了良知作为世界万物的统一性和万事万物根据的地位，并由此论证人与天地万物一体。这样的良知“与物无对”④，有绝对性；“心也，性也，天也，一也”⑤，《大学》八条目修养的对象“身、心、意、知、物是一件”⑥，世界万物都统一于良知。良知表现于社会现实，有“廓然大公”⑦ 的公共性，人们以天地万物为一体，视天下为一家、中国为一人，“无外内远近，凡有血气，皆其昆弟赤子之亲，莫不欲安全而教养之，以遂其

---

① 《传习录》下，《全集》上，第 104 页。
② 《传习录》下，《全集》上，第 106 页。
③ 《传习录》下，《全集》上，第 107 页。
④ 《传习录》下，《全集》上，第 104 页。
⑤ 《传习录》中，《答聂文蔚二》，《全集》上，第 86 页。
⑥ 《传习录》下，《全集》上，第 90 页。
⑦ 《传习录》中，《答陆原静书・又》，《全集》上，第 62 页。

万物一体之念”；表现到人伦上，自然“父子有亲，君臣有义，夫妇有别，长幼有序，朋友有信”。现实中有些人被“物欲”和私心遮蔽，不明其本真，使自然与社会、人与人相互疏离、隔断，“大者以小，通者以塞，人各有心，至有视其父、子、兄、弟如仇讐者”①，这些都是人性异化、良知遮蔽的表现。

第三，良知是世界的主体，其本质内容是天理；良知还被认为是人人同具的善的本性，故也是人类社会历史的抽象主体，在人性里属于“未发之中”，“寂然不动之本体”，也是心学家所谓真我、大我。他说：“人的良知，就是草木瓦石的良知。若草木瓦石无人的良知，不可以为草木瓦石矣。岂惟草木瓦石为然，天地无人的良知，亦不可为天地矣。盖天地万物与人原是一体，其发窍之最精处，是人心一点灵明。风雨露雷，日月星辰，禽兽草木，山川土石，与人原是一体。故五谷禽兽之类，皆可以养人；药石之类，皆可以疗疾。”② 可见，良知指世界万物的性能，这种性能正是世界主体的表现。

王阳明阐发其致良知思想，和他对《大学》的研究相关。在提法上，“致良知”直接出于阳明对《大学》“致知”章的诠释。他将其中的“知”理解为包含物、知、意、心、身、家、国、天下在内的良知本体，而不只是一般的见闻知识；“致”则解为包含格、致、诚、正、修、齐、治、平在内的所有修养活动，而不只是获得知识的途径。这样，“致知”不再只是认识活动，而是既有认识活动，也有道德、审美、政治、经济等活动的人成为理想的人的整个修养活动。良知是本体、主体，人们借助格物、致知、诚意、正心、修身、齐家、治国、平天下修养，让人固有的良知表现到个人的言行活动、现实的社会生产生活、典章制度等中，就是“致良知”。

① 《传习录》中,《答顾东桥书》,《全集》上，第54页。
② 《传习录》下,《全集》上，第107页。

在问题意识上，致良知说产生于阳明对朱熹解“格物”为“穷至事物之理”的实践和反思。根据“亭前格竹”失败的体会，朱熹格物说存在的问题是，人们借助修养，在“物”中如何体认出客观的“理”甚至人的性理？在致知中，外在的“理”如何转化为内在的“知”？“理”到何处去寻？知与行如何统一起来？对这些问题的思考，使他将眼光转向陆九渊的“心即理”学说，进而提出“知行合一”“致良知”等主张。

阳明以为：“朱子格物之训，未免牵合附会，非其本旨。”① 他提出了新的解释，说：“格者，正也。正其不正，以归于正也。”② 格物被他理解为“正其不正以归于正”的修养实践活动。在这个意义上，格物和致知其实是一回事，只不过一从对象性的物上说，一从主体性的知上说。在阳明看来，不仅格物致知是一回事，即使诚意正心、修齐治平也是一回事，只是分别从意、心、身、家、国、天下方面更加细说而已。格物、致知、诚意、正心等，只是同一修养功夫在不同方面的表现；必须强调天下万事万物都归于一心，才能避免程朱区别内外又须打通为一的“支离”困境。故阳明说：“穷理者，兼格、致、诚、正而为功也。故言穷理，则格、致、诚、正之功皆在其中；言格物，则必兼举致知、诚意、正心，而后其功始备而密。”③ 以良知或本心为主体，贯通理解格物穷理和诚意正心，从宏观上整体把握《大学》三纲领、八条目的意义，将知行统一起来，是阳明解决朱熹格物问题的大方向。

格物作为“正其不正以归于正”的做事方法，并非抽象静坐，而是要让良知当家做主。他回答弟子说：“尔既有官司之事，便从官司

---

① 《传习录》上，《全集》上，第5页。

② 《传习录》上，《全集》上，第25页。

③ 《传习录》中，《答顾东桥书》，《全集》上，第48页。

的事上为学，才是真格物。”① 这样的格物，就是理性认识，实事求是，不因嫌疑人“应对无状”或“言语圆转”而喜怒，不因嘱托请求而加意或屈意对待，不因自己工作烦冗而苟且，也不因旁人“谮毁罗织”而随意，只是排除一切干扰，客观评判，不偏不倚，公正断案。就办事言，谓之格物；就本心发挥断案言，是致良知于断案，可谓致知；就本心最诚、最正言，发挥本心做事就是诚意、正心。故格物、致知、诚意、正心只是一事，即“致良知”。

进行“致良知”修养，首先要立大志，“务要立个必为圣人之心，时时刻刻，须是一棒一条痕，一掴一掌血”②；其次“去人欲，存天理”③，在正反两方面都用功。学习，格致诚正修齐治平，都在存天理；克己、寡欲，以礼法约束自己，“减得一分人欲，便是复得一分天理”④，便是去人欲。

在“致良知”修养中，存天理和去人欲结合，就是以天理克去人欲。从道心与人心关系看，道心即良知、天理，纯善，“更无私意障碍”；人心则“杂以人伪”，或“失其正”。他称这种“失其正”的人心为“人欲”“私欲”“私意”“偏倚”“不善”等。阳明强调致良知的重点，在于克去人欲。他说：“在常人，不能无私意障碍，所以须用致知格物之功，胜私复理。”致良知就是以道心统一人心的过程，让道心在人心中实现出来，使人心“得其正”⑤。

（二）“心即理”

“致良知”说的形而上学根据是“心即理”“心外无物”命题。阳明说：“心即理也。此心无私欲之蔽，即是天理，不须外面添一分。

① 《传习录》下，《全集》上，第95页。
② 《传习录》下，《全集》上，第123页。
③ 《传习录》上，《全集》上，第2、13页。
④ 《传习录》上，《全集》上，第8页。
⑤ 《传习录》上，《全集》上，第6、7页。

以此纯乎天理之心，发之事父便是孝，发之事君便是忠，发之交友、治民，便是信与仁。”① “心即理”说强调本心与天理的统一，这种统一表现出来，就是“致良知”的逻辑运动过程和修养过程，是道心统率人心、致良知于事事物物，从而达到主体和客体统一的运动过程。

“心即理”命题中的“心”指本心，也就是良知，“理”指天理，尤其是人性。阳明承认朱熹对性理本体地位的认定，他更肯定“义理”本体普遍、无限，“无定在，无穷尽”；无出入、动静，“若论本体，元是无出无入的。若论出入，则其思虑运用是出；然主宰常昭昭在此，何出之有？既无所出，何入之有”；本体与人性统一，性与天道贯通。他断定：“性一而已。自其形体也谓之天，主宰也谓之帝，流行也谓之命，赋于人也谓之性，主于身也谓之心；心之发也，遇父便谓之孝，遇君便谓之忠。自此以往，名至于无穷，只一性而已。”②整个世界可以统一在人本心的基础上，这揭示了阳明心学打通心性与天道，用天道为人类社会的仁义道德进行论证的理学宗旨。

“心即理”中的“即”，则有“等于”“可能是或先验是”“经过修养而实际上等于”等意思；这些意思结合起来，反映的正是主体和客体统一的大化流行过程。如此，“心即理”命题至少也有这样三个意义：其一，即“吾心之良知，即所谓天理也”，本心就是真理，这是先验断定，有直观信念意义，也可以看成人能够认识和实践真理的理论条件；其二，“心即理”展开为修养活动，是“致良知于事事物物”的认识、实践过程；其三，“心即理”得到完全实现，是现实的人理想人格的达成、理想社会的实现。

就心和理的关系言，“心即理”的内涵有三层意思：

---

① 《传习录》上，《全集》上，第 2 页。

② 《传习录》上，《全集》上，第 12、18、15 页。又《传习录》下：“良知本体原是无动无静的。”（《全集》上，第 105 页）

1. 本心直接就是天理，“至善只是此心纯乎天理之极便是”①，本心与天理抽象地、直接地（“纯乎”）统一；“夫心之本体，即天理也，天理之昭明灵觉，所谓良知也”②。良知是天理的昭明灵觉，又是天理的本体，心与理在本体上内在统一。就人而言，理出于心之良知，故可以说心即理；这样的理并不是对象性存在者，而就是主体自身固有的内在规定性，是主体的本质，所以心“即是理”。

2. “心之条理”即是理。阳明说：“理也者，心之条理也。”本心呈现出来的条理或形式，就是理，如本心“发之于亲则为孝，发之于君则为忠”③。人本心自然展开，其条理便是人的言行活动准则，如礼法之类；人的本心是道德真理的源泉，还是现实的人认识把握道德真理的前提条件。阳明举例说：“只怕镜不明，不怕物来不能照。……学者须先有个明的功夫。学者惟患此心之未能明，不患事变之不能尽。”④ 本心的展开就是理，是理的条理化呈现，人的修养正是对本心或良知之条理的觉悟和践行。

3. “心外无理”。就理的存在看，理在心内而不在心外。此说发端于孟子“固有”“非外铄我”说，中经张载“德性所知，不萌于见闻”，到南宋陆九渊，才明确提出“心即理”命题，王阳明进一步细化了这一思想。他说：“且如事父，不成去父上求个孝的理；事君，不成去君上求个忠的理；交友治民，不成去友上、民上求个信与仁的理。都只在此心，心即理也。”⑤ 意思是说，理就在内心，没有独立于主体的理，不存在在主体之外的理。

如此，我们认识把握这样的理，不可能离开本心，在方法上也不

① 《传习录》上，《全集》上，第 3 页。
② 《答舒国用》，《全集》上，第 190 页。
③ 《书诸阳伯卷》，《全集》上，第 277 页。
④ 《传习录》上，《全集》上，第 12 页。
⑤ 《传习录》上，《全集》上，第 2 页。

能务外遗内。他说："夫物理不外于吾心，外吾心而求物理，无物理矣；遗物理而求吾心，吾心又何物邪？心之体，性也；性即理也。……理岂外于吾心邪？"① 阳明坚持心与理的同一性，批评朱熹以心与理为二。其实，朱熹也认为"理虽散在万事而实不外乎人之一心"，不过，他虽然也承认有"道心"存在，但却倾向于认为认识"理"的"心"是经验意识，并不认可心与理的同一性。故在认识论上，朱熹强调用人心去认识事物之中普遍存在的理，以便达到"心与理一"的理想境界。然而，在阳明那里，心即指道心，他称为良知、本心，"性是心之体"，性即理，而心的本质就是性理；对这样的心而言，事物之"理"不可能在心外。在阳明看来，只有这样理解，才能真正克服朱熹格物穷理、游骑无归的"支离决裂"毛病。

王阳明的"心即理"说，源于南宋心学家陆九渊，但思想触媒却是朱熹的"心与理一"说。照黄宗羲言，朱熹和陆九渊辩论，一以尊德性为先，一以道问学为重。王阳明自觉继承陆九渊思想，承认朱熹"性即理"说，将双方统一起来，提出"道问学所以尊德性"②；论证陆九渊的"心即理"命题说："心之本体即是性，性即是理。"③ 他回顾说，龙场悟道，自己"始知圣人之道，吾性自足，向之求理于事物者，误也"④。程朱认为性和理相通，阳明则强调心和理相通，提出"心即性，性即理"。阳明认为朱熹"心与理一"说"下一'与'字，恐未免为二"⑤，使心、理对立。见不到心和理的内在统一性，在修养上就解释不清楚人心何以能与理合一，人心与理合一的格物穷理方法也不免令人生疑。在阳明看来，程朱的问题在于，在修养过程中，

---

① 《传习录》中，《答顾东桥书》，《全集》上，第42页。
② 《传习录》下，《全集》上，第122页。
③ 《传习录》上，《全集》上，第24页。
④ 《年谱》，《全集》下，第1228页。
⑤ 《传习录》上，《全集》上，第15页。

虽然强调理性的重要意义，但没有从根本上见到人心的本体就是天理。这时，提出“心即理”说，理所当然，而且势所必然。

他批评朱熹“心与理一”说：“朱子所谓格物云者，在即物而穷其理也。即物穷理是就事事物物上求其所谓定理者也，是以吾心而求理于事事物物之中，析心与理而为二矣；夫求理于事事物物者，如求孝之理于其亲之谓也：求孝之理于其亲，则孝之理其果在于吾之心邪？抑果在于亲之身邪？假而果在于亲之身，则亲没之后，吾心遂无孝之理欤？……夫析心与理而为二，此告子义外之说，孟子之所深辟也。务外遗内，博而寡要……若鄙人所谓致知格物者，致吾心之良知于事事物物也。吾心之良知，即所谓天理也。致吾心良知之天理于事事物物，则事事物物皆得其理矣。致吾心之良知者，致知也；事事物物皆得其理者，格物也。是合心与理而为一者也。”① 朱熹只是从人心认识和实践真理角度讨论途径、方法问题，王阳明则从人何以能认识和实践真理的角度讨论主体的前提条件及主客体内在统一等问题，无疑深化了儒家的心性修养理论。

阳明上述文字还涉及以下几个问题：

第一，就理的存在处所言，孝之理究竟存在于“亲之身”还是存在于“吾心之良知”？换言之，理是存在于认识对象（物），还是存在于认识主体（心）？理是形而上者，抽象存在于时空与超时空中，不以时空范围为限。言“理”存在于主体的内或客体的外，或如近代冯友兰“未有飞机之先，已有飞机之理”说蕴含的，理的存在有先或后，皆以时空中的内外、先后描述理的存在，本欠安。这里的内外、先后虽然指逻辑上的内外、先后，但却有空间上的内外和时间上先后的理解效果，暗含着内重外轻、先重后轻的意义。其实，相对于具体

① 《传习录》中，《答顾东桥书》，《全集》上，第44—45页。

的事物或人而言，理无时不在，无处不在，故只能说理的存在不先不后，亦先亦后，不内不外，亦内亦外，方为允当。故阳明后来在《答罗整庵少宰书》中即澄清说："夫理无内外，性无内外，故学无内外；讲习讨论未尝非内也，反观内省未尝遗外也。"① 在另一处他也回答弟子说："功夫不离本体，本体原无内外。只为后来做功夫的分了内外，失其本体了。如今正要讲明功夫不要有内外，乃是本体功夫。"②

可见，阳明"心外无理"说是针对当时"学之不明，皆由世之儒者认理为外，认物为外，而不知义外之说，孟子盖尝辟之，乃至袭陷其内而不自觉"的为学弊端而立言。一般人"认理为外"，或与二程"在物为理"说有关。阳明认为："在物为理，在字上当添一心字，此心在物则为理。"③ 心的主体地位明确，"在物为理"才在认识、实践上说得通，因为如果没有主体，怎么也"在"不出物理来。

第二，就理的存在形式言，心与理二，非唯"析"而为二。就"心即理"言，心与理一；就人心须格物穷理而言，心与理事实上为二。如果见前者而忽视后者，或废格物穷理功夫，竟至"不读书"；承认后者而否认前者，则不及"心即理"之实际，格物穷理功夫或陷支离困境。主体与真理，心与理，非二非一，即二即一。无二则一抽象，无一则二无主脑。如张载言："两不立则一不可见，一不可见则两之用息。"（《正蒙·太和》）"一故神，两在故不测；两故化，推行于一。"（《正蒙·参两》）一与二相互区别又相互作用，对立统一。心与理之间，单言一不可，只言二亦不可，当为一分为二、又合二为一的辩证关系。

第三，就理的内容言，事物的理与孝亲的理不同，自然规律和道

① 《传习录》中，《答罗整庵少宰书》，《全集》上，第76页。
② 《传习录》下，《全集》上，第92页。
③ 《传习录》下，《全集》上，第121页。

德真理有别，对象性旁观的科学的理，和实践基础上亲切体验的道德觉悟有异，科学认识之由外而内的反映式，和道德实践之由内而外、由主而客地改变世界的使命或责任相差很大，科学让人知识增加，头脑明晰，能力增强，而道德却令人生境界提升、生活幸福、崇高而庄严。两者虽然都属于真理，但毕竟有很大区别，不宜混同。宋明理学“性与天道”主题，要在以本体性的天理、良知说明人性仁义道德的源泉，论证人类社会三纲五常的合理性。从学理上看，要运用自然规律论证道德真理，其中还有许多逻辑环节抽象不明，甚至陷于猜测想象。王阳明意识到朱熹论证方法的不足，试图提出自己的论证方法，但他们的方法，都有自身难以克服的抽象性，那就是自然的天道和社会的、个人的种种不同礼法如何统为一理，而又成为人性的内容。这个问题的进一步思考和解决，其实已经预示了历史的未来情况，即明清实学和近代科学的兴起。

（三）“心外无物”及心学思维方式

在王阳明那里，与“心外无物”相类似的，还有“心外无事”“心外无理”等说法。“心外无物”指本心之外没有物存在，没有物离开本心还可以存在，没有事情不用心能够做好；这里的“外”，不是指空间内外的外，而是逻辑上的范畴或范围。

因为心即理，心外无理，而理是物的本质，故可以推论出“心外无物”。不仅心外无物，而且对象性的物，也只是本心的表现，是本心视听言动的产物。没有本心，没有本心视听言动的照耀，世界万物只是黑暗、蒙昧。这时人们不可能肯定外物存在，因为这种肯定一定是独断的；即使硬性肯定外物存在，也没有任何意义。阳明说：“身之主宰便是心，心之所发便是意，意之本体便是知，意之所在便是物。如意在于事亲，即事亲便是一物；意在于事君，即事君便是一物；意在于仁民爱物，即仁民爱物便是一物；意在于视听言动，即视听言动便是一物。"① "意"即意识、意向、意志、意欲，指意志活动，其实应该说是包含认识、审美、道德等内容的整个心理活动。人们意识到的"物"正是"意"的产物，而"意"又是良知本心的表现。

在王阳明那里，"心外无物"可以看成"心物一体"的反命题。其意义可从以下几个方面理解：

从世界起源来说，良知有作为世界根源的"气"的意义。阳明说："良知即是易，其为道也屡迁，变动不居，周流六虚，上下无常，刚柔相易，不可为典要，惟变所适。"② 良知既是气，则气外无物，当然可以说心外无物。

从世界的主体、世界万物存在的意义来说，人为天地之心，本心又是人身的主宰，没有本心，则世界万物即使存在，也没有任何性能，没有任何意义和价值。没有任何性能、意义和价值的东西，很难说它存在。故"我的灵明，便是天地鬼神的主宰。天没有我的灵明，谁去仰他高？地没有我的灵明，谁去俯他深？鬼神没有我的灵明，谁去辩他吉凶灾祥？天地鬼神万物离却我的灵明，便没有天地鬼神万物了。"有学生问："天地鬼神万物，千古见在，何没了我的灵明，便俱无了？"阳明回答说："今看死的人，他这些精灵游散了，他的天地万物尚在何处？"③ 没有主体，就不可能有客体，如同没有主人，就不可能有客人一样。世界总是某个主体的具体世界，事物总是针对某个主体而言的具体事物，并不存在没有任何主体参照的世界或事物。心是主体，物是客体，说心外无物，逻辑上说得通。

从世界万物都统一于良知或本心言，一个人如果承认心外有物，

① 《传习录》上，《全集》上，第6页。
② 《传习录》下，《全集》上，第125页。
③ 《传习录》下，《全集》上，第124页。

那这个心就不是与天地万物一体的本心，而只是主观的人心。在阳明看来，即使就主观的人心来说，人心没有见到物时，此物与人心“同归于寂”；当人心见到此物时，则此物的性能、关系等便“一时明白起来”，故结论是：此物不在心外。① 这说明，不仅本心之外无物，即使主观的人心也是客观事物的反映，不能离开事物而单独存在。强调主观人心与客观事物相互联系不可分割，强调客观事物对主观人心的积极意义，应是阳明“心外无物”说的要旨所在。这不是主观人心膨胀，而是主观人心借助对客观事物的认识而上达客观本心，挺立人的主体性寻求前进的起点和基础。

“心即理”和“心外无物”等命题蕴含着心学的基本思维方式，主要包含三个方面：一是体用合一，表现为气与万事万物统一、性理与分殊的理统一、本心与人心统一。王阳明说：“若论圣人大中至正之道，彻上彻下，只是一贯。”② 又说：“盖体用一源，有是体，即有是用，有未发之中，即有发而皆中节之和。今人未能有发而皆中节之和，须知是他未发之中亦未能全得。”③ 而所谓体用一源，就是“即体而言用在体，即用而言体在用”④；二是主客合一，表现为主体（心，或本心、道心）和客体（人心、性理、事物、道）统一，“心即道，道即天。知心则知道知天”⑤，“心外无物，如吾心发一念孝亲，即孝亲便是物”⑥；三是本体（理）与主体（心）统一，理有主体性，理的主体性是心，心的实质是理。

在方法论上，阳明体用合一、主客合一的辩证思维，有助于克服

① 《传习录》下，《全集》上，第125、124、108页。
② 《传习录》上，《全集》上，第18页。
③ 《传习录》上，《全集》上，第17页。
④ 《传习录》上，《全集》上，第31页。
⑤ 《传习录》上，《全集》上，第21页。
⑥ 《传习录》上，《全集》上，第24页。

程朱理学形而上与形而下分开、知行先后分隔可能带来的体用割裂、主客对立的“支离”弊端。

（四）“知行合一”说

阳明龙场悟道，先提“知行合一”，目的在“使学者自求本体，庶无支离决裂之病”①，这是针对当时学者“格物穷理”，先知后行，以至知而不行的弊端提出的解决办法。“知行合一”是功夫，其理论基础是“心即理”说，而“心即理”和“知行合一”相互统一，就是“致良知”。

王阳明阐发“知行合一”，有时也用“致知”“致良知”来表示，这意味着其“知行合一”说与他对《大学》“致知”的解释、和他的“致良知”说都是内在统一的，表现为：“知”即良知，“行”即良知的表现，“合一”即良知与现实世界不可分割，内在统一；心即理、心外无物等论述则是这种内在统一得以成立的理论基础。故他说：“外心以求理，此知行之所以二也。求理于吾心，此圣门知行合一之教。”②

阳明认为：“圣学只一个功夫，知行不可分作两事。”③ 意思是说，知行本来是一，是一个功夫、一件事情。他自述其知行合一的“立言宗旨”说：“今人学问，只因知行分作两件，故有一念动，虽是不善，然却未曾行，便不去禁止。我今说个知行合一，正要人晓得一念发动处，便即是行了；发动处有不善，就将这不善的念克倒了，须要彻根彻底不使那一念不善潜伏在胸中。”④ 可见，阳明知行合一说主要不是针对认识问题，而是针对道德修养中有不善念头而不能克制

---

① 《年谱》，《全集》下，第1230页。
② 《传习录》中，《答顾东桥书》，《全集》上，第43页。
③ 《传习录》上，《全集》上，第13页。
④ 《传习录》下，《全集》上，第96页。

消除的现实而立言的，其伦理学意义、人学意义大于认识论意义。

借助对《大学》“格物”的解释，将格、致、诚、正、修、齐、治、平统一起来，以知体行用模式讲知行合一，是阳明知行合一说的入手处。他认为：“知之真切笃实处即是行，行之明觉精察处即是知，知行功夫本不可离。”① “故《大学》指个真知行与人看，说‘如好好色’，‘如恶恶臭’，见好色属知，好好色属行。只见那好色时，已自好了。不是见了后，又立个心去好。”又言：“某尝说知是行的主意，行是知的功夫；知是行之始，行是知之成。若会得时，只说一个知，已自有行在；只说一个行，已自有知在。”② 可见，他以《大学》格物说为中心，言知行本体，强调知行合一功夫。现代哲学家贺麟认为阳明讲的知行合一是直觉的、当下的知行合一，基于人心同然的良知，不假造作，纯粹自然如此，可以参考。

阳明也曾以“致吾心之良知”为“致知”，以“事事物物皆得其理”为“格物”，简化、总括《大学》正心诚意格物致知的功夫为“致知”；这意味着，他是以良知为知，以修养为行，将“吾心之良知”体现到学、问、思、辨、行的力行中，以实现知行合一。

嘉靖五年（1526）以后，王阳明单提“致良知”的话头。照阳明的意思，“知”是“心之本体”，良知可以简称知。如果将“致良知”命题中“良知”和“致”两个概念分别理解为知（良知）和行（功夫），则“致良知”无非就是“知行合一”说的另一种表达形式。这也意味着，“知行合一”说不只是功夫论，而且有主体论或本体论意义，而心学的良知本体或主体也必须和“致”的修养功夫相结合，才能落实。

就其“知行本体”说，知即良知，行即良知的“发用”表现。

① 《传习录》中，《答顾东桥书》，《全集》上，第42页。
② 《传习录》上，《全集》上，第4页。

比如，作为良知表现之一的意欲就是“行之始”[①]，知行合一正是良知自然呈现的过程。王阳明说：“知是心之本体，心自然会知，见父自然知孝，见兄自然知弟，见孺子入井，自然知恻隐，此便是良知。”[②] 唯有知为良知，知行合一才有源于主体的保障。

前贤曾经将“知”“行”分为两件事说，如《中庸》讲博学、审问、慎思、明辨，而后才讲笃行，《周易》也有“学以聚之”“仁以行之”语。阳明解释说：“博学只是事事学存此天理，笃行只是学之不已之意”，而“事事去学存此天理，则此心更无放失时，故曰学以聚之；然常常学存此天理，更无私欲间断，此即是此心不息处，故曰仁以行之”[③]。在他看来，古人表面上将知行分开说，其实相互还是统一的。古人之所以分说知行，有其现实的针对性。他说：“古人所以既说一个知，又说一个行者，只为世间有一种人，懵懵懂懂的任意去做，全不解思惟省察，也只是个冥行妄作。所以必说个知，方才行得是。又有一种人，茫茫荡荡，悬空去思索，全不肯着实躬行，也只是个揣摸影响。所以必说一个行，方才知得真。此是古人不得已补偏救弊的说话。”[④]

可见，阳明所谓知行并不只是一般理解的认识和实践活动，而是道德或人性修养活动，是通过修养活动实现道德或人性的过程。其知行合一说不只是认识论，也是伦理学，是人学。

如果将王阳明的知行合一说和一般的认识论上的知行说进行比较，应该说，他的知行合一说，要在避免单就认识谈认识，而是将知（知识）与良知、认识活动与致良知修养统一起来，从觉悟良知本体、

① 《传习录》中，《答顾东桥书》，《全集》上，第42页。
② 《传习录》上，《全集》上，第6页。
③ 《传习录》下，《全集》上，第121页。
④ 《传习录》上，《全集》上，第4页。

挺立良知主体的修养角度，综合看待和处理认识问题。如关于良知与见闻之知的关系，他明确说："良知不由见闻而有，而见闻莫非良知之用；故良知不滞于见闻，而亦不离于见闻……故致良知是学问大头脑……大抵学问功夫只要主意头脑是当；若主意头脑专以致良知为事，则凡多闻多见，莫非致良知之功。"思维活动与良知的关系也是如此，"故良知即是天理，思是良知之发用。若是良知发用之思，则所思莫非天理矣。"①

可见，王阳明将知行合一理解为致良知，有其积极的理论意义：

其一，为学要有本原，抓住良知这个主体或本原，"于心体上用功"，才是学问根本。他说："为学须有本原。须从本原上用力，渐渐盈科而进。……圣人到位天地，育万物，也只从喜怒哀乐未发之中上养来。"② 良知主体的挺立是认识客观真理的前提条件，"须能尽人之性，然后能尽物之性"③。

其二，"致良知"能成立、进行，必须让"良知"主体或本体与"致"的功夫能够有机统一，换言之，必须说明本体与功夫统一，下学与上达统一。他说："后儒教人才涉精微，便谓上达未当学，且说下学，是分下学、上达为二也。夫目可得见，耳可得闻，口可得言，心可得思者，皆下学也；目不可得见，耳不可得闻，口不可得言，心不可得思者，上达也。如木之栽培灌溉，是下学也；至于日夜之所息，条达畅茂，乃是上达，人安能预其力哉？故凡可用功可告语者皆下学，上达只在下学里。凡圣人所说，虽极精微，俱是下学。学者只从下学里用功，自然上达去，不必别寻个上达的功夫。"④ 故惟精是

① 《传习录》中，《答欧阳崇一》，《全集》上，第72页。
② 《传习录》上，《全集》上，第14页。
③ 《传习录》上，《全集》上，第34页。
④ 《传习录》上，《全集》上，第12—13页。

惟一的功夫，博文是约礼的功夫，格物致知是诚意正心的功夫，本体和功夫、主体和途径、理想和方法有机统一。

其三，从心理关系论看，王阳明将“知行合一”理解为“致吾心之良知”，强调对真理的认识，主要不是对象性认识，而是主体性的直观认识。他说：“心之本体原无一物，一向着意去好善恶恶……便不是廓然大公。”① 将善恶的道理看成脱离主体的对象性存在，让人们向外去“好善恶恶”，格物穷理，固然有其道理，但也要警惕这种对象性认识对本心主体性能的遮蔽。

其四，修养方法上，他将向内体认良知天理与向外推广良知天理融合为一，是合内外，而非是外遗内，或是内遗外；但仍然以内为体、外为用，坚决反对“务外而遗内”的支离倾向，强调向内的基础地位。阳明说：“夫万事万物之理不外于吾心，而必曰穷天下之理，是殆以吾心之良知为未足，而必外求于天下之广，以裨补增益之。”② 他不反对格物穷理，反对的是没有良知主体的格物穷理。在他看来，真正的格物穷理一定就是致良知。他断定，即使朱熹在世，也势必如此看，这是他和朱熹在精神上的共通处。

至此，王阳明不再以“事事物物皆得其理”为“格物”，而是直接说“致良知”。良知即本心，其本质是理，心即理也。“心即理”体现到人的修养中，就是格物致知、诚意正心。格物就是致知，致其知于事物，“致知”就是致良知，致良知于事事物物。致良知又包含了知行合一，良知即知，良知的表现、关于良知的修养就是行。这样，王阳明以“致良知”命题为核心，以“心即理”为基础、以“知行合一”为方法，建立了心学思想体系。

---

① 《传习录》上，《全集》上，第34页。

② 《传习录》中，《答顾东桥书》，《全集》上，第46页。

（三）学术地位和历史影响

王阳明心学是宋明理学的最大代表之一，蕴含着丰富的思想内容，在主体问题的思考和解决上，体现了很高的理论思维水平，足以作为中国古代哲学的代表。

但阳明提出其心学思想后，却受到时人非议，“闻其说而非笑之者有矣，诟訾之者有矣，置之不足较量辨议之者有矣”①，甚者诋斥“为病狂丧心之人”②。但他不为所动，坚持学术思想创新，在先秦孟子良知说、南宋陆九渊“心即理”说基础上集古代心学之大成。

阳明心学是宋明理学的重要派别，有义理诠释的特点。肯定“致良知”，即断定经典作者的本意、经典内容和读者的本心都统一于良知，故读书、理解、做事，无不是致良知的表现。这种经学解释方法，乃是陆九渊“六经皆我注脚”说的进一步理论化，可谓心学经学解释理论的成熟形态。

在宋明理学内部，阳明心学与朱熹理学不同，但这只是理学思潮内部的分歧，而非根本对立，在追求天与人、性与天道统一，为仁义道德以至三纲五常进行形而上学论证上，它们是一致的。换言之，虽然对世界本体的认定有良知或天理的不同，引申出“心即理”或“性即理”“致良知”还是“格物穷理”等说区别，但无论良知还是天理，其外延就是仁义道德、君君臣臣等内容，这却是完全相同的。阳明自觉到这点，所以他说：“吾说与晦庵时有不同者，为入门下手处有毫厘千里之分，不得不辩。然吾之心与晦庵之心，未尝异也。若其余文义解得明当处，如何动得一字？”③

我们知道，程朱讲“性即理”，陆王讲“心即理”，为此，在朱

---

① 《传习录》中，《答罗整庵少宰书》，《全集》上，第75页。
② 《传习录》中，《答聂文蔚》，《全集》上，第81页。
③ 《传习录》上，《全集》上，第27页。

熹和陆九渊之间有鹅湖之会，在王阳明与朱熹之间有阳明作的《朱子晚年定论》，他们都发生过思想纠葛。他们关于世界本体是性理还是本心的问题有争议，在其门生弟子中甚至产生势同水火的门户之见，但他们又都一致赞同，将他们认定的所谓本体的外延都落实为仁义道德甚至三纲五常等内容，体现出理学思潮的历史共性，表现了理学大家为学为人强烈的现实关怀。但也不可避免留下了历史局限，这些历史局限到明末清初以迄近代，愈益为人们所关注。

嘉靖六年（1527），王阳明起征广西思恩、田州，临行前于越城天泉桥，提出“无善无恶心之体，有善有恶意之动，知善知恶是良知，为善去恶是格物”① 四句教。不久阳明去世，其后学出现关于本体论、功夫论的争执，引起了分化。黄宗羲说：“‘致良知’一语，发自晚年，未及与学者深究其旨；后来门下各以意见搀和，说玄说妙，几同射覆，非复立言之本意。”②

《传习录》下卷所载“天泉问答”为钱德洪所录，但《年谱》另有钱德洪所录，与《传习录》有所不同。《王龙溪全集》有王畿口述录成的《天泉证道记》。总体看，这些材料反映了阳明思想的不同侧面。

“天泉证道”起因于钱德洪与王畿的辩论。王畿认为“四句教”只是“权法”，不是阳明思想的根本宗旨；钱德洪则认为四句教是“定本”，至当不移。两人分歧集中在四句教的后三句。王畿认为，心与意、知、物是体用的关系，心既然无善无恶，意、知、物都应该无善无恶，故不应说“有善有恶意之动，知善知恶是良知，为善去恶是格物”，而应说“意即是无善无恶之意，知即是无善无恶之知，物即是无善无恶之物”，用他自己的话来说，应当坚持“四无”立场。但

① 《传习录》下，《全集》上，第117页。

② 黄宗羲：《明儒学案》，中华书局，2008，第178页。

在德洪看来，“为善去恶是格物”才是最基本的复性功夫，如果否定了意念有善恶，并否定了在意念上下为善去恶功夫，那就根本取消了“功夫”，因此他坚持为善去恶的功夫论立场。对此，阳明采取调和态度，认为王畿的看法可用来接引上根人，钱德洪的看法则可用以接引下根人。两人的看法虽然都可教人，但各有局限，应当“相资为用”，不可偏废。尽管阳明调和了两人的分歧，但是阳明后学还是走向了分化。

阳明还是明代“五经皆史”说的代表人物，他认为：“以事言谓之史，以道言谓之经。”道与事统一，经与史统一，故“‘五经’亦只是史，史以明善恶，示训戒”①。读书、理解，“须于心体上用功，凡明不得，行不去，须反在自心上体当即可通。盖‘四书’‘五经’不过说这心体，这心体即所谓道。心体明即是道明，更无二”②。

在方法上，因为心即理，故凭借良知或本心看问题，也就是以理性为标准看问题；既然经典皆史，则以史解经，以经论史，经史互证，就是合理的。这些都有助于破除明初以来的经学教条。他说：“夫学贵得之心。求之于心而非也，虽其言之出于孔子，不敢以为是也，而况其未及孔子者乎！求之于心而是也，虽其言之出于庸常，不敢以为非也，而况其出于孔子者乎！”③ 这一思想正是明末清初李贽“不以孔子之是非为是非”说的直接来源。

但也要注意，阳明心学作为形而上学，有其固有的局限性。比如，他所谓良知主体就有抽象性，这导致他将人的需要、欲望看成与人性、与仁义道德相对立的内容，陷入禁欲主义窠臼。他强调人的主体性，但因为修养方法简易，并不能自动从禁欲主义中超拔出来。他

① 《传习录》上，《全集》上，第10页。
② 《传习录》上，《全集》上，第14页。
③ 《传习录》中，《答罗整庵少宰书》，《全集》上，第76页。

说："吾辈用力，只求日减，不求日增。减得一分人欲，便是复得一分天理。何等轻快、脱洒，何等简易！"① 将良知与"人欲"对立起来，良知的抽象性更加突出，受到后儒批评。

又如，阳明说良知、本性至善，其"四句教"却提出"无善无恶心之体"，实乃自相矛盾。他说"无善无恶，是谓至善"，虽然着重就修养上讲"圣人无善无恶，只是无有作好，无有作恶，不动于气"，"好恶一循于理，不去又着一分意思"②，但在良知本体性质的认定上，依然有欠通透处。"四句教"引起门人的不同理解，我们却怀疑"四句教"可能并非阳明本人的思想。

解"致知"的知为良知，在认识论上固然深刻而又有创造性，但如果将良知和见闻之知对立起来，说"知识、技能非所与论"③，就又过头了，这势必加重"良知"的抽象性，削弱"致良知"说在认识论上的积极意义。王夫之将实践活动称为所，将良知称为能，对阳明进行"化所以为能"的批评，也未尝没有道理。现在看来，人的主体能力一定要落实到进行社会生产实践的劳动群众身上，才能转化为现实的社会生产力；换言之，我们不仅要讲"致良知"，而且还应讲劳动群众在认识改造世界的生产生活实践中致良知，以便提高全民族科学文化素质。

（张茂泽、吴保传）

---

① 《传习录》上，《全集》上，第26页。

② 《传习录》上，《全集》上，第29页。

③ 《传习录》中，《答顾东桥书》《全集》上，第55页。

天下为主　遂民之生——《明夷待访录》

明、清之际，涌现出许多优秀的思想家，他们认真探讨了明代的政事和学术，继承中国思想文化的优良传统，在文化思想的各个领域都有创造性的贡献。黄宗羲（1610—1695）是他们中间的一位杰出代表。《明夷待访录》诞生于明清之际，是黄宗羲的代表作。这是我国第一部具有启蒙性质的批判君主专制、呼唤民主政体的著作，具有鲜明的启蒙性质和民主色彩，是中国政治思想史上的一部名著。

一、《明夷待访录》及其实学特色

黄宗羲的父亲黄尊素是明熹宗天启时（1621—1627）被宦官惨杀的东林党人。这一不幸事件促使黄宗羲在青年时期便参加了反抗“阉宦”（宦官）的活动。后来清军南下，他在浙东组织“世忠营”进行抵抗，失败后继续进行过抗清活动，晚年从事学术研究。《明夷待访录》一书写成于清康熙二年（1663）。在这部著作中，他通过对明朝政府种种暴政的揭露，触及了封建君权，即封建君主专制制度的若干问题，发表了一些新颖的见解。

在黄宗羲以前，已有思想家对封建君权发表过评论。如两晋之际的鲍敬言（生卒年不详）和元代的邓牧（1247—1306）认为“无君无臣”才是理想的世界。鲍敬言说，太古时代最好，那时没有君臣之分，没有徭役、赋税和掠夺；没有城池，没有军备，没有刑法。邓牧也对太古时代做了描述，说那时大家都不愿意当皇帝，有人一旦被推出，大家便都拥戴他，怕他走后没有人来接替，后来的情况就变了样。由此可以看出，鲍敬言和邓牧都用美化远古的手法来揭露现实的黑暗，不过，他们受道家的影响很深，其论述往往流于幻想，存在着深度不足的弱点。

黄宗羲比前人进了一步，他的观点鲜明，而且有一定的理论深度，从而为后人认识中国封建社会晚期的君主专制制度提供了若干思想资料。可以说，黄宗羲的《明夷待访录》是真正的实学，它直接探讨了现实政治制度问题。

“天下之利”以及“公”与“私”等，这是中国古代政治思想的基本概念，政治家和思想家们总是借用它们来发表自己的观点，并进行推论，用以区别真伪与是非。如《礼记·礼运》篇说“大道之行也，天下为公，选贤与能，讲信修睦……”,“公”便成为“大同”社会的标志，又说“今大道既隐，天下为家，各亲其亲，各子其子，货力为己”,“私”成为“小康”的特点。这里，我们不来探讨《礼记·礼运》篇所谓“大同”与“小康”的含义，只想说明：后来的思想家们探讨国家和政治制度问题基本上都利用了这个框架。

黄宗羲政治思想的出发点就是所谓“天下之利”。他论证说，古代君主“不以一己之利为利，而使天下受其利；不以一己之害为害，而使天下释其害”，所以“古者以天下为主，君为客，凡君之所毕世而经营者，为天下也”（《明夷待访录·原君》）。这种图景有点像《礼记·礼运》篇所描述的“大同”世界。从形式上看，黄宗羲用的概念是古老的，但其中含有新内容，他提出了“天下为主，君为客”的命题。他说，三代以下是“以君为主，天下为客，凡天下之无地而得安宁者，为君也”（同上），这就是说，君主把天下视为己有，独占了天下之利。君主在他没有得到天下的时候，不惜“屠毒天下之肝脑，离散天下之子女”，去博取个人的“产业”；得到天下之后，又不惜“敲剥天下之骨髓，离散天下之子女”，压榨这份“产业”的“花息”。基于这样的理论，他得出结论说：“为天下之大害者，君而已矣。”（同上）这里所讲的并非什么“小康”世界，而是直接对封建君权做了尖锐的揭露。这种评论在封建社会很罕见，没有胆识是提不出来的。

“天下为主，君为客”表面上和孟子“民为贵，社稷次之，君为轻”的民本主义思想有些相似，但又不完全相同。孟子的“重民”思想是在中国统一的君主专制国家尚未建立以前提出的，其主旨是劝说诸侯贵族实施“仁政”，以巩固自己的统治，并创造统一天下的条件。而黄宗羲的命题则含有批判君主专制主义的民主主义因素。秦、汉以来，随着中央集权制的巩固，封建统治思想一直认为“国”即皇帝，这二者是一致的。秦始皇出巡全国，到处刻石记功，声称：“六合之内，皇帝之土……人迹所至，无不臣者。”（《史记·秦始皇本纪》）由秦始皇开创的“朕即国家”的封建君主专制主义为历代统治者所承袭。直至明末清初之际，有些思想家才举起“天下”的旗帜，力求说明“天下”与君主的区别。黄宗羲指出“天下为主，君为客”，这个命题和过去统治者使用的君为舟、民为水的比喻是不同的。除此，黄宗羲的挚友顾炎武也力求区别“亡国”和“亡天下”，他说：“易姓改号，谓之亡国；仁义充塞而至于率兽食人，人将相食，谓之亡天下。”他强调“保天下”具有更加重要的意义，所以他说出一句名言：“保天下者，匹夫之贱，与有责焉耳矣。”（《日知录》卷十三“正始”条）这就多少突破了易姓改号和朝代兴亡的旧观念。

黄宗羲和顾炎武的思想倾向有许多相似之处。顾炎武于康熙十五年（1676）给黄宗羲的信中说：“大著《待访录》，读之再三，于是知天下之未尝无人，百王之敝可以复起，而三代之盛可以徐还也。天下之事，有其识者未必遭其时，而当其时者，或无其识。古之君子所以著书待后，有王者起，得而师之。”（《亭林佚文辑补·与黄太冲书》）对《明夷待访录》推崇备至。他们都把希望寄托于未来。果然，200 多年以后，中国近代的维新志士读到《明夷待访录》，很受感动，正如梁启超所说：“我自己的政治运动，可以说是受这部书的影响最早而最深。”①

二、“为天下”“为万民”的君臣与人才观

黄宗羲还看到封建君权的另一个方面，即“君为臣纲”的封建礼教。秦、汉时期的三公九卿和隋唐以后的三省六部都是为皇帝服务的办事机构。皇帝根据自己的好恶，谪贬或晋升各级官吏。后来辅佐皇帝办理日常事务的宰相也因权力过大，不利于皇帝的专权而被废除。黄宗羲不满意皇帝的专断，说出这样一段话：

> 今也天下之人怨恶其君，视之如寇仇，名之为独夫，固其所也。而小儒规规焉以君臣之义无所逃于天地之间，至桀、纣之暴，犹谓汤、武不当诛之，而妄传伯夷、叔齐无稽之事，使兆人万姓崩溃之血肉，曾不异夫腐鼠。岂天地之大，于兆人万姓之中，独私其一人一姓乎！（《明夷待访录·原君》）

在中国封建社会，皇帝具有至高无上的地位，这种神圣不可侵犯的皇权乃是封建主义的核心。黄宗羲以前也有一些思想家对皇权做过

① 梁启超：《中国近三百年学术史》，中国书店，1985，第 47 页。

评论，不过一般都没有上升到理论的高度，只有向往“圣明天子”。黄宗羲才指出臣不是君之臣，不能“私其一人一姓”。他还说，人们出仕，是“为天下，非为君也；为万民，非为一姓也”（《明夷待访录·原臣》）。他敢于以“为天下”去否定“为君”，以“为万民”去批判“为一姓”，表现出和“君为臣纲”的封建礼教相对抗的倾向。在黄宗羲的理想中，“君臣”应是共同负担人民公共“利害”事务的人员。他比喻说：“夫治天下犹曳大木然，前者唱邪，后者唱许。君与臣，共曳木之人也。”（同上）这里颇透露出一点君臣平等的意思。

黄宗羲还探索了皇权体制下的法律问题，他的理论批判武器依然是所谓的“天下之利”。他指出，用此标准去衡量历代之法，即可看出“三代以下无法”（《明夷待访录·原法》）。这并不是说三代以下没有法律条文，而是由于历代君主“既得天下，唯恐其祚命之不长也，子孙之不能保有也，思患于未然以为之法。然则其所谓法者，一家之法而非天下之法也”（同上）。这里的议论是发前人之未发，历史上有些思想家称赞封建主义之法，甚至把它作为衡量天下安危治乱的尺度。唐代刘禹锡区分了“法大行”“法大弛”和“法小弛”的三种情况。与此不同，黄宗羲明确指出历代之法并不是那么美好、那么神圣，它们只不过是“一家之法”而已。这四个字的概括，说明黄宗羲多少看到封建主义之法的实质。我们知道，封建主义之法以法权的形式把人们划分为许多等级，依照其社会身份、地位来规定各个等级的不平等的权利和义务，并使之世代相承，不得逾越。所以封建主义之法在各种特权和例外权的诠释之下，其所谓“法不阿贵”“执法如山”等往往成为一句空话。尽管这些还不是黄宗羲所能认识的，但他并不迷信封建主义之法，认为这种“法”禁锢性灵，败坏人才。他提出“有治法而后有治人”，要求搞出一套非“一家之法”的“法”，这样，有才干的人才有机会施展自己的抱负。这比之那些囿于“一家之法”而空谈擢拔人才的陈腐观点进了一步。

黄宗羲揭露了明朝擢拔人才的诸种弊端，他说：“取士之弊，至今日制科而极矣。”（《明夷待访录·取士上》）科举取士制使读书人埋头于《四书集注》，玩弄文字游戏，丢开“经世致用”之学，埋没了人才。黄宗羲指出，有明一代，“功名气节人物，不及汉唐远甚，徒使庸妄之辈充塞天下，岂天下之不生才哉？则取之之法非也”（《明夷待访录·取士下》）。至于如何改进“取士”之法，他提出了一些探索性的方案与设想。

三、黄宗羲关于封建君权的评论与影响

黄宗羲关于学校的主张，表现出了他的远见卓识。他认为学校不仅为了“养士”（培养人才），而且应当成为独立的舆论机关，“天子之所是未必是，天子之所非未必非，天子亦遂不敢自为非是，而公其非是于学校”（《明夷待访录·学校》）。这样，学校就成了“公其非是”的论坛，甚至比君主的权威还要大一些。这个观点虽是脱胎于东汉时太学生的清议与宋朝诸生的伏阙上书，但与此并不完全相同，因为黄宗羲着眼于探求限制君主权力的措施，一方面他想以学校作为监督政府的舆论机构，另外他又主张以推选出来的贤者担任有实际权力的宰相，以补救世袭君主的不贤，含有限制封建君主的思想内容，近代学者多以此为议院的渊源。

黄宗羲关于封建君权的评论，不仅比前人进步，而且超过了同时代的思想家。当时，唐甄作《潜书》97篇，其中也有评论封建君权的话，如说：“大清有天下，仁矣。自秦以来，凡为帝王者皆贼也。”前一句为虚语，后一句才是实话。何以“凡为帝王者皆贼”？他论证说：“杀一人而取其匹布斗粟，犹谓之贼；杀天下之人而尽有其布粟

之富，而反不谓之贼乎?”（《潜书·室语》）又说：“海内百亿万之生民，握于一人之手，抚之则安居，置之则死亡，天乎君哉，地乎君哉!”（《潜书·鲜君》）可见唐甄对封建君权的揭露相当尖锐，可是其中理论的分析不足，缺少观点。黄宗羲比唐甄站得高些，他没有局限于揭露，而是进一步提出了许多有理论意义的观点，如前面指出的“天下为主，君为客”；出仕“非为一姓”；封建主义之法是“一家之法”；应当“公其非是于学校”等。所以，关于封建君权的评论，黄宗羲的言论在古代社会里算是站得最高的。

任何一种观点都不是偶然产生的。黄宗羲对封建君权做出的一些评论，是和他所处的时代以及他自己的经历分不开的。他处于封建社会晚期，其时明朝的“阉宦”之害特别炽烈，由此更为集中地暴露出封建王朝的腐朽。熹宗时大宦官魏忠贤操纵朝政，掌握了全部中央机构，并加强厂卫特务制度，“民间偶语，或触忠贤，辄被擒戮，甚至剥皮刲舌，所杀不可胜数，道路以目”（《明史》卷三〇五《魏忠贤传》）。当时与魏党相对立的是东林学派，他们是一些具有改良思想的中下层官吏，利用宋代杨时的东林书院作为聚会的场所，经常以讲学为名，议论朝政。他们反对宦官专权，揭露税监的勒索搜刮，要求减轻对人民的压榨。不过，东林学派在理论上和学术上都没有什么创新，他们小心翼翼地尊奉理学的传统，在其纲领性的《东林会约》中就特别称举了“尊经”的一条。他们中间有些人被捕受刑，对皇帝不敢有半句怨言，竟写出像“君恩未报，愿结来生”（《明季北略》卷二）、“臣罪应难赦，君恩本自宽”（《玉镜新谭》卷二）之类的诗句。即或如此，东林学派还是遭到宦官的迫害，被指为邪党。熹宗天启六年（1626）魏忠贤拆毁东林、首善书院，大肆搜捕东林党人，许多人冤死狱中，黄尊素也未能幸免。黄宗羲从东林学派的活动和父亲的遭遇里对“阉宦”之害体会得最深。

东林学派被镇压以后，继之而起的则是复社的较为广泛的集会活动。思宗崇祯六年（1633），张溥主持，举行了虎邱（在苏州）大会，从山左、江右、晋、楚、闽、浙各地赶来参加的有几千人。复社以“期与四方多士共兴复古学，将使异日者务为有用”（眉史氏《复社纪略》卷一）为宗旨，他们的政治态度和东林学派大体相同。在崇祯以至南明时期，复社人物与当权的反动势力进行了多次斗争。崇祯十一年（1638），南京诸生140人，以黄宗羲和顾杲为首，作“防乱公揭”，反对魏忠贤的遗党阮大铖。南明弘光朝，阮大铖执政，复社人物受到迫害。由此可以看出，黄宗羲的个人经历，使他认识到明朝衰败的原因在于“阉宦”干乱朝政。他在《明夷待访录·奄宦上》（“奄”通“阉”）中带着激愤的口吻说：

> 奄宦之祸，历汉、唐、宋而相寻无已，然未有若有明之为烈也。汉、唐、宋有干与朝政之奄宦，无奉行奄宦之朝政。今夫宰相六部，朝政所自出也；而本章之批答，先有口传，后有票拟；天下之财赋，先内库而后太仓；天下之刑狱，先东厂而后法司，其他无不皆然。（《明夷待访录·奄宦上》）

黄宗羲对于明朝“阉宦”之害做了淋漓尽致的揭露，所谈都是事实。这是明朝腐败的一种现象，他没有找到出现这种情况的原因。他在《明夷待访录》中评论君权，大都是从抨击“阉宦”出发的，这一点和东林学派思想相似，不过黄宗羲还进一步指责了封建君主。但他并没有明确主张君主制度应当革除，只是要求改革政府机构，他说：“吾意为人主者，自三宫以外，一切当罢。”（《明夷待访录·奄宦下》）使“阉宦”无从施其技。又认为明朝没有善治，“自高皇帝罢丞相始”（《明夷待访录·置相》）。所以改革弊政，必须从设立宰相始，而宰相应当由贤者担任。

他的政治图案是这样：“宰相一人，参知政事无常员。每日便殿议政，天子南面，宰相、六卿、谏官东西面以次坐。其执事皆用士人。凡章奏进呈，六科给事中主之，给事中以白宰相，宰相以白天子，同议可否。天子批红。天子不能尽，则宰相批之，下六部施行。”（《明夷待访录·置相》）这大约就是黄宗羲的理想政治，其中含有限制君主权力、防止“宫奴”（宦官）掌权的思想。至于君主立宪的设想，那是近代先进人物从西方搬来的，在黄宗羲的那个时代尚未提到议事日程上。

黄宗羲关于封建君权的评论只见于他的《明夷待访录》一书，其他著作没有这方面的内容。这可能是由于清朝实行文化专制主义政策，他不能不有所忌讳。就在黄宗羲写成《明夷待访录》的当年，清初文字狱波澜初起：孙奇逢所撰《甲申大难录》案，该书辑录了明崇祯十七年（1644）李自成攻克北京时的明廷亡臣，山东济宁州牧将书稿刊印出版。康熙二年，事被告发，说它是一种纪念亡明的书籍。济宁州牧被逮，孙奇逢也被传审，押往北京。此事与黄宗羲没有牵连，但此后他便不再议论政治，而是潜心于学术史的研究，后来撰述《明儒学案》和《宋元学案》，开学术史研究的新范式；又作“四书”“五经”讲义诸种，其中偶尔透露出一些抨击现实的议论，但都不像《明夷待访录》那样锐利有力，大部分讲的是封建伦理纲常。例如他在《孟子师说》一书中说，《孟子》七篇以“仁义”为“宗旨”（《孟子师说》卷一）。又借用他的老师刘宗周的名义说：“盈天地间无所谓万物，万物皆因我而名，如父便是吾之父，君便是吾之君。君父二字，可推之为身外乎？然必实有孝父之心，而后成其为吾之父。实有忠君之心，而后成其为吾之君。”（《孟子师说》卷七）

黄宗羲的政治思想是中国封建社会晚期的产物，它不同于西欧各国早期资产阶级的政治学说。中国封建社会晚期的阶级矛盾、统治集团的腐朽以及反抗民族压迫的斗争对他起了警醒的作用。

（章　明）

博学于文　行己有耻——《日知录》

明末清初著名思想家、清代朴学的开创者顾炎武，在历史、地理、经学、语言学、文学等领域都有重要贡献。他崇尚实学，博通古今，著作有《天下郡国利病书》《肇域志》《音学五书》《日知录》《韵补正》等。《日知录》是顾炎武积30余年读书所得，“平生之志与业皆在其中”，是他一生学问和思想的结晶，是一部反映明清之际学术转变的经典之作。

《日知录》将仁义道德等人文内容看成国家兴亡的根本所在，认为“匹夫之贱，与有责焉”，近代梁启超概括为“天下兴亡，匹夫有责”，影响深远。顾炎武提倡博学于文，行己有耻，他所谓博学的内容，既包括经学研究，还尤其强调对政事、民情等社会现实问题要有研究。他要求学者应“采铜于山”，从语言文字、音韵训诂、历史地理、典章制度等多方面搜集第一手材料，考证经史，开启清代考据学的先河。他还身体力行，从实地社会调查中搜集材料，研究国家各个地区山川地理、风俗民情、交通、物产等问题，在实证研究方法上也开一代实学新风。

一、顾炎武与《日知录》

顾炎武，生于明万历四十一年（1613），卒于清康熙二十一年（1682），江苏昆山人。初名绛，字忠清。明亡，因为敬仰南宋文天祥的门生王炎午的忠贞品格，更名为炎武，字宁人，号亭林，学者称为亭林先生。他年轻时曾参加知识分子反清团体“复社”的活动；1645年6月在家乡参加过武装抵抗清军的斗争，失败后在大江南北各地隐姓埋名，颠沛流离达20年之久。清顺治十四年（1657）离开江南，先后到山东、河北、山西、陕西，游历考察史地，拜谒明十三陵，并访问学者。1681年在由华阴到山西曲沃的途中患病，于1682年正月初九逝世，享年70岁。

顾炎武为学与为人言行统一，志高行洁，学博识精，重视实地考察，是清代朴学与实学的开创者。一生著作丰富，今有《顾炎武全集》22册（上海古籍出版社2011年12月版）。

顾炎武收集资料特别强调以原始材料为标准。他平生最恨用第二手资料以证己说，认为利用第二手资料是买铁铸钱：“尝谓今人纂集之书，正如今人之铸钱。古人采铜于山，今人则买旧钱，名之曰废铜，以充铸而已。所铸之钱既已粗恶，而又将古人传世之宝，舂剉碎散，不存于后，岂不两失之乎？”（《亭林文集》卷四《与人书十》）为避免不重视原始资料的流弊，他主张引文必引原文，引立言之人。“凡述古人之言，必当引其立言之人，古人又述古人之言，则两引之，不可袭以为己说也。”“凡引前人之言必用原文。”（《日知录》卷十七《述古》《引古必用原文》）

《日知录》32卷，是顾炎武一生治学的结晶，也是顾炎武最重要的作品。这部书曾有多种版本，这些版本体现了顾炎武精益求精的治学精神。他曾形象地将该书的写作过程比作“采铜于山”，以说其艰难不易、取材精粹，不像买废铜铸钱那样粗恶，可见他治学严谨勤奋，重视第一手资料。康熙九年（1670）江苏淮安付刻8卷本，这是初刻本；康熙三十四年（1695），弟子潘耒在顾炎武30余卷遗稿的基础上经过删削整理，在福建建阳刻印，这是流传最广的32卷本。

关于《日知录》的研究论著和论文比较多。其中，集释类的著作有清人黄汝成集释，栾保群、吕宗力校点的《日知录集释》（上海古籍出版社2006年12月版）等。上海古籍出版社1985年5月影印出版的《日知录集释》（外七种）选收了李遇孙、丁晏、俞樾、黄侃、潘承弼等的校正补考作品，选本精良，也具有重要参考价值。《日知录集释》以及黄汝成校勘的《日知录刊误》《日知录续刊误》等，荟萃了前人研究心得，纠正了刊刻错误，前后辉映，逐层推进，鞭辟入里，体现了《日知录》研究精益求精的学术特质。陈垣撰《日知录校注》（安徽大学出版社2007年8月版），注重史源考察，厘清原文与引文的区别，在今天依然是研究顾炎武学术与思想的重要参考。比较简明的选本，有赵俪生著的《日知录导读》（巴蜀书社1992年4月版，中国国际广播出版社2008年6月版）等。

二、《日知录》的主要思想内容

《日知录》包含的内容极为丰富。康熙二十年（1681），顾炎武在《与人书》中认为："别著《日知录》，上篇经术，中篇治道，下篇博闻，共三十余卷。有王者起，将以见诸行事，以跻斯世于治古之隆，而未敢为今人道也。"（《亭林文集》卷四《与人书二十五》）经术，主要指以新义解释古经，涉及《易》《书》《诗》《春秋》《礼》《孟子》等经学著作。治道，主要是对历史上治乱兴替及其规律的总结，对社会政治、经济、军事状况也有分析。博闻，侧重对一些知识与文化现象的考察评介，如语言、文学、掌故、信仰、职官、制度等。

《四库全书总目提要》对《日知录》的内容做了细致的划分，具体为："大抵前七卷皆论经义，八卷至十二卷皆论政事，十三卷论世风，十四卷、十五卷论礼制，十六卷、十七卷皆论科举，十八卷至二十一卷皆论艺文，二十二至二十四卷杂论名义，二十五卷论古事真妄，二十六卷论史法，二十七卷论注书，二十八卷论杂事，二十九卷论兵及外国事，三十卷论天象、术数，三十一卷论地理，三十二卷为杂考证。”

《日知录》是笔记体著作。它由顾炎武读书、研究，“稽古有得，随时札记，久而类次成书者”（潘耒《序》）。潘耒还认为：“凡经义、史学、官方、吏治、财赋、典礼、舆地、艺文之属，一一疏通其源流，考正其谬误，至于叹礼教之衰迟，伤风俗之颓败，则古称先，规切时弊，尤为深切著明，学博而识精，理到而辞达。是书也，意惟宋元名儒能为之，明三百年来殆未有也。”清代嘉庆道光之际撰写《日知录集释》的黄汝成（1799—1837）认为，《日知录》是一部“资治之书”，“其言经史之微言大义，良法善政，务推礼乐德刑之本，以达质文否泰之迁嬗，错综其理，会通其旨。至于赋税、田亩、职官、选举、钱币、权量、水利、河渠、漕运、盐铁、人材、军旅，凡关家国之制，皆洞悉其所由盛衰利弊，而慨然著其化裁通变之道，词尤切至明白”（《日知录集释》，黄汝成《叙》）。

《日知录》虽是读书札记类著作，但自成体系，蕴含深刻的学术思想，重视经世致用，这表现在以下几个方面：

首先，开放的人文史观。顾炎武将“亡国”和“亡天下”做了区分，“易姓改号，谓之亡国；仁义充塞，而至于率兽食人，人将相食，谓之亡天下”，他强调“保天下”更加重要，“保天下者，匹夫之贱，与有责焉耳矣”（《日知录》卷十三“正始”条）。这突破了易姓改号和朝代兴亡的旧观念，具有一定的创新性。顾炎武认为明王朝的覆亡是一种文化上的颠覆，而自己正处在礼制文化的最关键的时期。他进而探究历代以来的文化危机和得失，进一步阐述了他开放的文化史观。①

顾炎武认为，礼制文化的经典在于《周易》《尚书》《诗经》《春秋》《周礼》《仪礼》《礼记》，以及《论语》《孟子》。“五经”的精神实质在于使自然人成为文化人，揭示人之所以为人的本质，并告诫人们只有在切实的人伦日用的践履以及对自然界的改造中才能实现生命的真正价值。他说：“古之圣人，所以教人之说，其行在孝弟、忠信，其职在洒扫、应对、进退，其文在《诗》《书》《礼》《易》《春秋》，其用之身在出处、去就、交际，其施之天下在政令、教化、刑罚。”（《日知录》卷十八“内典”条）他在诠释“夫子之言性与天道”条中又说：“夫子之教人，文行忠信，而性与天道在其中矣。”（《日知录》卷七）强调了学术与实践密不可分，在人伦日用之外没有独立的抽象的学问，显示对明末空疏学术教训的反思，也体现了实学的基本风格。

在顾炎武看来，自汉代以后，历代官员、学者都很少能全面领会“五经”及孔孟等人所提倡的文化精神，出现了种种流弊，其中比较典型的是清谈和流遁于佛老。明代中后期，士大夫们空疏浮虚，崇尚言辞，摒弃实学，这是明朝灭亡的一个重要原因：“刘、石乱华，本于清谈之流祸，人人知之。孰知今日之清谈，有甚于前代者。昔之清谈，谈老庄；今之清谈，谈孔孟。未得其精而已遗其粗，未究其本而先辞其末。不习六艺之文，不考百王之典，不综当代之务，举夫子论学论政之大端，一切不问，而曰‘一贯’，曰‘无言’。以明心见性之空言，代修己治人之实学。股肱惰而万事荒，爪牙亡而四国乱，神州荡覆，宗社丘墟。昔王衍妙善玄言，自比子贡，及为石勒所杀，将死，顾而言曰：‘呜呼！吾曹虽不如古人，向若不祖尚浮虚，戮力以

① 张岂之：《顾炎武〈日知录〉的学术价值》，载《儒学·理学·实学·新学》，陕西人民教育出版社，1994，第197—209页。

匡天下，犹可不至今日。’今之君子，得不有愧乎其言?”（《日知录》卷七“夫子之言性与天道”条）顾炎武认为明朝和宋朝之灭亡，与士大夫们流于佛老，丢掉了儒家的人文精神有很大关系。

这种人文史观，在文化的文质关系上有新的论述。它强调人文道德是人类文化的根本，文化的形式可以多种多样，具有历史性和历时性，但文化的内核有其恒常性，即都不能背离“人道”。另外，它强调文化与人的实践要联系。文化重视“博学于文，行已有耻”，是事功与道德的统一，是修己治人与尽物极用的统一。顾炎武的人文史观侧重社会进步与人文道德的统一，为古代文化的生存和发展开拓了宽阔的学术天地。

顾炎武的人文史观决定了他的研究重心和旨趣与以往学者不同。他一生的学术研究主要体现在两个方面：一是从文字和思想层面深入挖掘儒家经典的原义；一是探求历史经验与现实问题的结合。他在这两个方面的探索过程中，形成了其开一代学风的特色。

其次，鲜明的实学气息。顾炎武从历史和现实相结合的高度，思考民族文化的兴衰，并谋求拯救的措施。他特别关注制度、风俗等问题。

关于政权组织和职能。顾炎武认为晚周以来的历史证明了政权组织结构是可以变动的，由封建变为郡县。郡县之制有汉魏与唐宋之别，又有唐宋与明之异。但这种变动大多数是一时权宜之计，因而出现了许多弊端。他曾写过《郡县论》，说：“封建之废，非一日之故也，虽圣人起，亦将变而为郡县。方今郡县之敝已极，而无圣人出焉，尚一一仍其故事。此民生之所以日贫，中国之所以日弱而益趋于乱也。”（《亭林文集》卷一）顾炎武指出郡县制的最大弊端是高度集权：“封建之失，其专在下；郡县之失，其专在上。”（《亭林文集》卷一）“尽天下一切之权而收之在上，而万几之广，固非一人之所能操也，而权乃移于法，于是多为之法以禁防之。虽大奸有所不能中跌踰，而贤智之臣亦无能效尺寸于法之外。”（《日知录》卷九“守令”条）高度集权，但政治中枢又没有可能对一切事情具体察理，因而不得不依托于法，造成法令滋彰、条目纷繁的局面，这不仅约束了地方官吏的根据具体情况便宜行政，而且使地方官搬弄是非，甚至操纵地方行政。皇帝集中了地方的“事权”“利权”“兵权”，难以真正做到富国裕民强兵，“言莅事而事权不在于郡县，言兴利而利权不在于郡县，言治兵而兵权不在于郡县，尚何以复论其富国裕民之道哉!”（《日知录》卷九“守令”条）因此，顾炎武提出“寓封建之意于郡县之中”（《亭林文集》卷一《郡县论》），不断完善乡里基层组织，改变由中央“多设之监司”“重立之牧伯”的做法（《日知录》卷八“乡亭之职”条）。他认为，如果能使乡里基层组织发挥切实的作用，“天下之治若网之在纲，有条而不紊”，不能仅在上层增设机构，以免出现职位烦冗、人浮于事的现象。不仅在机构组织上要加强地方组织，而且要使地方享有行政权，包括官吏的任免、财政管理以及军队建设等，使地方在分有权力的基础上具有较大的自由，但又不能出现藩镇割据、拥兵自重的弊端。

关于官吏的选拔和任免。顾炎武认为，与中央集权相结合，官吏选拔和任免权力高度集中，使国家无法得到真正德才兼备的杰出人才，也无法对各级官吏的政绩和才干做出准确的判断，不可避免地出现了官吏任命论资排辈的现象。论资排辈的用人制度使庸颓者愈益庸颓，阻碍了英才的脱颖而出和仕进道路。顾炎武主张改革科举制度，更新和丰富科举考试的内容，突出国计民生，使国家选拔出真正有用之才。为了保证官吏的政治品格和理政才能，顾炎武主张可以借鉴古代乡举里选和唐代测试身言书判的方法。（《亭林文集》卷一《郡县论九》）此外，顾炎武还力主下放官吏的任免权，并鼓励地方官吏自行延纳人才。

关于社会风俗。顾炎武认为："风俗者，天下之大事。"（《日知录》卷十三"廉耻"条）风俗关系国家命运，也是人文道德的关键。"论世而不考其风俗，无以明人主之功。"（《日知录》卷十三"周末风俗"条）《日知录》第十三卷的"周末风俗""秦纪会稽山刻石""两汉风俗""正始""宋世风俗""清议""名教""俭约""贵廉""南北风化之失"等条，都是对晚周以至明末社会风俗的历史考察，涉及社会舆论、士人道德、吏风民俗等方面。顾炎武特别赞赏东汉社会风俗之美，反感魏晋风俗，认为正始之音是典型的亡国之音。至于明末，则与魏晋有相似之处，甚至有过之而无不及，如士大夫无廉耻，"万历以后，士大夫交际多用白金，乃犹封诸书册之间，进自阍人之手。今则亲呈坐上，径出怀中，交收不假他人，茶话无非此物"（《日知录》卷三"承筐是将"条），士人不但没有起到化民导俗的正面作用，反而把腐败的作风公开化。顾炎武结合自己在明末清初的切身经验，感慨地说："目击世趋，方知治乱之关，必在人心风俗，而所以转移人心，整顿风俗，则教化纪纲为不可阙矣。百年必世养之而不足，一朝一夕败之而有余。"（《亭林文集》卷四《与人书九》）社会必须形成良好的社会风尚，以便实现和增强人文道德的积极影响。针对明末社会风俗的腐败，顾炎武提倡"清议"，存"清议"于乡里，让士大夫有权议论政治得失，形成合乎道义且相对独立的舆论监督环境。"政教风俗，苟非尽善，即许庶人之议矣。"（《日知录》卷十九"直言"条）他认为通过"清议"，既可以限制官吏的贪赃枉法，又可激励社会的普遍廉耻感。通过对儒家经籍的发挥和历史人物的评价，顾炎武认为，一个良好的社会风尚特别需要为民表率的知识分子自觉自尊，培养自己的高尚品德，形成表率。良好的社会风俗与政治清明关系密切，如果皇帝"赏善罚恶"，不阿权贵，令行禁止，地方官吏也能自我约束，一心为民，则社会风俗自然可以好转。

顾炎武强调治学应该“博学于文”与“行己有耻”相并重。“博学于文”，就要“学有本原”，由文字音韵通晓经学。但是，“文字音韵的钩稽，旨在通经；广博知识的探寻，旨在致用。所以，他所说的‘文’，就不是一般‘文字’‘文章’的‘文’，而是具有经世内容的‘文’”①。具体来说，包括能够“明道”“纪政事”“察民隐”“乐道人之善”的文字。“君子博学于文，自身而至于家国天下，制之为度数，发之为音容，莫非文也。”（《日知录》卷七《博学于文》）如果一个人真正做到了既“博学于文”，又“行己有耻”，才算得上“经明身修”，对砥砺士节、淳朴风俗，形成良好的社会风气才会有切实的促进作用。这本身也是顾炎武实学思想的重要组成部分。

鉴于言心谈性的理学末流日益脱离实际，空疏无物，顾炎武重新提倡儒家“六经”的治世功能，提出“理学，经学也”，他将后来沦为狂禅的宋明理学与先秦至两汉的经学（即理学）做了区分，强调“明六经之旨，通当世之务”，做“实用之人”（《亭林文集》卷一《生员论》）。

顾炎武的研究方法既有对前人的继承，又有所突破，他把历史和文化的研究与现实相结合，对以后的学术研究产生了重大影响。

三、《日知录》的历史地位及影响

《日知录》反映了当时的时代风貌，特色鲜明，在清初引起学者共鸣，对乾嘉汉学有深远的影响。明末清初之际，士大夫们有感于明代学风空疏，渐趋务实。当时顾炎武的好友、北方学者如张尔岐、马

① 周予同：《从顾炎武到章炳麟》，载《周予同经学史论》，上海人民出版社，2010，第525页。

骕、刘孔怀、傅山、李因笃、王宏撰等人都有较浓的考据学兴趣。但尤以顾炎武《日知录》为博大精深，故为后人推崇。有不少人研究注释《日知录》，研究《日知录》几乎已经成为一种专门的学问。道光年间的黄汝成撰写的《日知录集释》就比较集中地反映了有清一代《日知录》的研究盛况。

顾炎武自己对《日知录》的学术价值也有相当的自信，他曾说："近二百年来未有此书，则确乎可信也。""近二百年"大约是从马端临的《文献通考》算起。清代李慈铭认为："顾氏此书，自谓平生之志与业尽在其中，则其意自不在区区考订。""尝谓此三十二卷中，直括得一部《文献通考》，而俱能自出于《通考》之外。"① 相对而言，《日知录》虽然规模不及《文献通考》庞大，但体制精微，论述更加深入具体，个人的学术思想也更加明显。

《日知录》朴实无华，开创了务实的新学风，一洗明末空疏浮泛的习气。特别是在雍正、乾隆两朝，伴随着文字狱的兴起，学者们多汲取《日知录》中考证经史的方法。因此，后人在评价清代学术的渊源时，对顾炎武的学术影响评价甚高。顾炎武被视作"清学开山之祖"与乾嘉考据学的"不祧祖先"。梁启超认为："论清学开山之祖，舍亭林没有第二人。"② 范文澜指出："自明清之际起，考据学曾是一种很发达的学问。顾炎武启其先行，戴震为其中坚，王国维集其大成，其间卓然名家者无虑数十人，统称为乾嘉考据学派。"③

清代研究《日知录》的学者很多，大多是经史学家，也有文学家。如阎若璩、李光地、惠栋、江永、顾栋高、戴震、庄存与等经学

① 〔清〕李慈铭著，由云龙辑：《越缦堂读书记》，上海书店，2000，第773页。

② 梁启超：《清代学术概论》，复旦大学出版社，1985，第9页。

③ 范文澜：《看看胡适的"历史的态度"和"科学的方法"》，载《范文澜历史论文选集》，中国社会科学出版社，1979，第224页。

家，全祖望、钱大昕、王鸣盛、赵翼等史学家，方苞、姚鼐等文学家。《日知录》注释多达90余家，侧面反映了清代朴学的繁盛以及《日知录》的深远影响。

阎若璩曾为顾氏《日知录》改订50余条，而自言“上下五百年，纵横一万里”，所佩服者仅有钱牧斋、顾炎武、黄宗羲三人而已（《钱牧斋先生年谱》附录）。而乾嘉之学中无论是经学研究的吴、皖派，或者是史学研究的浙东、浙西派，都莫不祖尚顾炎武。章学诚推顾炎武为开国儒宗（《文史通义·浙东学术》）。阮元的《国朝儒林传稿》也以顾氏居首。

乾嘉之学是对顾炎武学问的发扬。顾炎武关于经学、史学等方面的许多见解以及其客观平实的研究方法在乾嘉学者中得到了继承、充实和发展。如阎若璩对古文《尚书》的辨伪，程瑶田对于典制的疏通，段玉裁、王念孙、王引之对于语言文字的研究，以及王鸣盛《十七史商榷》、钱大昕《廿二史考异》、洪颐煊《诸史考异》、陈景云《两汉书订误》、沈钦韩《两汉书疏证》、杭世骏《三国志补注》、章宗源《隋书经籍志考证》、汪辉祖《元史本证》、赵翼《廿二史札记》等著作，可以说都是继承了顾炎武的研究方法和学术观点，而又加以运用和发展的具体学术成果。他们运用文字、音韵、训诂、版本、校勘、辨伪等方法，校正经、史乃至子书的错误，辨析文献的真伪，判断其成书年代；并通过分析、比较、归纳和推理等形式逻辑方法去验证、鉴别和评估经籍中所载某一事件、某一事物和某项典章的真实程度。这些，不但解决了许多历史疑案，整理了历代重要典籍，而且为文化史研究奠定了坚实的文献学的基础。他们所建立的一套行之有效的操作程序，有助于改变只凭个人学识和经验，主观先验地凭事理推断史料的局限。近现代著名史学家之所以能取得研究的重大突破，除了因为他们有新的史观作指导以外，还得力于乾嘉学者为他们提供了比较客观的史料基础。而在领受乾嘉学者的文化遗产时，我们当然不能忘记有奠基之功的顾炎武及其《日知录》。

如果说乾嘉学者偏重于《日知录》的考据方法论，那么当民族文化危机再度呈现于中国近代，学者们就越来越深切地体会到《日知录》的深层意义了。龚自珍曾就江藩的《国朝汉学师承记》发表评论，说把清朝学术概名为汉学“有十不安”，其中之一即是说：“国初之学，与乾嘉初年以来之学不同。”（《龚自珍全集》第五辑《与江子屏笺》）黄汝成究心于《日知录》，写成《日知录集释》，在序文中再三称道顾炎武的经世胸怀。而张穆自序其《顾亭林先生年谱》说：“本朝学业之盛，亭林先生实牖启之，而洞古今，明治要，学识赅贯，卒亦无能及先生之大者。”自鸦片战争前后开始的对于顾炎武思想及学术遗产的全面研究，可以看出这一遗产对俞樾、章太炎、王国维等都有很大影响。侯外庐在其《中国思想通史》第五卷早就指出过，“只有王国维是最后继承炎武的人”，“从炎武到王国维是近代中国学术的宝贵遗产”。有了这些遗产，才会有“五四”以后的中国近代史学。

（陈战峰）

理气合一　日生日成——《张子正蒙注》

《张子正蒙注》是明末清初大学者王夫之所作，是他“希张横渠之正学”而付诸实践的重要学术成果。王夫之对儒释道、经史子集都有研究，他著作宏富，思想博大精深，不仅是宋明理学的批判总结者，也可谓整个中国古代哲学的总结者。《张子正蒙注》作为他最重要的哲学著作，反映了他哲学思想的主要内容，体现了他高超的理论思维水平。他对气“实有”性的论证、对气“固有”性的结构分析、对气产生世界的辩证运动过程的说明、对理气关系和道器关系不离的论述等，推动古代气本论哲学发展到新阶段，达到古代朴素唯物主义的高峰。在人性论上，他提出人性“日生日成”的看法，将此前静止观察描述人性的方法一转而为变化发展的历程考察；而且此前学者们大多倾向于不将欲望看成人性的内容，王夫之对此并不赞成，他以为天理和欲望都是人性的固有内容。这就摆脱了古代人性论形而上思维的窠臼，为后人结合现实人生和社会条件，将人的现实生成发展作为人性论的新课题，为科学性地研究人性问题提供了可能性。

一、王夫之及其《张子正蒙注》

王夫之（1619—1692），明末清初人，字而农，号姜斋，因晚年隐居于湖南衡阳县金兰乡的石船山，人称船山先生。王敔《大行府君行述》说：“船山府君，讳夫之，字而农，别号姜斋；中岁称一瓠道人，更名壶；晚岁仍用旧名。居于湘西蒸左之石船山，自为之记。蒸湘人士莫传其学；间有就而问字者，称为船山先生。”①

王夫之一生历经坎坷，少年时代勤奋好学，青年时代、中年时代精忠报国，40 多岁以后归隐故乡，继续用笔从事斗争。在他一生中，“抱刘越石之孤愤”的政治抱负和“希张横渠之正学”② 的学术追求是密切联系在一起的。一方面二者同时进行，另一方面他的学术追求也为其政治抱负服务。他早年热衷于结社，参加了“行社”“匡社”、文会以及“文社”，具有朦胧的忧时愤世特点；中年投身于抗清斗争，体现了大无畏精神；晚年踌躇满志，不阿权贵，拒绝给吴三桂写《劝进表》，体现了大义凛然的个人气节。王夫之著述极多，传世达 95 种，380 余卷，还有佚著大约 26 种。这些著作，主要有《周易外传》《周易内传》《尚书引义》《张子正蒙注》《读四书大全说》《诗广传》《思问录》《老子衍》《庄子通》《相宗络索》《黄书》《噩梦》《续春秋左氏传博议》《春秋世论》《读通鉴论》《宋论》等，涉及经、史、子、集各个方面。

在这些著作中，《张子正蒙注》比较重要，共 9 卷，康熙二十四年（1685）孟春成书，是王夫之 67 岁时的作品。该书是王夫之精心撰写的最重要的哲学著作。《张子正蒙注》的版本比较多。较早的有清康熙四十六年（1707）衡阳刘氏抄本、清康熙年间王牧在湘西草堂刻的《王船山先生书集五种》本，世称湘西草堂本；有清道光二十八年（1848）衡阳学署补刻的《船山遗书子集》本；又有清同治四年（1865）曾国藩刻于金陵的《船山遗书》本；还有清光绪十三年（1887）湖南衡阳船山书院《船山遗书》增补刻本。民国以后，有 1932 年至 1934 年《船山学报》第一至第六期连载的石广权诠言本和

① 王敔：《大行府君行述》，《船山全书》第 16 册，岳麓书社，1996，第 20 页。
② 《王船山先生墨宝四种》，康和声辑印，1942 年。

1933年上海太平洋书局《船山遗书》排印本。中华人民共和国成立以后，古籍出版社于1956年据太平洋书局本出了标点排印本；1975年中华书局出了简化字标点本；1982年至1996年岳麓书社出版了《船山全书》本。

二、《张子正蒙注》的主要思想内容

《张子正蒙注》蕴含的思想非常丰富，主要体现了王夫之的哲学思想，这些思想包含理气合一的气本论、辩证的发展观、“日生日成”的人性论、认识论思想等。

首先，理气合一的气本论。

气本论是王夫之体系建立的基点。王夫之的气本论，主要包括气论、气与理关系论、道器关系论等。就气的内涵而言，有学者研究指出，王船山体系中的气有五种含义：“气为客体实存的东西；气是宇宙万物的根源；气是构成天地万物的质料；气是主体所具有的心理状态和自我修养；气是一定社会和人的气运、风气。”①

王夫之认为人和万物都是由气产生的，气是构成人和万物的根本质料。他说：“夫所取之精，所用之物者，何也？二气之运，五行之实也。”（《尚书引义》卷三）产生万物的“所用之物”是气，气是构成万物的基本质料。这个质料并不是人们用肉眼可以看到的，当它在没有构成万物的时候以阴阳二气的形式存在。他还认为人和万物的产生就像父母生子一样，在产生前后，气没有增减。气如何产生万物？王夫之说：“感者，交相感；阴感于阳而形乃成，阳感于阴而象乃著。遇者，类相遇；阴与阴遇，形乃滋；阳与阳遇，象乃明。感遇则聚，

① 张立文：《正学与开新——王船山哲学思想》，人民出版社，2001，第115—126页。

聚已必散，皆升降飞扬自然之理势。”（《张子正蒙注》卷一）万物是由阴阳二气交感产生的，是气内部所含的阴阳二气相互作用的结果。这蕴含了气还是事物产生原因之意在内。对于这个原因，王夫之认为阴阳二气产生万物是顺其自然，并没有外力的作用。为了证明这个观点，王夫之认为阴阳二气所具有的聚散、清浊、动静等对立关系，皆是气、太和絪缊所固有的。他说：“直言气有阴阳，以明太虚之中虽无形之可执，而温肃、生杀、清浊之体性俱有于一气之中，同为固有之实也。”（《张子正蒙注》卷二）他又说：“屈伸动静，感也；感者，因与物相对而始生，而万物之静躁、刚柔、吉凶、顺逆，皆太和絪缊之所固有，以始于异而终于大同，则感虽乘乎异而要协于一也。”（《张子正蒙注》卷九）

王夫之又说：“天不听物之自然，是故絪缊而化生。乾坤之体立，首出以屯，雷雨之动满盈，然后无为而成。”（《思问录·内篇》）即万物的产生，是从“絪缊”的状态开始的。在王夫之看来，气具有两种状态。他明确地说：“虚空者，气之量；气弥纶无涯而希微不形，则人见虚空而不见气。凡虚空皆气也，聚则显，显则人谓之有；散则隐，隐则人谓之无。”（《张子正蒙注》卷一）“日月、雷风、水火、山泽固神化之所为，而亦气聚之客形，或久或暂，皆已用之余也，而况人之耳目官骸乎！”（《张子正蒙注》卷一）这就认为气具有两种状态：一种为太虚的形式，即气还没有聚集成物时的形式，此时气为一种混沌状态；另外一种为实物的形式，即他所说的日月、雷风等气的客形。“絪缊”就是与“太虚”相联系的概念，它们都被王夫之用来表述气存在的本来状态，即气没有聚成实物时的状态。“絪缊”一词来自《易传》：“天地絪缊，万物化醇。”原意为圆器密盖，引申为密相交合；又与“氤氲”通用，转为气盛之貌。“絪缊”一词在王夫之的体系中，具有本体和功能两方面意义。就功能意义来说，这是指

“细缊”同阴阳二气是密不可分的，它是宇宙万物“生生不穷”的内在动因，也就是万物产生的原因。王夫之为此说“细缊之中，阴阳具足，而变易以出，万物并育于其中，不相肖而各成形色，随感而出，无能越此二端”（《张子正蒙注》卷一）。“二端”就是指阴阳二气。“细缊”状态中存在着阴阳二气，二气由于“体同而用异则相感而动”（《张子正蒙注》卷一），由此而相感相交，相摩相荡，展开物质自然界“自成其条理”“精密变化而日新”的无限气化运动。这气化运动就是万物的产生过程。

“细缊”还有“气”的本体意义。此时“气”处于阴阳未分、二气合一的状态，这种状态虽然阴阳未分，却已经“全具殊质”，也就是说阴阳二气两种物质力量已经蕴含在这个状态中。王夫之说：“散而归于太虚，复其细缊之本体，非消灭也。聚而为庶物之生，自细缊之常性，非幻成也。”（《张子正蒙注》卷一）“细缊”就是指“气”充于虚空中的状态，“气”是客观实在的，但又不是指某种具体的物质。这实际上就是认为“气”为本体，已经不是某种具体的物质，或者说王夫之笔下的“气”已没有停留在中国古代哲学对“气”的理解上，停留在把“气”看成具体物质形态——空气上，而是向前发展了一大步。在王夫之以前，中国哲学尚没有摆脱把“气”规定为物质形式的实物——空气的观念。比如《老子》中的气，以及张载在引证《庄子》时，把“气”理解为“生物以息相吹”，理解为春天的原野上犹如“野马”奔腾式的混合着尘埃的气体；直到王夫之以前不久的王廷相，依然认定“气”是口可以吸而入、手可以摇而得的一种具体的物质形态。这些观点，都把“气”看成是物理概念的具体实物。除此之外也有人把“气”抽象为万物的本体、世界的本原，但他们未能解决客观具体的实物空气如何作为现实世界（万物）的本原及本体的问题。

王夫之看到了任何物理概念上的具体实物都不能概括世界的本质属性，因而力图从更为纯粹的哲学意义上对“气”做更高的概括，从而实现了向气本论的转变。这个转变的实现就在于王夫之对“气”“实有”性的论证。有学者研究指出：“他（指王夫之）提出了‘实有’这一范畴……对‘气’的范畴做新的哲学规定。”① 这个观点是十分有见地的。王夫之气本论的形成，与“实有”这一范畴的提出密不可分。只有论证了“气”是“实有”的，是客观存在的，它才可能成为构成万物的本体，成为世界的本原。王夫之对“气”为“实有”的论证，包括对“气”存在的两种形式——“客形”和“太虚”的论证。就气的“客形”存在形式来说，它是由众多的具体实物体现出来的；这些具体实物是“实有”，可以由人的耳目所察觉。

王夫之在《张子正蒙注》中对“气”的“太虚”状态的“实有”性进行了论证。在论证中，他还借助了对“诚”概念的界定，借助了他对“诚者物之终始”命题的改造。在王夫之眼中，诚已经不再是道德意义上的诚字，而是气太虚状态所具有的特征，而且诚与气的关系，没有彼此相生和逻辑先后的问题，诚和气是统一的，诚是用来描述气的。船山说：“诚，以言其实有尔，有一非象可名之为诚也。”（《张子正蒙注》卷二）也就是说诚不一定指有形象的东西，有形象的东西不一定用诚来指称。但诚是气本身所固有的、本有的，“本有者，诚也”（《尚书引义》卷五）。那么诚的含义是什么呢？王夫之说：“诚也者，实也；实有之，固有之也；无有弗然，而非他有耀也。”（《尚书引义》卷四）可见诚字的含义指的是“实有”，那么作为诚的主体，太虚之气必然也是实有的。通过对诚的界定，王夫之克服了不可见、不可闻的太虚之气的论证，从而完成了对气“实有”的

① 萧萐父、许苏民：《王夫之评传》，南京大学出版社，2002，第91页。

全部论证。

王夫之的气本论还涉及“气”与“理”的关系。理范畴在王夫之体系中是关键点，它贯穿了整个体系。理的原意主要是针对物而言，为事物之规则、条理。王夫之继承了这一观点，对理也进行了定义，他说：“凡言理者有二，一则天地万物已然之条理，一则健顺五常、天以命人而人受为性之至理。二者皆全乎天之事。”（《读四书大全说》卷五）又说：“理者，天所昭著之秩序也。”（《张子正蒙注》卷三）王船山所说的理不仅涉及天之事，还涉及人之事。就理与气的关系来说，综观宋明理学，理与气的关系存在两种形式：一为气之理，二为理之气。两种形式都认识到了理与气是不可分的，理和气是一体的。只是气之理强调的是理为气之属性，主要是气学的观点；而理之气强调的是理为气的根据，主要是理学和心学的观点。王夫之继承了气学的看法，接着气论，把理引入，深化了理与气关系的讨论。他认为理不是由外力产生的，理是气之理。他说：“神者非他，二气清通之理也。”（《张子正蒙注》卷一）“理即是气之理，气当得如此便是理……”（《读四书大全说》卷十）也就是说，理不是独立的，而是气之理。这就把气看得比理重要，理为气的属性。同时，王夫之又认为理与气是不相分离的。理尽管是气的理，但理并不像程朱理学那样认为是先天存在的，可以先于气而独立存在。王夫之说：“理与气元不可分作两截。”“理与气不相离。”（《读四书大全说》卷九）理与气是互相为体的，不仅理离不开气，气也离不开理，或者说世上没有无气之理，也没有无理之气。此外，理虽然是气之理，但并不意味着理是由气产生的，理与气是没有先后之分的，理与气是同时存在的。虽然理与气可以在逻辑上分为气先理后，先讲气为存在的本体，后讲理乃是对气存在方式的描述，但事实上不可能将二者判然离析，强分先后。

王夫之的气本论还体现在他的道器关系论上。他说："形而上，即所谓清通而不可象者也。器有成毁，而不可象者寓于器以起用；未尝成，亦不可毁，器敝而道未尝息也。"（《张子正蒙注》卷一）这实际上就指出道与器之间存在着"道寓于器以起用"和"器敝而道未尝息"的关系，即器起作用在于道，"道体器用"，同时一阴一阳气化运动的道并不因具体事物的成毁而止息。王夫之的道器论在其他著作中也有体现，《思问录》言："统一此物，形而上则谓之道，形而下则谓之器，无非一阴一阳之和而成，尽器则道在其中矣。"（《思问录·内篇》）《周易外传》同样也说："形而上者，非无形之谓。既有形矣，有形而后有形而上。无形之上，亘古今，通万变，穷天穷地，穷人穷物，皆所未有者也。"（《周易外传》卷五）这就指出不存在离开"形器"之上的"道"；具体的器物，即现实世界的种种，归根到底，均由阴阳二气凝聚而成，而"道"则存在于器物之中。

其次，辩证的发展观。

有学者研究指出王夫之的辩证思维主要体现在"动静观""化变观""生死观""两一观""常变观""时空观"等。① 这比较全面地归纳出王夫之的辩证思维。实际上，王夫之的辩证思维主要体现在发展观上，这在《张子正蒙注》中有明显的表现。王夫之认为事物是不断运动变化的，这种运动来源于阴阳二气对立统一的矛盾性。矛盾导致运动，运动则是本体气的存在方式，因而也就决定了王夫之以主动论为根本特征的动静观。王夫之反对主静说，就必须要反对其"寂然不动"的虚假本体预设。前面讲到"絪缊"兼有本体存有和功能流行的双重规定，就是对主静论的本体论依据的根本否定。人们经常对王夫之讲的"絪缊充满在动静之先"产生误解，认为王夫之认为

① 萧萐父、许苏民：《王夫之评传》，南京大学出版社，2002，第121—162页。

“在动静之先”有一个不动的细缊本体。实际上，王夫之并不是这种观点，原文是：“误解《太极图说》者，谓太极本未有阴阳，因动而始生阳，静而始生阴。不知动静所生之阴阳，为寒暑、润燥、男女之情质，乃固有之蕴，其细缊充满在动静之先。动静者即此阴阳之动静……非动而后有阳，静而后有阴，本无二气，由动静而生，如老氏之说也。”（《张子正蒙注》卷一）王夫之认为阴阳二气乃是细缊本体中所固有的，而所谓“细缊充满在动静之先”只是逻辑上的先在性，说明先有阴阳二气，而后逻辑性地引申出其存有之样态，并不是说细缊本体是不动的，相反，“动”是阴阳二气固有的属性，“动静者即此阴阳之动静”。那么，事物为什么能动呢？寻根究底，就是因为事物内含有阴阳矛盾，正是阴阳矛盾的存在推动事物的变化。或者说，动非自外，并不是任何外力推动引起的。王夫之又认为矛盾的双方，任何一方都不能脱离另一方而独立存在，也就是“无有乾而无坤之一日，无有坤而无乾之一日”（《周易外传》卷六），没有孤立于天地之间的阳，也没有孤立于天地之间的阴，“合两端于一体，则无有不兼体者也”（《张子正蒙注》卷一）。阴阳作为事物矛盾性的抽象，存在于一切事物之中，“物物有阴阳，事亦如之”（《张子正蒙注》卷三）。宇宙间没有无阴阳的事物，且没有纯阴、纯阳的事物。阴阳的名义是相对的，不是绝对的，“凡阴阳之名义不一，阴亦有阴阳，阳亦有阴阳，非判然二物，终不相杂之谓”（《张子正蒙注》卷一）。

事物都是在运动变化的，那么事物是如何变化的呢？王夫之一方面要让人们认识到事物的运动变化是无间断地进行的，即生生不息的；另一方面则要人们认识这种变化是旧事物在“屈而消”，新事物在“伸而息”（《思问录·外篇》）。王夫之举例说：“江河之水，今犹古也，而非今水之即古水；灯烛之光，昨犹今也，而非昨火之即今火。水火近而易知，日月远而不察耳。爪发之日生而旧者消也，人所知也；肌肉之日生而旧者消也，人所未知也。人见形之不变，而不知其质之已迁。”（《思问录·外篇》）王夫之认为事物运动变化是无间断进行的，因此事物即使在外形上看不出什么变化，而其内在的质则无时不在发生变化。同时，王夫之又认为事物发生变化的过程，就是一个“化生”或“化变”的过程，就是生死更迭、新故相代的过程，最终导致“荣枯相代而弥见其新”（《张子正蒙注》卷七），使自然界总处于不断的自我更新之中。王夫之还继承了张载对“化”与“变”关系的说法，将日新之化概括为两种类型，承认事物在发展过程中存在量变和质变的关系。王夫之说：“生者外生，成者内成。外生变而生彼，内成通而自成。”（《周易外传》卷五）王夫之把事物在现在基础上的量变称之为“内成”，其有“通而自成”的特点，这时事物的内容虽也不断更新，事物的质也有所变化，但没有发生根本性的变化。当事物超出某种规定性范围而发生的质变，王夫之称之为“外生”，其有“变而生彼”的特点。这时，旧事物从内容到形式都发生了根本质变，从旧事物变成了新事物，由此物变成了彼物。

第三，“日生日成”的人性论。

事物是不断变化的，对于人性来说同样也是不断在变化的，王夫之称之为“日生日成”。首先应了解王夫之对“人性”的界定。张载在《正蒙》中说：“性，其总，合两也。”（《正蒙·诚明》）王夫之注：“天以其阴阳五行之气生人，理即寓焉，而凝之为性。故有声色臭味以厚其生，有仁义礼智以正其德，莫非理之所宜。声色臭味，顺其道则与仁义礼智不相悖害，合两者而互为体也。”（《张子正蒙注》卷三）这段话包含了两层含义：一是认为“人性”中具有两种内在的属性，即生理属性和道德属性。王夫之为了明确此问题，还说过“理与欲皆自然而非由人为。故告子谓食色为性，亦不可谓为非性，而特不知有天命之良能尔”（《张子正蒙注》卷三）。这里，王夫之就把

“理”与“欲”合称为性，认为理与欲都是人性的有机组成部分；同时对告子“食色，性也”的论断持双重态度，既肯定了告子对“食色”的重视，同时也指出告子对“天命之良能”，即理的忽视。对于理来说，实际上讲的是人的道德性，且具体表现为仁、义、礼、智；欲则为人的生理性，表现为人对物质欲望的需要。二是讨论了两种内在属性的关系，认为理与欲存在“合两者而互为体”的关系。一方面理欲相合。理与欲的关系就像理与气的关系，谁也离不开谁，没有无欲之理，也没有无理之欲，二者是合一的。另一方面则是理与欲互为体。理为欲之体，这是王夫之经常讲到的，并且他也把“公私诚伪”作为理欲的区别引入。王夫之说：“天理、人欲，只争公私诚伪。如兵农礼乐，亦可天理，亦可人欲。春风沂水，亦可天理，亦可人欲。才落机处即伪。夫人何乐乎为伪，则亦为己私计而已矣。”（《读四书大全说》卷六）欲可以成为理，理可以成为欲，只是由于主体对“公私诚伪”的把握而已，把握的关键又在于对理的掌握，也就是说理又为“公私诚伪”的标准，而且理对欲直接有导向作用，欲必须符合理，欲以理为体。

王夫之把理与欲合称为性的观点，还表现在对张载“气质之性”与“天地之性”划分的批判上。王夫之不满意张载把人性划分为“气质之性”和“天地之性”，他认为“有是形，则诚有是性”（《张子正蒙注》卷九）、“有质则有性”（《张子正蒙注》卷五）。“形”与“质”指形体，“性”指内在的性质。这是把人性朝着属性方面去解释，因而“饮食男女”之类的生理欲望就应该也是性。王夫之还认为不必贬低“气质之性”，他说：“盖性者，生之理也。均是人也，则此与生俱有之理，未尝或异；故仁义礼智之理，下愚所不能灭，而声色臭味之欲，上智所不能废，俱可谓之为性。”（《张子正蒙注》卷三）这就再次说明人性是由理与欲组成的，就是被作为低层次的“气质之性”其实也是人人不可缺少的，就是“上智”之人也是不能缺少的，只要对声色臭味之欲加以节制，“气质之性”也不见得是有所“悖害”的东西。

人性是不断变化的，那么，它是如何变化的呢？王夫之提出了性“日生日成”的观点。他说：“命日降，性日受。性者生之理，未死以前皆生也，皆降命受性之日也。初生而受性之量，日生而受性之真。”（《思问录·内篇》）“形以日养，气日以滋，理日以成；方生而受之，一日而生一日受之。受之者有所自授，岂非天哉？故天日命于人，而人日受于天。故曰性者生也，日生而日成之也。”（《尚书引义》卷三）王夫之认为人性在产生过程中，先“受性之量”后“受性之真”；且性的“生”并不是一蹴而就的，人在未死之前，都是在天天发生变化，天天受理与气，同时也天天对性逐步完善。当然受“气”成了人性之“欲”，受“理”成了人性之“仁、义、礼、智”之道德理性。王夫之眼中的人性是“日生日成”的，是随着生命的发展而不断地有新的禀受，而且是“继善成性”的。为此，王夫之提出了“习与性成”的观点。他说：“习与性成者，习成而性与成也。使性而无弗义，则不受不义；不受不义，则习成而性终不成也。”（《尚书引义》卷三）这里王夫之重申了人性的形成是一个过程，这个过程也就是“习”，即人的实践行为，而且“习”以义为准则，如果“习”不受义的指导，人有所“习”，也不能带来“性成”。对“习”而言，性则是指人们的生命活动。

第四，认识论思想。

王夫之的认识论思想非常丰富，《张子正蒙注》也涉及认识论的部分思想。需要说明的是王夫之的认识对象是实有的物质世界，而不是以程朱先验的“天理”为认识对象，也不是以陆王的天赋德行的“心”为认识对象。认识对象即实有的物质世界，而一切认识亦只能是“合五行之秀”的人的认识。王夫之说：“识知者，五常之性所与天下相通而起用者也。”（《张子正蒙注》卷一）“人者动物，得天下之最秀者也，其体愈灵，其用愈广。”（《张子正蒙注》卷三）这就把人与动物区别开来，认为人之所以为“最秀者”，就因为人具有能动的认识外部世界及其规律的能力，而且认识乃是人与客观外物交互作用的过程。

那么认识是如何发生的呢？或者说，认识的可能性是什么？王夫之说：“人之有性，函之于心而感物以通，象著而数陈，名立而义起，习其故而心喻之，形也，神也，物也，三相遇而知觉乃发。”（《张子正蒙注》卷一）这段话包含两层含义：一是认识产生的可能性，认识或知觉要出现，必须形、神、物三者相遇才可能。“形”主要是对认识主体而言，一般指人的感觉器官。他说：“君子因有形之耳目官骸，即物而尽其当然之则。”（《张子正蒙注》卷一）“神”则主要是指人思维器官的功能，而思维器官在古代则主要是指人心。“形”与“神”二者相合主要是从认识主体入手。“物”则是指客体对象物，为客观存在的，并不依赖人的意识而产生的，与人心无关。因而认识的产生，实际上就是认识主体对认识客体的作用，二者相遇才可以产生认识，如果缺少客观对象或缺少认识主体，都是不可能产生的。二是认识进行的可能性，即“心中有理”。“心中有理”有多种解释，“人之有性，函之于心而感物以通”就是一种解释，认为人心中本来是有理的。为此，王夫之还说：“大其心，非故扩之使游于荒远也，天下之物相感而可通者，吾心皆有其理，惟意欲蔽之则小尔。”（《张子正蒙注》卷四）“物之有象，理即在焉。心有其理，取象而证之，无不通矣。”（《张子正蒙注》卷四）意思是说人心中本来是有理的，只不过由于外在的原因，其没有被认识到，这一定程度上还有陆王心学的影子在里面。不过，王夫之所说的“心中有理”主要指心通过活动获得万物之理。人之所以能获得万物之理，就是因为气在形成万物之时，气之理已成为万物之理，同样心之理即人之理也来源于气之理，这样心之理与万物之理是同源的，这为心能识万物之理提供了可能。王夫之为此说：“盖天下之全理在人之一心，人心之所涵乃为物理之所当知。若心所不能至，则亦无其理矣。”（《四书训义》卷十九）心为认识事物的主体，“以心循理”，如果心不至，则没有理。心中有理后，反过来又有利于心对事物的认识，从而实现“以理御心”。“以心循理”和“以理御心”为心认识事物过程中的两个阶段，前者为求理，后者则为理扩散。王夫之对“以理御心”的功能大加赞叹，他认为“以理御心，理可推而心必推。尽之于小，而小者无遗，可以贯乎大矣；尽之于大……心果尽矣，果推矣，则自无不贯，而后知其协于一也”。（《四书训义》卷十九）

三、《张子正蒙注》的历史地位及影响

《张子正蒙注》作为王夫之哲学思想的重要著作，它从本体论、人性论、认识论以及辩证法思想等方面揭示了王夫之哲学思想的具体内容，在王夫之思想体系中占有重要地位。一方面，王夫之哲学思想在此书中得到集中体现，此书可谓王夫之最重要的著作。之所以这样说，是因为它不同于早期的《尚书引义》《读四书大全说》，也不同于同时期的《周易内传》《思问录》内外篇。如果说《尚书引义》是一部阐述其认识理论的哲学专著，《读四书大全说》是一部开始通过对宋明理学的研究来构建其哲学体系的著作，那么《张子正蒙注》则是一部鲜明表达其哲学归属、体现其哲学体系的著作，因为在此书中，王夫之表达了复归张载正学以及反对佛、道及宋明理学唯心主义的哲学立场，从本体论等方面构建了一个完整的体系。而《周易内

传》只是侧重于补充和发展其辩证法思想，《思问录》内外篇只是与《张子正蒙注》相发明，在理论体系上没有大的突破。另一方面，《张子正蒙注》作为一部最重要的哲学著作，它所提供的哲学思想，在王夫之史学思想的构建等方面无疑提供了方法论。一定程度上，可以说王夫之史学巨著《读通鉴论》《宋论》都是此书方法论的运用。

《张子正蒙注》作为王夫之对《正蒙》所作的注，在学术发展史上具有重要的地位。张载作为宋明理学中气学一系的典型代表，其思想的构建主要是针对汉唐以来儒学的衰败以及佛道的挑战而进行的，《正蒙》所要解决的问题之所以集中在儒学本体论的建构上，就是与此息息相关；同时此时是理学的形成时期，《正蒙》的思想也一定程度上存在一些瑕疵。在进入明末清初时，此时的学术宗旨已经发生了翻天覆地的变化，特别是随着清人入关，明朝大厦倾覆之后，学人开始反思为什么会出现这种情况，这也使得学术思潮为之一变，实学兴起。王夫之深受此学风影响，同时更为重要的是由于气学以研究现实世界为目的，这就使他选择了为《正蒙》作注。王夫之希望通过为《正蒙》作注，回归和超越气学。王夫之也通过对《正蒙》作注，发展了气学思想，并解决了张载气学本身存在的一些问题。① 《张子正蒙注》在学术史上的意义，除了表现为对气学思想进行了发展和改造外，还表现在对宋明理学进行了哲学上的总结，对理学讨论的理气、理欲、道器等问题进行了批判性总结。

《张子正蒙注》对后来学术的发展也具有重要的影响。王夫之逝世后，其著作大部分保留下来。从 18 世纪初开始，一直到 20 世纪

① 王夫之对张载气学的发展和改造，可参看张岂之《王夫之〈张子正蒙注〉的理论贡献——王夫之对〈易〉学的改造》（陕西人民教育出版社，1994，第 127—145 页）、刘润忠《〈张子正蒙注〉对〈正蒙〉哲学思想的发展》（《船山学刊》1986 年 2 期，第 7—12、16 页）等。

初，在这200年中，各种思潮、各种流派都想方设法从王夫之思想中吸收养料，这既涉及王夫之的哲学思想，也涉及王夫之的政治思想、史学思想、经济思想等方面。就哲学思想方面来说，后人对他的《张子正蒙注》是十分关注的。比如康熙五十年（1711），时任湖广学政的李周望为《张子正蒙注》作序“叹其于横渠之学，异世而同源也”，又说“既著书不出，固不等于许鲁斋、薛河东辈，列理学名臣位；又未膺征召，同于吴康斋、陈白沙诸先辈，望显一时”①。这篇序文把握住了王夫之的学术渊源，隐含了对“理学名臣”们的批判锋芒，无疑受到王夫之的影响。又如，戊戌变法中的谭嗣同就深受王夫之哲学思想的影响，他把王夫之关于道器关系的论述作为其改革主张的哲学基础，把“不生不灭”说作为其为戊戌维新慷慨捐躯的强大心原动力，而这些思想很多都来自《张子正蒙注》。

（郑　熊）

① 《船山全书》第16册，第398—399页。

情得理具　由词通道——《孟子字义疏证》

戴震是清代考据学的代表人物，他能兼顾考据与义理，注解经学著作往往兼采汉宋，在思想内容与学术方法上都具有鲜明的特色。《孟子字义疏证》是戴震的哲学著作，它的写作经历了一个不断修订完善的过程，它从考据文字、音韵训诂的角度重新诠释宋明以来诸多哲学概念，集中反映了戴震的理气观、心性论等，既是对宋明理学进行的批判性总结，也是清代考据学的重要成果之一。

一、清代考据学与戴震

考据学又称朴学、汉学。其学风质朴，重视证据，不尚浮华，因而被称为朴学；受汉朝儒生训诂考订治学方法的影响，尊崇汉儒，重小学、训诂与名物考辨，因而被称为汉学；考据学，则强调了其治学方法和价值取向的本质特征。考据是研究历史、经典文献的一种方法，注重以文本或实践验证古籍，以便提供可信的材料，得出比较客观的结论。

考据学具有几个鲜明特色：重视小学研究，回归经典；重视证据，强调博征实证；内容广泛，方法严密。① 乾嘉考据学在历史地理、典章制度、校勘辨伪等方面，都有丰富的著作，也有独到的论述与

① 张岂之：《中国思想学说史》（明清卷），广西师范大学出版社，2007。

考辨。

清代乾嘉年间是考据学的兴盛期，形成了以惠栋为代表的吴派和以戴震为代表的皖派。吴派尊崇汉儒，以古为真、以汉为优，治经从古文字入手，重视音韵训诂以求经义，如惠栋专攻《周易》，其《周易述》就专采汉儒诸家主张、株守汉学。皖派注重从小学、音韵入手，了解和判断经书的含义，以戴震为代表，他们尤精小学。吴派和皖派都是一个经学群体，包括了一大批经学家。《皇清经解》收有157家，书2727卷，多数为吴派和皖派学者撰著。

但无论惠栋还是戴震，他们的经学都不是纯粹的考据之学，他们的论学都不同程度涉及义理。戴震为首的皖派尤其突出。与吴派相比，皖派不拘泥于汉儒师说，“不以人蔽己，不以己自蔽”（《戴东原集·答郑丈用牧书》），广采博议，实事求是，因而富有创造性，把考据学推向了高峰。清代考据学中，戴震的《孟子字义疏证》、段玉裁的《说文解字注》、王念孙的《读书杂志》等堪称考据学的代表性著作。

戴震（1724—1777），字慎修，又字东原，安徽休宁（今安徽顿溪）人。家贫，年轻时随父行商，又曾靠教书为生。曾受到文字狱的牵连，在扬州、北京等地避难。40岁中举人，但以后五次参加会试均落第。51岁时由纪昀等人推荐入“《四库全书》馆”，任纂修官，校订天算、地理等方面的书籍。53岁，会试再次落第，被特别准许参加殿试，赐同进士出身，授翰林院庶吉士。55岁时在北京病逝。

戴震在少年时期便养成了读书必求字义的习惯。他“读书一字必求其义，塾师略举传注训解之，意不释。师恶其烦，乃取许氏《说文解字》，令检阅之。学之三年，通其义，于是‘十三经’尽通矣”（《国朝汉学师承记》卷五《戴震》）。1742年，戴震师从江永问学。江永是徽州地区著名的大儒。当时徽州地区的年轻学子中，一批才俊之士投在江永门下，其中有汪肇隆、郑牧、汪梧凤、程瑶田、金榜等人。

戴震著作宏富，包括音韵、算术、几何、天文、地理、方志等各个方面，其中有相当一部分是关于经学和文字音韵学的。后人编有《戴氏遗书》15种61卷。有乾隆年间刊本，收入《微波榭丛书》。后人又改编为《戴东原先生全集》，收入《安徽丛书》。1980年上海古籍出版社出版有《戴震集》校点本。1991年至1999年，清华大学出版社陆续出齐《戴震全集》，共6册。1994年至1995年，黄山书社出版《戴震全书》，共7册。

在戴震的著作中，最能代表其哲学思想的是《孟子字义疏证》和《原善》，又有《答彭进士允初书》，反驳彭允初对《孟子字义疏证》与《原善》的批评。这三种著作，加上《与某书》，一起被编入中华书局1979年出版的《戴震哲学著作选注》中。中华书局1982年第2版的《孟子字义疏证》收录了《孟子字义疏证》《原善》3卷、《绪言》《孟子私淑录》等。

二、戴震思想及《孟子字义疏证》的形成

戴震早期的哲学思想与宋明理学（特别是程颢、张载）之学比较接近，但也根据考据学风做了一些修订。① 能够体现这个思想特征的文献有《法象论》《与是仲明论学书》《与姚孝廉姬传书》《与方希原书》《答郑丈用牧书》等。此外，戴震著有《经考》5卷、附录7卷，是早年治经的札记，不但在经学上支持程朱的立场，还经常引用程朱的言论说明自己的主张。

① 周兆茂：《戴震哲学新探》，安徽人民出版社，1997。

戴震中晚年的思想是在早期思想基础上形成的。这时期的著作主要以四部书及若干篇文章作为代表。四部书有《原善》3 篇、《原善》3 卷、《绪言》《孟子字义疏证》。还有若干篇文章，如《读易系辞论性》《读孟子论性》《与某书》《与段若膺论理书》《与段若膺书》《答彭进士允初书》等。

《绪言》与《孟子字义疏证》，可以看成是初本与定本的关系，但《绪言》与《孟子字义疏证》本身又各自经历了多次修订。1942 年，四川省立图书馆出版的《图书集刊》创刊号，根据张海鹏（嘉庆时期藏书家）照旷阁抄本刊布出《孟子私淑录》。它是《绪言》的初稿，体例相近，字数比《绪言》少，论述上也不如《绪言》细密。因此，从写作体例与思想内容分析，戴震的这几部著作呈现出一个序列，即《孟子私淑录》→《绪言》→《孟子字义疏证》。

在义理上，戴震在中晚期与早期有显著不同。造成这种不同的重要契机，是戴震与惠栋的会面。与惠栋的交流，使戴震感慨良多，让他产生了新的想法，即破除义理与考据二分的方法，将考据彻底地化为义理。在与惠栋会面后若干年，戴震曾回顾："然病夫六经微言，后人以歧趋而失之也。言者辄曰：'有汉儒经学，有宋儒经学，一主于故训，一主于理义。'此诚震之大不解也者。夫所谓理义，苟可以舍经而空凭胸臆，将人人凿空得之，奚有于经学之云乎哉？惟空凭胸臆之卒无当于贤人圣人之理义，然后求之古经。求之古经而遗文垂绝，今古悬隔也，然后求之故训。故训明则古经明，古经明则贤人圣人之理义明，而我心之所同然者，乃因之而明。贤人圣人之理义非它，存乎典章制度者是也。松崖先生之为经也，欲学者事于汉经师之故训，以博稽三古典章制度，由是推求理义，确有据依。彼歧故训、理义二之，是故训非以明理义，而故训胡为？理义不存乎典章制度，势必流入异学曲说而不自知，其亦远乎先生之教矣。"（《题惠定宇先生授经图》）这段话写于1765年，时隔拜会惠栋（1757）已八年之后。这段话阐述了戴震要将考据与义理合一的思想，戴震承认他受到惠栋的影响。

戴震中晚期的义理学可分两个阶段。大致说，中期以《原善》三篇与《原善》三卷本为代表，尚未明显与宋儒立异。晚期阶段，以《绪言》与《孟子字义疏证》为代表，明确要与宋儒立异，如戴震明确揭示理欲之辨，直接向宋儒发起挑战，当然这主要针对的是理学的末流。晚期作品观点明确，术语自成一套系统。最难解读的是中期的著作，其中杂糅着旧的宋明理学与新的考据义理。

总的看，戴震的义理学经历了早、中、晚三个发展阶段。在中期，戴震的义理已经基本独立。但在当时，这套义理仍是悬空的。义理学与经学仍然脱节，不能获得经学权威的充分支持。透过对“阴阳”范畴的分析，戴震才将他本人的义理与经学比较好地结合起来。他这一发现的方法可以用一句话来概括：通过文献学的细微差异，发现义理系统的截然不同。戴震对于自己的发现兴奋不已，自称“发狂打破了太极图”。

三、《孟子字义疏证》的主要思想

《孟子字义疏证》是戴震一生最重要的著作。戴震十分重视此书，直到临终时才最后定稿。

（一）自然哲学：气、道、理

戴震在《孟子字义疏证》中阐述的自然哲学，以“气”作为世界的本原，以“道”作为世界万物的基本规律。他指出：“道，犹行也；气化流行，生生不息，是故谓之道。《易》曰：‘一阴一阳之谓道。’《洪范》：‘五行：一曰水，二曰火，三曰木，四曰金，五曰土。’行亦道之通称。”（《孟子字义疏证》卷中）这里强调“气”的不息运动，此种运动就是“道”，一阴一阳，是运动；水火木金土五行，也是不同形式的运动，所以他说：“阴阳五行，道之实体也。”（同上）戴震把道视为“实体”，但这个实体，不是抽象独存的实体，是实际运动的客观实在。

戴震将人与物的形成过程分为两截：气化与品物。气化是尚未形成材质的过程，而品物已经具有明确的材质。气化是一个生生不息的洪流，它不能停止。由于它是一个生生不息的洪流，它是不可能被分开来言说的。品物则不然，它具有明确的材质，我们可以对它做明确的界定。只有“品物”，才是人类研究的对象，气化超出了人类的研究能力。“形而上”即为“成形以前”，这是由天道直接管辖的范围。将气化与品物截为两段，是“生生而条理”模式的必然结果。“气化”与“品物”分别对应于“生生”与“条理”。对于“生生”之道，人们无法对其本质做精确的描述。

戴震还论述了“道”与“理”的关系。他把“道”作为万物的基本规律，而把“理”视为“物之质”。他说：“理者，察之而几微必区以别之名也，是故谓之分理；在物之质，曰肌理，曰腠理，曰文理（亦曰文缕。理、缕，语之转耳）。得其分则有条而不紊，谓之条理。……古人所谓理，未有如后儒之所谓理者矣。”（《孟子字义疏证》卷上）他强调“理”是事物得以区别的特性，认为由于事物各有特质，所以它们才能相互区分。“理”在戴震的哲学体系中，相当于“本质”，它体现在事物内部，所以称为“肌理”“腠理”“文理”。

戴震对“道”与“理”范畴的区分，是在吸取韩非“万物各异理而道尽稽万物之理”（《解老》）思想基础上，对“理”再次进行的缜密分析。此种分析与理学不同。在宋明理学思想体系中，“理”与“道”是同一的范畴，都是指最高层次的抽象本体，而具体事物的本质和法则只不过是这个最高的抽象本体的再现。与此不同，戴震区分“道”与“理”的层次时，用“分理”的观点否定理学的本体“理”，强调“理”与事物共存。

（二）伦理学说：性、情、理、欲

戴震仍然坚持天人统一的原理，他的新表述是“人道本于性，而性原于天道”。因此，认识天道的途径是“自人道溯之天道，自人之德性溯之天德”（《孟子字义疏证·道》）。“人道”范畴，在《孟子字义疏证》中列为专篇，简称为“道”。考据学家相信通过人道可以获知天道。戴震坦言：“在天道不分言，而在人物，分言之始明。”（《孟子字义疏证·道》）天道是不分言、不易研究的，但在人道方面，却是可以分言、可以研究的。在认识人道的同时，人们还可以认识天道。天道体现在人道之中。天道与人道的转换枢纽是性。以人道（即人伦日用）为起点，以性为枢纽，人们可以寻找到通向天道的通途。

由于天道与人道要以性作为枢纽，人道不能直接通向天道，因此，天道与人道之间的沟通并不是自然而然的行为，而是某种积极的生存状态。对人而言，它是人类的求生、求善、求知意志自觉作用的结果，其中必定包含有人为的努力在内，在做出努力的过程中，人们必须不断地克服阻力，这种阻力的总称是“隔”。戴震说：“凡有生，即不隔于天地之气化。阴阳五行之运而不已，天地之气化也，人物之生生本乎是。”（《孟子字义疏证·性》）

戴震认为，礼的本质是“治天下之情”，因此，“情”是“礼”的本质，从而也应当是“理”（当然是分理、条理）的本质。将“情”纳入“理”的核心内涵，从而在“情”与“理”之间达成了平衡。戴震成功地将“情”嵌入到了“理”之中。“理者，情之不爽失也，未有情不得而理得者也。”（《孟子字义疏证·理》）因“情”以定“理”，将“情”看成是“理”的基础。这里的“情”，既包含有对于生命的关怀，又考虑到了秩序的需要。

戴震把天理还原为自然的伦理，在逻辑上必然得出肯定情欲的结论。戴震认为“有欲而后有为”（《孟子字义疏证》卷下），人欲对人类的存在有重要的意义。理学家们所认为的人欲是无法弃绝的，以“理”来排斥人欲无异于“以理杀人”。他大声疾呼：“其所谓理者，同于酷吏之所谓法。酷吏以法杀人，后儒以理杀人，浸浸乎舍法而论理，死矣，更无可救矣！”（《与某书》）戴震同时提出“体民之情，遂民之欲而王道备”的观点，认为真正的王道绝不是“以理杀人”，而是体民之情，遂民之欲。这种批评包含着对封建专制礼教的抗议。

“情”是中国哲学史上内容很复杂的术语。在戴震以前，“情”仅仅是辅助性的消极概念，是有待于更高原则来加以规范的对象。戴震承认，“情”存在着过或不及的可能，所以需要引入“礼”，“以治天下之情”。戴震是一位将“情”变成积极存在的哲学家。他更强调的是感性之情（好恶之情），因为它是生生不息的载体，也是一切道德之情的基础与前提。任何道德，如果违反了基本的感性之情，那它就不可能成为真正的道德。

戴震所说的“情”有广义、狭义之分。广义的“情”有两方面的内容：一是欲，亦可称喜怒哀乐之情；二是狭义的“情”，是对人我关系的感通。戴震的“情”，既指“实情”，又指“情感”，这两者往往联系在一起。戴震所说的“情感”，在很大程度上是与“实情”相关的生存过程中的隐曲与不得已之情。

戴震对于情欲的肯定，从人的自然本性出发，与他的自然天道观一致。其人性论与认识论，也都是从气化流行的自然天道观出发。他说：“人生而后有欲、有情、有知，三者，血气心知之自然也。”（《孟子字义疏证》卷下）情和欲，属于心理活动的范畴，戴震把人的心理活动与认识活动联系起来考察认识的发生，已注意到认识发生的心理与人的自然生理之间的密切关系。他对情、欲、知的看法，与西方近代心理学将人的心理分为“意、情、知”的观点比较接近，反映了他对认识论问题研究的深化。

（三）认识论：由词以通道

戴震提出“由词以通道”，强调通过语言的分析达到对道的认识。他对《易传》中“形而上者谓之道，形而下者谓之器”一语进行了以下几点语义分析：

1.“形而上”“形而下”之“形”字，指有形质的“品物”，即众多的具体事物，而非指未成形质以前的“气化”。

2.“形而上”“形而下”之“上”“下”二字，即“前”“后”之意。形而上，即品物形成之前；形而下，即品物形成之后。

3.“谓之”二字，在古人言辞中与“之谓”有异。“之谓”是“以上所称指下”，如“一阴一阳之谓道”，即用“一阴一阳”这一“所称”的实在来指称或表达“道”这一实在，用意在于阐释后者“道”。而“谓之”是指“以下所称之名辨上之实”，如“形而上者谓之道”，即用“道”这个名称来解释“形而上”，用意在于以“道”这个“名”来指称、辨别“形而上”这个“实”。（详见《孟子字义疏证》卷中）所以不应把“道”“器”作为“谓之”句中的重点。

根据以上分析，戴震提出《易传》中那句话重点是阐释“形而上”与“形而下”，亦即形之前与形之后。他把形之前、后归结为气的不同表现形态，并以此来批评朱熹以形而上的“道”为抽象本体的观点。

为了得到“天下万世”的普遍认同，戴震要求儒家学说中应尽可能地减少抽象的伦理说教，而诉诸浅近、平实、可靠、准确的认知方法。从《原善》到《孟子字义疏证》，戴震经历了一个漫长的探索过程，其中的目的之一，是要将“仁义礼智”以及“理义”等较为抽象的伦理术语简化为最基本的认知术语，如区分、裁断。在《原善》（无论是三篇本还是三卷本）中，为了将“仁义礼智”等道德范畴化约为浅近平实的认知范畴，戴震做了很多的努力，那些文字成为戴震义理著作中很不易读的部分。对戴震来说，这些努力是很有成效的。在《孟子字义疏证》中，戴震将“理义”化约为“区分”与“裁断”。“举理，以见心能区分；举义，以见心能裁断。分之，各有其不易之则，名曰理；如斯而宜，名曰义。是故明理者，明其区分也；精义者，精其裁断也。不明，往往界于疑似而生惑；不精，往往杂于偏私而害道。求理义而智不足者也，故不可谓之理义。”（《孟子字义疏证·理》）这里所说的“区分”，指的是将“情”（事情）中错综复杂的“分理”区分开来；所说的“裁断”，是对每条“分理”的价值做出恰如其分的精确判断。①

与“同然”对立的是“意见”。“则未至于‘同然’，存乎其人之意见，非理也，非义也。”“同然”的情况是“凡一人以为然，天下万世皆曰是不可易也，此之谓‘同然’”（《孟子字义疏证·理》）。将判断“同然”的权利交给“天下万世”之人，将判断对错的权利留给自己（包括头脑中的旧权威，它已转化成“己”的有机组成部分）。戴震所说的“意见”，主要不是指错误的观点，而是指错误的认识态度。在戴震看来，任何人都可能犯错，改了就行，因此，错误的观点并不可怕，它并不是“意见”。所谓“意见”，指的是一种“蔽而自智”的认识态度。即少数人，极端自信于自己的先入之见，是固有僵化的原则与立场。戴震认为，这是最大的害道之举。“求理义而智不足者也，故不可谓之理义。自非圣人，鲜能无蔽；有蔽之深，有

① 张岂之:《中国思想史》（增订本，上下卷），西北大学出版社，2012。

蔽之浅者。人莫患乎蔽而自智，任其意见，执之为理义。吾惧求理义者以意见当之，孰知民受其祸之所终极也哉！”（《孟子字义疏证·理》）

总之，戴震将民生隐曲作为自己的哲学研究对象，从而形成了清代考据型义理特有的学术体系。戴震的“生生而条理”，对“生生”与“条理”进行了创造性的综合；戴震将“欲”与“情”相融合，从而得出了“情欲之不爽失之谓理”的结论，并引发出了关注民生“隐曲”的施政措施。这些思想的产生，除了戴震本人的哲学天分，以及戴震特有的天算学、音韵学背景之外，还有一个因素也是不容忽视的，即戴震生活在一个独特的时代。与前代相比，这个时代相对成功地解决了最基本的民生疾苦问题，同时也将民生方面的“隐曲”提上了政治哲学的议事日程。

（陈战峰）

六经皆史　持世救偏——《文史通义》

《文史通义》是清代学者章学诚的学术文化经典著作。他进行学术批评，期望补偏救弊，既批评考据学者只知采铜于山而不知用以炼釜，只以搜集材料为学问而忘记了求道，也批评宋儒求道“内轻学问文章，外轻经济事功”，流于空谈性天而已。为此，他发挥“六经皆史”之说，将经学和史学、义理与史事、道与器辩证统一起来，辨章学术，考镜源流。他将这种明体达用的学问称为“文史之学”，或直称史学。章学诚“盈天地间，凡涉著作之林，皆是史学”的论断，和经典作家只有一门科学即历史科学的看法相近，尤为卓识。《文史通义》凝结了章学诚的毕生精力和思想精华，对后世影响很大，在中国史学史上地位极为重要。

一、章学诚与《文史通义》

章学诚（1738—1801），字实斋，号少岩，浙江会稽（今浙江绍兴）人。先后主讲定州定武、保定莲池、归德文正等书院。历主保定莲池、归德文正等书院讲席。晚年目盲，著述不辍。卒于嘉庆六年，年 64 岁。

浙东地区学者辈出，章学诚生于乾隆三年，自幼深受乡里先贤经史之学熏陶。“自少读书，不甘为章句之学”，性耽典籍，雅好史学，并能在学习中提出独到见解。他在《与族孙汝楠论学书》中坦陈：

“仆尚为群儿，嬉戏左右，当时闻经史大义，已私心独喜，决疑质问，间有出成人拟议外者。”据《清史稿·文苑二》章学诚本传记载：“从山阴刘文蔚、童钰游，习闻蕺山、南雷之说。熟于明季朝政始末，往往出于正史外，秀水郑炳文称其有良史才。”受浙东前辈黄宗羲、万斯同影响，倾心史学。23 岁首次应试不中，后寄读国子监。28 岁时拜内阁学士朱筠为师，结识戴震、姚鼐。34 岁离开国子监。1772 年，章学诚时年 35 岁，动笔写《文史通义》。1777 年秋，他在北京参加乡试，终于中举，乾隆四十三年（1778）41 岁中进士。1779 年，完成《校雠通义》，这是一部理论性的著作，或者说，这是一部关于书籍的著作，讲的是如何对书籍进行分析和分类、如何通过比较文本以确定其真实性的著作，这本书表达了他对历史哲学、文学批评的基本观点。1788 年依附毕沅，前后助其编修《续资治通鉴》《湖北通志》《史籍考》等。① 1794 年，回到家乡会稽。1798 年，得浙江巡抚谢启昆的资助，与胡虔、钱大昭继续编纂《史籍考》。1800 年秋，口授生前最后一篇文章《浙东学术》，次年秋去世。

章学诚写作《文史通义》，自 35 岁始，到 64 岁逝世，尚未完全定稿，共历时 29 年。他在《与严冬友侍读》中说：“日夜倏忽，得过日多，检点前后，识力颇进，而记诵益衰。思敛精神，为校雠之学。上探班、刘，溯源官礼，下该《雕龙》《史通》，甄名别实，品藻流别，为《文史通义》一书。”《清史稿·文苑二》评论说：“其于古今

---

① 《论修史籍考要略》：“校雠著录，自古为难。二十一家之书，志典籍者，仅有汉、隋、唐、宋四家，余则阙如。《明史》止录有明一代著述，不录前代留遗，非故为阙略也，盖无专门著录名家，勒为成书，以作凭藉也。史志篇幅有限，故止记部目，且亦不免错讹。私家记载，间有考订，仅就耳目所见，不能悉览无遗。朱竹垞氏《经义》一考，为功甚巨，既辨经籍存亡，且采群书叙录，间为案断，以折其衷。后人溯经艺者，所攸赖矣。第类例间有未尽，则创始之难；而所收止于经部，则史籍浩繁，一人之力不能兼尽，势固不能无待于后人也。今拟修《史籍考》，一仿朱氏成法，少加变通，蔚为巨部，以存经纬相宜之意。”

学术，辄能条别而得其宗旨，立论多前人所未发。”

现在常见《文史通义》版本共8卷，内篇5卷，外篇3卷，是章学诚探讨古今学术、文史、教育等文章和论学书的汇编，今所见的最早刻本，为章学诚次子华绂所编，道光十二年（1832）在开封刊刻，故称“大梁本”。后来影响较大的还有1920年吴兴嘉业堂主人刘承幹所刻《章氏遗书》本《文史通义》。章学诚去世前将所著交托友人萧山王宗炎代为校订，《遗书》本便是在王宗炎编目基础上增补而成，内篇6卷，外篇3卷。两个版本的不同之处在于，前者外篇收录的全部是方志类文章，后者的内篇增加了几篇文章，外篇则全为“驳议序跋书说”。

后人校注成果有叶瑛《文史通义校注》（中华书局1985年出版）、罗炳良注译《文史通义》（中华书局2012年出版）、叶长青《文史通义注》（华东师范大学出版社2012年出版），所采用的都是大梁本。仓修良主编的《文史通义新编新注》（浙江古籍出版社2005年出版），将大梁本和遗书本篇目合二为一，并新增80余篇，内篇6卷，外篇6卷，共298篇，是目前整理、点校、评注《文史通义》最全面的版本。

二、《文史通义》的主要思想内容

《文史通义》的主旨是针对当时流行的考据学进行反思，批评汉宋门户之见，对经学、史学、文学等多个领域都提出了自己的独到见解，许多观点至今仍然闪烁着深刻、耀眼的思想光辉。

（一）学术当持世以纠偏

章学诚分析乾嘉时代的学风，指出“近日学者风气，征实太多，发挥太少，有如桑蚕食叶而不能抽丝”。清代儒学陷入琐碎之考据和门户之见的泥潭，音韵、训诂、注疏本来是用来阐发经典的手段，但清代考据学者“反溺训诂注疏而晦经旨”。在与当时学者的交流中他反复阐述了自己的学术观，《章氏遗书》卷29《外集》二《上辛楣宫詹书》说：“夫著书大戒有二：是非谬于圣人，忌讳或干君父，此天理所不容也。然人苟粗明大义，稍通文理，何至犯斯大戒。惟世俗风尚，必有所偏，达人显贵之所主持，聪明才隽之所奔赴，其中流弊，必不在小。载笔之士，不思救挽，无为贵著述矣。”

汉学“循流忘源，不知大体”“但知聚铜，不知铸釜”，只知功力，不知学问，所患在“学而不思”。“学与功力，实相似而不同，学不可以骤几，人当致攻乎功力则可耳，指功力以谓学，是犹指秫黍以谓酒也”，“今之博雅君子，疲精劳神于经传子史，而终身无得于学者，正坐宗仰王氏（王应麟），而误执求知之功力，以为学即在是尔”，“盖逐于时趋，而误以襞绩补苴谓足尽天地之能事也。幸而生后世也，如生秦火未毁以前，典籍具存，无事补辑，彼将无所用其学矣”。（《博约中》）

批评汉学的同时，章学诚也认为宋儒舍弃了“学问文章”，专事性命空谈，已经陷于学术末流。所以他要“逆于时趋”，挽救学术，反思汉宋之争的本质，即分析考据与义理的关系，以会通文史大义，探索学术真谛。即《说林》所说：“学问所以经世，而文章期于明道。”“风尚所趋，必有所弊，君子立言以救弊，归之中正而已矣。”表达了章学诚以力挽风气为己任的学术精神。

他指斥宋儒：“于学问文章、经济事功之外，别见有所谓道耳。以道名学，而外轻经济事功，内轻学问文章，则守陋自是，枵腹空谈性天，无怪通儒耻言宋学矣。”（《家书五》）

《与朱沧湄中翰论学书》中批评“以道名学”：“学术无有大小，皆期于道。若区学术于道外，而别以道学为名，始谓之道，则是有道而无器矣。”正因为这种离器而言道，宋儒之学才流于空疏，远离现实，无益于经济事功。

章学诚认为汉宋学术在考据与义理上的矛盾，其实也是“道问学”与“尊德性”的矛盾，清学的误区在于误以方法为目的。章学诚认为乾嘉时代所谓汉学、桐城派号称为古文辞，貌似古学，实际是学古而未成。“所谓好古者，非谓古之必胜乎今，正以今不殊古，而于因革异同求其折衷也。”（《说林》）他一生都在批判以戴震为代表的烦琐考据之学，源于浙西，不得大道；以姚鼐、袁枚为代表的桐城派文学，明标理学，实际对人心风俗危害巨大。

章学诚提倡作古文辞来纠正学风上宋学空疏、汉学琐碎的弊端，推广古文辞的正确方法是大力发扬古代纪传体史学之长，“而古文辞必由纪传史学进步，方能有得”（《与汪龙庄书》）。他认为近世文学由于不晓“经之流变必入于史”，导致欧阳修的《唐书》和《五代史》不脱学究《春秋》与《文选》史论习气，未能得见“《春秋》马、班诸家，相传所谓比事属辞宗旨”，“拙撰《文史通义》，中间议论开辟，实有不得已而发挥，为千古史学辟其蓁芜”（《与汪龙庄书》）。

在《与陈鉴亭论学》中，他明确说明了著《文史通义》的目的就是要解决上述问题，“《文史通义》专为著作之林校雠得失。著作本乎学问，而近人所谓学问，则以《尔雅》名物，六书训故，谓足尽经世之大业，虽以周、程义理，韩、欧文辞，不难一吷置之。其稍通方者，则分考订、义理、文辞为三家，而谓各有其所长；不知此皆道中之一事耳，著述纷纷，出奴入主，正坐此也。鄙著《原道》之作，盖为三家之分畛域设也”。

他追求的古学实为三代典章政教所存的史学和以史书纪传为代表的古文辞，也就是他所说的“文史之学”。《文史通义》的撰写实是从校雠《汉书·艺文志》入手，意在厘别古今学术渊源，探讨古今著述之得失利病，亦即其《校雠通义》序言中所说的“辨章学术、考镜源流”。《上晓徵学士书》说：“自幼读书无他长，惟于古今著术渊源，文章流别，殚心者盖有日矣。……而班史《艺文》独存。《艺文》又非班固之旧，特其叙例犹可推寻。故今之学士，有志究三代之盛，而溯源官礼，纲维古今大学术者，独汉《艺文志》一篇而已。……然赖其书，而官师学术之源流，犹可得其仿佛。故比者校雠其书，申明微旨，又取古今载籍，自六艺以降，讫于近代作者之林，为之商榷利病，讨论得失，拟为《文史通义》一书。分内、外、杂篇，成一家言。”

（二）六经皆史

章学诚针对学风时弊，持正汉、宋之学，对学术进行修正的理论基础就是“六经皆史”。乾隆五十四年（1789），章学诚撰成《文史通义》中的《原道》篇，开篇即言：“六经皆史也，六经皆先王之政典。”明确提出了“六经皆史”的命题。而与之前后的《经解》《史释》《易教》等篇，乾隆五十六年（1791）《答客问》、五十七年（1792）《书教》篇的撰成，使“六经皆史”的理论体系得到完善。至他病逝前一年（嘉庆五年）撰写的《浙东学术》篇，他的以“六经皆史”为核心的史学思想建设最终完成。

“六经皆史”并非是章学诚之独创，其渊源可追溯至先秦《庄子》之《天道》《天运》诸篇，而如隋代王通，北宋苏洵，明王阳明、胡应麟、李贽，清初钱谦益、顾炎武等人，皆阐发过相近的认识。是章学诚将它作为一个重要的命题提出，并且深入地加以研究和论证，第一次赋予这个命题以重要意义。

什么是经和六经？章学诚认为，“古之所谓经，乃三代盛时典章法度见于政教行事之实”，“六经之名起于孔门弟子”，“儒家者流乃尊六艺而奉以为经”（《经解》上）。所以六经出现较晚，为儒家学者从历史记录中整理而来。实际上，“盈天地间，凡涉著作之林，皆是史学，六经特圣人取此六种之史以垂训者耳。子集诸家，其源皆出于史，末流忘所自出，自生分别，故于天地之间，别为一种不可收拾、不可部次之物，不得不分四种门户矣”（《报孙渊如书》）。

六经既是对先王典章政教的记录，也是对先王政教典章所包含的思想的记述。因此，既可以说六经就是史料，也可以说六经包含了对历史经验教训的反思（史意）。经史为道器关系，不可离器言道。他的所谓“器”是指古代典章制度，“道”指的是社会历史发展规律，圣人借六经以见道，六经也就是历史。《经解》下：“六艺皆周公之政典，故立为经。夫子之圣非逊周公，而《论语》诸篇不称经者，以其非政典也。”

经史关系密不可分，“经史之不可判也，如道器之必不可分也”（《书坊刻诗话后》），先圣先王之道不可见，“六经即其器之可见者也。后人不见先王，当据可守之器而思不可见之道，故表章先王政教，与夫官司典守以示人，而不自著为说，以致离器言道也。……而儒家者流，守其六籍，以为是特载道之书耳。夫天下岂有离器言道，离形存影者哉！彼舍天下事物人伦日用，而守六籍以言道，则固不可与言夫道矣”（《原道中》）。“道”蕴涵在“典章制度”“掌故”和“人伦日用”等实际之中，因此，“求道于器”也就首先要关心社会政治和日常生活，关注人类社会历史的发展。

他认为古代学术经史不分，贴近现实，是经世之学。“三代学术，知有史而不知有经，切人事也”（《浙东学术》），“古之所为经，乃三代盛时，典章法度见于政教行事之实”（《经解上》）。在《浙东学术》中，他更明确说道：“史学所以经世，固非空言著述也。且如六经同出于孔子，先儒以为其功莫大于《春秋》，正以切合当时人事耳。后之言著述者，舍今而求古，舍人事而言性天，则吾不得而知之矣。学者不知斯义，不足言史学也。”

（三）作史贵知其意

古人著书、说理，不曾离开历史和现实。所以天理性命不能空谈，要通过对历史的研究和思考去体会。章学诚用史学修正宋学，针对宋学的“空言义理”，《浙东学术》提出“言性命者必究于史”的命题。《浙东学术》为最后一篇文章，既是他晚年对浙东学术传统的总结，也是对自己在清代学术史上的自我定位，把他“六经皆史”“究性命于史”的思想与浙东学术联系起来，以示浙东经史之学所代表的学术精神和学术方法才是清代学术发展的正途。“天人性命之学，不可以空言讲也……儒者欲尊德性，而空言义理以为功，此宋学之所以见讥于大雅也。……故善言天人性命，未有不切于人事者。三代学术，知有史而不知有经，切人事也。后人贵经术，以其即三代之史耳。近儒谈经，似于人事之外别有所谓义理矣。浙东之学，言性命者必究于史，此其所以卓也。”将经史合一，以史学经世，既合于天人性命之大道，又切近于人事，这是对司马迁史学思想中欲“究天人之际，通古今之变”精神的发扬，和顾炎武“经学即理学”说也殊途同归。章学诚的这一思路平衡了汉宋之争，使经史之学融汇了考据与义理，兼顾尊德性与道问学。

章学诚提出“作史贵知其意”，也是为了纠正前人重经轻史的偏失，力图把天人性命之道通过史学呈现出来。“史”就是记载和掌管的有关政教的事件、掌故、典章制度等，以传承先王之道，也就是历史的意义。讲求史意，努力阐明史学的目的和作用，成为章学诚治史的核心。“史所贵者义也，而所具者事也，所凭者文也。……非识无以断其义，非才无以善其文，非学无以练其事”，虽然“史之义出于天，而史之文，不能不藉人力以成之”（《史德》）。“义”指历史观点，“事”指历史事实，“文”则是表达的文笔。所以“作史贵知其意，非同于掌故，仅求事文之末也。夫子曰：‘我欲托之空言，不如见诸行事之深切著明也。’此则史氏之宗旨也”（《言公上》）。一部优秀的史学著作必须表达史学家对历史的认识，要能从历史中体会史意，在著作中体现史意。这样的史学家不但要有史才，得史法，具史识，还必须有良好的史德。“能具史识者，必知史德；德者何？谓著书者之心术也。”（《史德》）强调史德就是要求史学家必须具有良好的学术道德和学风，客观公正地看待历史，这样所表达的历史的含义才有学术价值和现实意义。

“六经皆史”说强调的是六经中所蕴含的“史意”，把“经学”还原为“感性”和“具体性”的“史学”，把人们从神圣的“经义”切换到具体的“史意”中。《史记》《汉书》《后汉书》《三国志》都是纪传体的上乘之作，但以后诸史墨守旧有史书体裁体例的成规，不知灵活变通，反而被史例所束缚，史家的别识心裁得不到发挥，致使后代修史产生越来越严重的弊端。章学诚自述说：“郑樵有史识而未有史学，曾巩具史学而不具史法，刘知几得史法而不得史意，此予《文史通义》之所为作也。”（《和州志·志隅自叙》）

三、《文史通义》的学术价值和影响

章学诚的思想观点基本上都是针对当时学界的弊端而发，因此与当时学界主流显得有些格格不入，生前和身后长期未能得到学界认可。胡适作《章实斋年谱》，指出他一生不屑于考订之学，与当时学界主流派崇尚训诂考据的学术风格相异，并对笼罩当时整个学术界的烦琐考据学风做了多方面的批判，所以生前几乎遭到整个学术界的冷落，被视作“怪物”。人们认为章学诚在当时学术界赢得一席之位的是他的“方志学”理论，而这实际上只是他整个史学理论在方志编修方面的体现，还不能说代表了他的全部学术成就。

今天看来，最值得表彰的是他在被视为“异端”的情况下，能始终坚持独立自主的学术精神，贵创新、独见，把学术与现实相联系。他在《浙东学术》中总结的浙东学术的渊源、特点，提出的“六经皆史”“言性命者必究于史”的观点，为宋代和清代浙东学派学术体系的构建奠定了基础，也成为中国史学理论的重要内容。近代，随着儒家经学体系的解体和史学的日益兴盛，他在学术史、史学理论等方面的创见得到龚自珍、章太炎、胡适等人的继承和发展，为近代学术的发展演变提供了宝贵的思想资源。

正如吕思勉先生所言：“其说不必尽合于今；然精深透辟，足以矫前此之失，而为后人导其先路者甚多。读其书，既可知前此思想之转变；又可知新说未输入前，吾国史学家之思想如何，实治国学者所不可不留意也。”（《史学驶籍·文史通义别序》）

虽然章学诚一直生活在贫穷困厄之中，写作也是在“车尘马足之间”完成，生前未能形成定本，《文史通义》全书结构也不严谨，议题庞杂散乱，但却处处体现着司马迁“究天人之际，通古今之变，成一家之言”的学术追求，洋溢着我国古代学术理论综合创新的光辉。

（李江辉）

考证辨伪　新知为主——《十三经注疏》(附《孝经》)

“十三经”包括《易》《诗》《书》《周礼》《礼记》《仪礼》《公羊传》《穀梁传》《左传》《孝经》《论语》《尔雅》《孟子》十三部儒家经典，其内容博大精深，囊括了传统文化的诸多方面。历代解释“十三经”的著作很多，其中以清代学者阮元主持校刻的《十三经注疏》版本中最为完善，是研究中国古代文化的重要参考资料。

阮元在经学编纂和典籍整理等方面所做的努力，对于系统清理思想史上的材料、凸显和发挥原始儒学当中不为后人所注意的某些方面，颇有裨益，其经验对于我们今天的文献整理和学术研究也具有重要的借鉴意义。

一、阮元生平与主要著作

阮元（1764—1849），清代学者、文学家。字伯元，号芸台，仪征（今属江苏）人。阮元于乾隆二十九年出生于江苏扬州府城一个以文兼武的世家。他的祖父阮堂武进士出身，官湖南参将。父亲阮承信系国学生，修治《左氏春秋》，为古文大家。乾隆五十四年（1789）25 岁的阮元中进士，入翰林院任庶吉士，次年授翰林院编修。一年后因学识渊博，受高宗赏识，升任少詹事，入值南书房、懋勤殿，迁任詹事。1793 年至 1795 年，提督山东学政，曾数游济南名泉，留下不少赞泉诗，写有《小沧浪笔谈》，杂记济南掌故风物等；广交山东及寓鲁金石学家，遍访山东金石文物，在毕沅主持下，撰成《山左金石志》24 卷，对山东乾嘉之际金石学的兴盛贡献颇巨。后历任浙江学政，仁宗嘉庆三年（1798）返京，任户部左侍郎，会试同考官，未几又赴浙江任巡抚，抚浙约 10 年。在任期间，除吏治军政之外，又延聘浙江文人，编书撰述不辍。嘉庆六年（1801）在杭州建立诂经精舍，聘王昶授辞章，孙星衍授经义，作育英才。以嘉庆十年丧父，服除，任职兵部，又先后出为湖南、浙江巡抚。在浙江巡抚任上，政绩颇多。

嘉庆十九年（1814）至道光六年（1826），历任江西巡抚、湖广总督、两广总督、云贵总督等。道光二十九年（1849）卒于扬州康山私宅，谥“文达”，享寿 86 岁。

阮元毕生仕宦通达，但其撰述编纂工作亦未尝稍辍。他学问渊博，在经学、方志、金石学及诗词方面都有很高造诣，尤以音韵训诂之学为长。著书 180 余种，编著有《皇清经解》《揅经室集》等。值乾嘉文化鼎盛之时，阮元标领文坛数十年，海内尊之为学界泰斗。早岁编集金石书画目录，为《石渠随笔》《山左金石志》《两浙金石志》。任浙江学政时邀臧庸兄弟、何元锡、陈鳣等学者编《经籍籑诂》116 卷，于嘉庆五年（1800）刊行，翌年刊刻清初以降浙江诗人作品为《两浙輶轩录》40 卷。又翌年立诂经精舍，刊《诂经精舍文集》14 卷。丧父守制期间，刊《十三经校勘记》，又搜罗《四库全书》未收书，编为《四库未收书目提要》目录进呈御览。数年后，纂成《畴人传》59 卷，为中国历代天文历算家之专门史。嘉庆二十一年（1816）刊刻宋本《十三经注疏》；创立学海堂期间，刊《学海堂丛刻》。阮氏亦重视修志，所修志书著名者有《浙江通志》《广东通志》《云南通志》《扬州图经》等。其中《扬州图经》以图为经，可称创例。阮元的文集，为《揅经室集》57 卷，所作《南北书派论》《北碑南帖论》均是书学史上的重要著述。

由阮元亲自参与并主持编纂的《十三经注疏校勘记》《经籍纂诂》和《皇清经解》三部大书，既反映了当时经学、小学、校勘学领域的成就，也囊括了清代前期经学研究的主要成果，其学术价值不言而喻。

《十三经注疏》暨《校勘记》是阮元较早撰写并主持编刻的经书注疏合刻本。我国经书的最早刻版出现于后唐长兴三年（932），至宋代，各种刻本逐渐增多，其中流传较为广泛的当推南宋时期合刻的附有释音注疏的十行本。此后，相继有明嘉靖年间用十行本重刻的闽版，万历年间用闽版重刻的监版，崇祯年间用监版重刻的汲古阁毛氏版流传。各本辗转翻刻，讹谬百出。随着清代经学研究的盛行，学术界迫切需要一部比较完善的经书注疏本。在阮元之前，一些著名的学者已经对经书乃至诸子书做过不少考证、校勘、注释的工作，但尚未有总汇十三经注疏的校刻本。有鉴于此，阮元立志汇校群经。嘉庆二十年（1815），阮元出任江西巡抚，在当地官吏和士绅的大力协助下，阮元尽出家藏宋本各经，挑选精通经学、擅长校勘的学者数人，在自己多年来所撰校勘记的基础上，进而广泛搜集汉、唐、宋石经以及宋元以后各版本，再次详加校勘，罗列异同，别白得失，辩证讹误。在广校众本、考文析字的基础上，再由阮元最后加以审定。经过近两年的努力，终于纂成《十三经注疏校勘记》217 卷，附《孟子音义校勘记》1 卷、《释文校勘记》25 卷。与此同时，还以宋版为底本，重刊《十三经注疏》416 卷，并附录《校勘记》。

《经籍纂诂》是阮元主持编纂的一部总汇经书传注、文字训诂的专著。清代汉学兴起之后，音韵、文字、训诂被视为明经达道的唯一途径，受到学者的高度重视。但文字、训诂散见于各书传注，搜辑钩稽十分不易，给学者从事研究造成了不便。因此，早在阮元之前，戴震就曾倡议汇纂诸书诂训，朱筠任安徽学政时也有志于此，但都未能实现。嘉庆初年，阮元任职浙江学政，遂利用公务之暇，亲自拟定凡例，纂成《经籍纂诂》106 卷。

《皇清经解》一书，则是清代前期经学研究成果的汇刻本。儒学自汉代确立独尊地位以来，历代都有学者对儒家经籍进行注释、疏解，唐代敕撰《五经正义》，宋代合刊《十三经注疏》。元明时期，经学衰微，学者空谈心性，鲜有发明。清代汉学兴起，一洗前代空疏陋习，经学研究进入全盛阶段。前代学者的注经解经之作，大多囊括于《十三经注疏》之中，或见于康熙年间《通志堂经解》汇刻本，唯独清代学者的经学研究成果尚未能汇成一书。道光初年，阮元在广东立学海堂，以经学提倡士子，深感本朝经学著述散见各处，不仅不利于士子研究、治学，而且日久还有散佚之虞。因而，他决意搜辑本朝学者有价值的解经之作，汇刻成一部大书。凡本朝学者解经专书，甚至散见于各家文集、杂著中的有关篇章，都尽可能包罗无遗，从中择其有价值者，按作者年代先后顺序编排。前后历经四年，终于汇刊成《皇清经解》一书，共收 73 家，183 种著作，计 1400 卷。

值得一提的是，阮元对于《四库全书》未收入文献进行了尽可能的整理与保存。《四库全书》在开馆编书抄书的时候，曾由清朝乾隆皇帝下令，让各省于半年内搜罗书籍集中于中央，当时仅浙江一省就送上 4523 部书。阮元比纪昀小 40 岁。在纪昀死后，他在浙江又陆续搜集《四库全书》未收的书 175 部，写成了《揅经室经进书隶》（又称为《四库未收书提要》，也叫《四库未收书目提要》）5 卷，以补《四库全书》的不足。他这部未收书提要，原未分类，后经傅以礼于 1882 年加以重编、补正，从而成为四库提要之后的第一名著。

二、《孝经》思想与阮元解经之特色

《孝经》是一部重要的儒家家庭伦理文化经典，在中国社会流传极广，影响至巨。《孝经》是专论“孝道”之书，今本共分 18 章。全书以“孝”为中心，将“孝”作为所有德行的基础与根本，集中论述了儒家“孝道”，唐代将其入经，从而升格成为儒家家庭伦理经典著作。历代对于《孝经》的注解，注家众多，主要的版本有唐玄宗注、北宋邢昺疏的《孝经》。通行本则有清阮元《十三经注疏》本。

关于《孝经》的作者及成书时间问题，历来存有争议，主要有以下几种观点：孔子自撰、曾子所录、曾子门人编录、子思所作、七十子之徒遗书、汉儒伪作等。尽管一直存有争议，但《孝经》的成书时间不会晚于战国，应当是可以肯定的。

《孝经》通篇都在谈孝，那么，《孝经》之孝是什么呢？“夫孝，天之经也，地之义也，民之行也。”（《三才章》）“夫孝，德之本也，教之所由生也。”（《开宗明义章》）由此说明，孝是天地间永恒的规律，是人类行为的准则，是国家政治的根本，也是文化教育得以产生的基础。这是《孝经》的基本观点，也是全篇的基石。

对于生活在家庭中的人来说，孝主要体现在事亲上，即对父母的奉养上。那么怎样奉养才算孝呢？“居则致其敬，养则致其乐，病则致其忧，丧则致其哀，祭则致其严。五者备矣，然后能事亲。”（《纪孝行章》）“生事爱敬，死事哀戚。”（《丧亲章》）也就是要以爱敬之心奉养健在的父母，要以哀戚诚敬之心祭奉亡故的父母，这就是孝。除了直接奉养父母以表爱敬之心外，作为个人，事亲者应具有怎样的修养和品行呢？首先，要保护好自己的身体，这是父母所给，不能损伤，即所谓“身体发肤，受之父母，不敢毁伤，孝之始也”（《开宗明义章》）。其次，要立身行道，树立自己的良好形象，用扬名天下后世、光耀父母来体现自己的孝，这也是孝的最佳表现形式，是“孝之终也”。再次，对待父母以外的人，也要尊重，不能得罪。即“爱亲者不敢恶于人，敬亲者不敢慢于人”（《天子章》）。第四，不论环境怎样，都要不骄、不乱、不争，即所谓“居上不骄，为下不乱，在丑（同类）不争”（《纪孝行章》）。只有这样，才可以避免祸患。具备了上述四条，能够使自己不受伤害，使奉养父母成为可能；同时，还可以为父母增光，从精神上对父母进行安慰并使之快乐。

鉴于《孝经》在经学史上的地位及对社会的巨大影响，阮元在搜罗、整理文献材料的时候，自然对《孝经》也非常重视，因而于此也体现出了其解经之特色。由于深受明清之际“实学”思潮的影响，阮元认为古代思想皆归于“实”。在此基础上，他认为孝的本质在于实行、实践。他认为忠孝不只是理论上的事，实际上就是实实在在的社会生活。他批判历史上的思想家忽视理论的实用性说：“故此‘实’字最显最重，而历代儒者忽之。惟汉赵岐见之最显，故于《孟子》‘言无实不祥’，特注之曰：‘孝子之实，养亲是也。’”（《揅经室一集》卷九《孟子论仁论》）可见，阮元赞同赵岐之注，实在是由于后者对于孝之社会功用的重视。

此外，阮元对于传统孝观念研究的新特色主要表现在：孝是社会教化和德治的最基本内容；孝与性命相互联系，而并非情貌等外在表现。由此，阮元意识到了孝对于国家兴衰、社会安危所起的重要作用；也洞察到了在对待父母的问题上，不应只强调言行和情貌，而应将此类外在表现与内心之诚敬切实结合起来，这才是真正意义上的孝。

据此，我们可以初步了解，阮元对于中国传统文化流传过程当中的“孝”观念做了具有时代意义的诠释，并对与“孝”相关的问题展开了相应研究。阮元这种颇具时代性的诠释方法与特点，对于我们今天在文献整理和史料诠释方面具有重要的参考价值与借鉴意义。

三、阮元的学术成就及影响

阮元作为徽派朴学发展后期的重镇巨擘，其治学师承戴震，守以古训发明义理之旨。乾隆五十一年（1786），阮元举乡试入都，时年23岁，得与邵晋涵、王念孙、任大椿相交。其时戴氏亡故已10年，而王念孙、任大椿皆戴震之门人弟子，邵则与戴氏在学术上多有交往，他们对于阮元的影响都很大。整体而言，阮元之训诂学，得之王念孙较多，从此奠定了他为学的基础，终于成为徽派朴学极有潜力的后起之秀，其后徽派朴学盛行江浙、名噪扬州、蜚声鲁豫、远播西南，得阮元之力尤多。

在考据方面，阮元的业绩主要体现在文字、金石碑刻和对于典章制度的考证等领域，比如在考证文字本义和造字之始时，阮元与戴震所提出的“读书首在识字”的指导思想一脉相承，考证字的语源、本义、通假、训诂并有所发挥。又如在对古代典章制度的研究当中，经过阮元考证，写出了《明堂论》《封泰山论》等文，认为所谓“明堂”“辟雍”只不过是上古在没有宫室时的一种简陋的结构，很像后世游牧地区的帐篷，上圆下方，四周环水，每逢大事如祭祀、行军礼、学礼，或者发布政命，都在这里举行。阮元还说，“封”是统治者在南郊祭天，“禅”是统治者在北郊祭地。阮元这种解释，都是他经过周密考证的结果，为时所称。

在义理方面，阮元一贯主张“若义理从古训中来，则孔子所得之义理，必自孔子以前之古训中来”，正如在《诗书古训》一文中，他说："万世之学，以孔、孟为宗；孔孟之学，以《诗》《书》为宗。学不宗孔、孟，必入于异端。孔、孟之学所以不杂者，守商、周以来《诗》《书》古训以为据也。《诗》三百篇，《尚书》数十篇，孔、孟以此为学，以此为教，故一言一行，皆深表不疑。"此外，《论语论仁论》《孟子论仁论》《性命古训》等都是阮元在义理阐发方面的重要著述。

在辞章方面，阮元与当时的桐城派"古文"大为不同，其论文重文笔之辨，以用韵对偶者为文、无韵散行者为笔，提倡骈偶。阮元虽以经学知名，但其所作辞章，亦不乏可读之篇。所著《揅经室集》共6集58卷，前四集为阮元生前手定者，隐然以经、史、子、集为次。说经之文，多在一集，自四集以下，始以诗文合编。

阮元是清代思想学术史上的一位里程碑式的人物。他对徽派朴学最大的贡献，一是汇集编印了大量书籍文献，一是培养造就了大批有用人才。纵观阮元在横跨三朝半个多世纪的时间里，造就了数以百计的人才，其中不少后来成为徽派朴学的精英，使徽派朴学得以广泛传播并发扬光大。这些人才的来源，除了慕名前来投师或在社会交往中发现的以外，科场选拔和书院培养应是两个主要的途径。不仅有在科场选拔的如王引之、郝懿行、丁晏等人，阮元为官浙江巡抚时在杭州创建了诂经精舍，延请当时的著名学者如王昶、孙星衍等来主讲，又邀金鹗、洪颐煊、震煊兄弟讲肄其中，教学内容为经史疑义及小学、天文、地理、算法等。在诂经精舍肄业的，多为学行出众的高才生，德清徐养原、嘉兴李遇孙，虽都学有专长，也还来此修习。当时阮元编辑《经籍纂诂》尚未完成，同时又在校刊《十三经注疏》，这些亦徒亦友的绩学之士，转而又成为阮元编书的得力助手。如徐养原曾帮助他校勘《十三经注疏》中的《尚书》和《仪礼》，洪震煊既担任《经籍纂诂》中的《方言》部分，又担任《十三经注疏》中的《小戴礼记》校勘。教学相长，实践锻炼，造就了一大批有用的人才，其中不少人后来成为“徽派朴学”的知名学者。阮元任两广总督时，在广州创建学海堂书院，并亲自讲学。有学长八人，分别担任教学任务，学习《十三经》《史记》《汉书》《文选》《杜甫诗》《韩昌黎集》等，任学生选择一门，作日记，由学长评阅指点。番禺人林伯桐和陈澧，都担任过学海堂学长，陈澧任职时间尤长。广东嘉应人李黼平也曾补聘来学海堂批阅课艺，阮元还延请他为之教子读书。著名的《皇清经解》也是在这时编刻的，所以又称作《学海堂经解》。徽派朴学之所以能远被西南，除了程恩泽、郑珍传播的影响以外，学海堂书院培养造就的大批人才，影响更加深远。诸如上述所提林伯桐、陈澧、李黼平等学有所成者，不胜枚举。

当然，学术界也有学人主张阮元是清代后期形成的扬州学派的主要代表人物之一。扬州学派是清代汉学的重要分支，是汉学发展至高峰并开始走向衰落时期的一个学派，它的形成稍晚于皖派。但是，毋庸讳言，阮元学术思想中闪烁着徽派朴学的基本理念，他在徽派朴学百年辉煌史上留下了深深的烙印。某种意义上，阮元学术思想不仅成为清代汉学由高峰走向衰落的标志，同时也成为传统学术向近代学术跨越的转折点。

（李友广）

附录一： 关于中华文化的价值思考：试论中华文化何以连绵不断生生不息

张岂之

中华文化源远流长，没有中断过，这在世界上是绝无仅有的。为什么？这要从中国历史中去寻找答案。

一、关于中华文明起源

我国考古学者指出新石器时代仰韶文化①后期和龙山文化②是中华文明的起源期，而文献中所说的“炎黄”时代③就在这个时期内。

按照炎帝和黄帝的传说，证之以考古学研究成果，可知炎黄时代的主要贡献是在原始农业和原始文化方面。我国农业考古学认为，原

① 仰韶文化：中国黄河中游地区重要的新石器时代文化，持续时间大约在公元前5000年至公元前3000年，主要分布在黄河中游地区。在中国已发现上千处仰韶文化遗址，其中陕西省最多，是仰韶文化的中心。仰韶文化于1921年首次在河南渑池仰韶村发现，故得名。

② 龙山文化：泛指中国黄河中下游地区约当新石器时代晚期的一类文化遗存，是铜石并用时代文化，因首次发现于山东历城龙山镇（今属章丘）而得名。分布于黄河中下游的山东、河南、山西、陕西等省，是中国制陶史上的鼎盛时期。

③ 炎黄时代：《国语·晋语》载：“昔少典氏娶于有蟜氏，生黄帝、炎帝。黄帝以姬水成，炎帝以姜水成。”黄帝和炎帝大约生活于距今5000多年前的中国原始社会后期。他们分别是两个部落的首领，居住在今陕西省境内黄河沿岸的黄土高原，逐渐向东部迁移。二族联合击败南方蚩尤部族。以后相互融合，活跃在黄河流域，是远古华夏族的主要组成部分。炎黄时代标志着中华远古文明草创的阶段。

始农业距今约一万年。① 在原始农业基础上逐渐产生了原始文化。

笔者认为，原始文化不能称之为原创性文化，当时文字初创，没有文化观和思想体系，是文化源头。中华文化的原创性文化指的是西周②和春秋战国③时期的文化。

农业与祭祀祖先对中华原创性文化的产生和发展有重大影响。具体说，黄河流域的粟（小米）作农业成为春秋战国时期齐鲁文化（主要指儒家文化）的物质基础。长江流域的稻作农业成为楚文化（即主要是道家文化）的物质基础。两河（黄河、长江）是中国的两条母亲河，由她们哺育出两大体系的原创性文化（儒、道），构成中华思想文化的主流。

二、中华文明起源的独特路径

中国史学家侯外庐（1903—1987）于20世纪的30年代系统地论述中华文明起源和西方古希腊不同，在中国，从氏族社会走向文明社会，保留了旧有氏族组织，在氏族、血缘关系的基础上建立起国家组织。权力与财产按照血缘亲疏分配，君权与父权统一。由此，国家与宗族合为一体，形成了以宗法制度为核心的政治制度体系。周人提出

① 考古资料显示，我国农业产生于旧石器时代晚期与新石器时代早期的交替阶段，距今约有一万多年的历史。参见姜春云为《中国农业通史》所作的“序言”，游修龄主编《中国农业通史·原始社会卷》，中国农业出版社，2008，第1—2页。

② 西周：约公元前11世纪至公元前771年。从周武王灭商朝开始，到公元前771年周幽王被申侯和犬戎所杀为止，共经历11代12王，持续约275年。

③ 春秋战国：公元前771年，犬戎杀幽王，西周灭。公元前770年，周平王（宜臼）立，从宗周迁都洛邑（今洛阳），史称东迁以后的周王朝为东周（实际上指前770年至前256年，因东周在前256年灭亡），传25王，历515年。东周分为春秋（前770—前476）和战国（前475—前221）。春秋因孔子删改鲁国史《春秋》而得名，这一阶段，存140余个诸侯国，各国争相称霸，周王还存有名义。战国初期剩下20余国，以后就是七雄之间的兼并战争，直到公元前221年秦统一六国。

了他们自己的政治伦理范畴：敬天、孝祖和保民，在此基础上，春秋时期形成了儒家的礼乐文化体系。“儒家教育的目标，是要培养表里如一的君子。礼以治外，旨在规范人的行为举止，使之处处中节，符合德的要求。乐以治内，重在引导人的性情心志，是要解决礼的根源问题。”① 礼乐二者内外相成，密不可分。

漫长的农耕历史在人们头脑中的折射，构成了中华文化的主题：天道与人道的关系。这和希腊哲学中的存在与思维关系不同，天与人的关系强调的是天与人的和谐（不是对立，也不是相互排斥），以及人的地位、人的责任和人的特点。孔子云：“人能弘道，非道弘人。”（《论语·卫灵公》）《老子》书有“无为而无不为”（《老子》第37章），从自然反观人生，认为圣人立身处世，柔弱似水，谦恭少言，达到“无不为”。

还有，中国变化多样而又具有内聚性的地理环境，也影响了中华文化。从中国地理环境看，东面是浩瀚无边的大海，西部是高耸入云的阿尔泰山、昆仑山和戈壁沙漠，西南是喜马拉雅山，北面是西伯利亚，南面为崇山峻岭和海洋。这种地理环境不同于古印度、希腊以及阿拉伯国家，形成了文化各异而社会经济发展水平有明显差距的民族和文化。

自古生活于中原四边的少数民族，一方面，他们向外发展受到各种天然屏障和自然环境的阻隔与限制；另一方面，中原地区，特别是汉族的文化，对他们有很大的吸引力。于是，几千年来，中国四边的少数民族，他们各种重大的政治、经济和军事活动，都是向着中原的方向，即黄河与长江中下游流域发展。

---

① 张岂之：《中国思想文化史》，高等教育出版社，2006，第5—7页。

三、秦汉时期以汉族为主体的文化共同体形成，使中华文化与民族的命运联系在一起

战国时代，不同地域的文化存在着差异。秦始皇有汇合地域文化的理想，并没有成功。汉并天下后，到汉武帝执政时期，经过数十年的多次战争，地方的分裂势力基本肃清。而楚文化、秦文化和齐鲁文化等大体上完成了汇合的历史过程。“天下车同轨，书同文，行同伦”① 的局面才得到实现。汉武帝推行“罢黜百家，表章《六经》”（《汉书·武帝纪赞》）的文化政策，结束了“师异道，人异论，百家殊方”（《汉书·董仲舒传》）的局面，确立了儒家在百家之学中的主导地位，为中华文化的传承奠定了坚实的政治基础。由此，开创了中国历史上统一国家的第一个盛世。

在古代中国，尽管有华夏族和夷狄的区分，有民族歧视的理念和政策，但“夷夏一体”“四海一家”的思想，始终与这些民族歧视观念并存，并且成为有些统治者制定政策的理论依据，唐太宗说：“自古皆贵中华，贱夷狄，朕独爱之如一。”（《资治通鉴》卷一九八，贞观二十一年五月）

自西汉以后，对后来有影响的朝代，也就是国家强大的时候，莫不是政治、经济、文化这三者结合比较好并且有显著成效的历史阶段。英国史学家汤因比和日本学者池田大作的对话《展望21世纪》一书说：“（中国人）比世界任何民族都成功地把几亿民众，从政治文化上团结起来。他们显示出这种在政治、文化上统一的本领，具有无

① 这是《礼记·中庸》中所引孔子的话。事实上，这些文化理想在孔子生活的春秋末期难以实现。

与伦比的成功经验。”①

四、中国古代政治文明与中华文化的传承发展

这是一个很大的题目，这里只能论述其中的一二要点。

中国历史进入战国时期（前475—前221），一种新的政治体制从旧体制中脱胎而出，这就是以皇权为代表的君主集权制度；这种制度阐明皇权中央与地方行政的关系，强调地方要服从皇室中枢。

皇帝是最高统治者。朝廷设左右丞相总理政务，廷尉管刑法，治粟内史管财政经济，太尉管军政，将军领兵出征。秦始皇时期全国分设36郡，郡的长官是郡守和郡尉，分管政务和军务，郡以下设县，县的长官称为“令”或“长”。县中设乡，乡中设亭，亭长是最基层的官吏。

从秦始皇统一六国至清末两千多年，中国基本上就是上述的政治体制。这样的体制保证了中华民族的生衍发展和多民族国家的统一。

君主集权政体，在我国漫长的封建社会有共性，也有个性。比如，西汉时期与秦代不完全相同，西汉统治者主要实施政治、法律和思想文化的儒家化，代替了秦代的法家化。汉武帝刘彻在位54年，在他的统治下，中国以文明和富强的政治实体而闻名于世。唐代不同于西汉，与秦代也有较大差异。唐代除实行科举选拔人才外，还重视思想文化的内外交流，以及境内各民族融合所产生的文化创造力，促使儒、佛、道的融合，将中华古代文化推进到一个新的高度。在两宋时期，伴随着皇权强化与选官制度的完善，以及教育上书院制的成熟，中华文化更加深化。辽金元政治、法律和选官制度各有特色。明

---

① ［英］汤因比、［日］池田大作：《展望21世纪：汤因比与池田大作对话录》，荀春生、朱继征、陈国梁译，国际文化出版公司，1985，第283—284页。

代君主统治更加强化，而体制的弊端更加突出。至于清代，特别是1759年统一新疆后，国力更加强盛，文化传承有了进一步的发展。可是，从1840年鸦片战争以后，清朝逐渐沦为一个丧权辱国的腐朽政权，面对殖民主义入侵，失去了活力与生机，1898年戊戌变法被皇权中的顽固势力扼杀以后，自上而下进行革新运动成为幻想，1911年辛亥革命敲响了中国君主集权制度的丧钟。

我们看中国古代的政治体制，对此需要做具体分析。如果没有这样的体制，中华文化的传承与发展则无从谈起。中国的君主集权制度曾经对包括皇帝在内的统治者形成过一定的制约，更加重要的是，这种体制有利于维护中国多民族国家的统一和安宁，其中的科举选官制度扩展了统治集团的社会基础，为中小地主和平民开辟了入仕途径，形成了由下层社会到上层社会的政治通道，特别是科举制度将教育制度与选官制度结合为一个整体，在一定程度上保证了上层官员队伍的知识水平，为中华文化的传承发展做出了贡献。

中国古代有法制，缺少法治（法治的核心是法律面前人人平等）。君主把法制作为治民治吏的一种手段，自己则凌驾于法制之上。正因为如此，同一个制度体系，在不同的君主手里，可以有不同的效果；一治一乱，有天壤之别，反映出人治的弊端。

五、从中华文化的开放性看中外文化的交融

中华文化不是封闭的文化，她之所以有悠久的生命力，是由于她具有开放的特色，这一方面表现为中国境内各民族间的文化交流和共同创造，另一方面也体现在中外文化交流上。中国的丝绸，改变了西方人的穿着；而西域的物产和音乐，也改变着中国人的日用习惯和音乐风格。中国的儒学，影响了日本、朝鲜的学术文化发展；南亚的佛

教，也影响了中华文化。汉唐时期对外域文化的吸收消化，促进了汉唐灿烂文明的出现；而唐宋时期中华文化的远播，也影响了东南亚诸国的发展进程。时至明清之际，尽管官方采取了“海禁”政策，民间的海外交往并没有止步。在明代郑和下西洋终止以后，民间通过海上丝绸之路的中外交通日益发达。中国的一些商人和平民，泛舟海上，往来贸易，甚至到东南亚以及世界各地定居，成为今天海外华侨的祖先。他们在维护和发展中国与世界的交往中，为远播中华文化做出了很大贡献。

西汉末东汉初，中国思想文化史上出现了一个大的变化，佛教开始从印度传入中国。佛教宗派很多，但所有宗派都有一个基本概念“缘”。“缘”指各种错综复杂的关系互为条件，形成了世界上的各种现象。人死后到另外一个世界，跟今世有联系，也就是缘起。佛教轮回说就是根据这个理论创立的。

中国儒学中原本没有这样的内容。孔子说：“未知生，焉知死？”（《论语·先进》）要探讨人类社会的种种大问题。佛教的传入，在儒、佛既对立又融合的基础上，使儒学本身在形而上和心性说方面有了新的创造，与此同时，佛教中国化也在中国历史的隧道中行进着。在两宋时期，我们可以看到，儒学将佛性移植于人性，不但要求辨明人性与物性的异同，而且对人性的研究超出了善恶对立范畴，引导至人性怎样才能“灭染成净”①；在这个大题目中既显示儒、佛交融，又反映出儒学人性论的深化与发展。中国本土文化与域外文化融合，

① 净染问题是宋代理学中的一个重要问题。佛教认为，人性本自清净，但会染污；虽会染污，却并不损害自性清净。染污有两种，一为欲染，二为惑染。欲是人的生理要求，惑是邪见障蔽，二者都是污垢，所以要“灭染成净”。如何才能达到？儒、佛有不同的解说。由此可见，所谓“三教合一”的“一”并非完全一致，而是相互吸收。所谓“三教合一”在唐代已见端倪，宋明理学则是儒、佛、道三者在儒学基础上的融合，称之为“新儒学”。

正是中华文化生生不息的动力之一。这正如南宋时大思想家朱熹在一首诗里所写："半亩方塘一鉴开，天光云影共徘徊。问渠那得清如许，为有源头活水来。"

六、中国古代教育与史学传统保证了文化传承的连续性

在中国，夏朝距今四千多年，那时已出现了学校。西周时学校制度初具规模，包含国学和乡学两个系统，春秋时演变为官学与私学。所谓私学就是私人办学。春秋末期孔子办私学，打破西周官学的入学等级性，实行面对社会的开放教育，将文化传承作为培养人才的中心任务。孔子把西周文献加以整理作为教材，其中有《诗》《书》《礼》《周易》《春秋》（孔子依据鲁国史官的记载整理而成，起于鲁隐公元年，终于鲁哀公十四年，前722—前481）。因《乐经》失传，故称《诗》《书》《易》《礼》《春秋》为"五经"，它们是儒学的基本经典，也是面向大众的教材。"经学"一词指解释和阐述儒家经典的学问。其名始见于《汉书·兒宽传》，称重要典籍为"经"，以与一般书籍相区别。经学内容丰富而又庞杂，涉及文字学、历史学、天文历算、鸟兽草木之训释等。

还有，出现于唐末五代时期的书院，经北宋时期的初步发展和南宋时的突飞猛进，出现了一些著名的书院，如：白鹿洞书院、岳麓书院、嵩阳书院、石鼓书院、应天书院等①。这些书院由名师主持，师生之间自由讨论，促进了中国古代学术的创新。

还要提到，中华文化的连绵不断与史学的繁荣昌盛密切相关。孔

① 白鹿洞书院位于江西省九江市庐山五老峰南麓；岳麓书院位于湖南省长沙市湘江西岸岳麓山；嵩阳书院位于河南省登封市城北峻极峰下；石鼓书院位于湖南省衡阳市石鼓山；应天书院位于河南省商丘市南湖畔。

子把鲁国史官所作的《春秋》整理成有独特思想的历史著作，标志着我国古代史学的开端。战国至两汉是我国古代史学的定型期，西汉时期大史学家司马迁创造了史学的纪传体例，写出《史记》。东汉时期，史学家班固把司马迁的纪传体做了一些调整，以纪、表、志、传的体例撰写出《汉书》。《史记》与《汉书》标志着中国史学的成型。魏晋南北朝至明末，是中国史学发展的黄金时期，史学成为全面记录中华文化的独立学术部门。由中央政府组织学者，官修史书。唐至宋、元、明，每个朝代都召集学者撰写前一朝代的历史。除正史纪传体不断为史学家使用外，编年体也有很大发展。宋代司马光的《资治通鉴》就是我国最为著名较为完善的编年体通史著作。明末清初直至鸦片战争前，是我国史学的总结和嬗变时期，史学著作中更加突出了文化传承和创新的历史轨迹。

中国古代史学不仅记述社会人事变迁，而且记载了自然界的变化及其与社会人事的密切关系。在我国二十四部正史中，有十八史本来就有“书”和“志”，其中有关于天象的天文、律历、五行三志的内容。至于中国古代的地理，与天人之学也有密切的关系，不论是自然地理或历史地理，都有关于天象变化与地理学的记载。①

我们说中华文化连绵不断，从何处得到证明？回答是：从中华历史的记载中得到充分证明；从某种意义上说，中国历史就是中华文化生生不息的记录。

七、从民族复兴的高度看中华文化传承创新的前景

中国今日正处于为中华民族伟大复兴而努力奋斗的时刻。民族复

---

① 《剑桥中国秦汉史》中说：“董仲舒提高了历史研究的价值，这种方式后来导致司马光把历史当作一面镜子。”（中国社会科学出版社，2007，第679—680页）可作参考。

兴不是复古，而是文化传承与创新的统一，反映了历史变化后民族整体的提升，包括政治、经济、文化、社会、环境各个方面，缺一不可。经济上的贫困，无力支撑一个民族的发展；如果只有经济上的富有，没有繁荣的文化、开明的政治、良好的环境、安定的社会与之协调发展，也难以提升民族的实力（包括“硬实力”与“软实力”）。政治上的社会主义法治化和民主化，为民族复兴提供了制度保证，文化建设为民族复兴提供了强大的精神支柱和民族凝聚力。至于生态文明和社会管理，人们在社会实践中日益认识其重要性。

这里，我想对中华文化中的核心价值观问题做些分析。近些年我国学者就此进行了多次学术研讨，在讨论中关注中华文化思想中价值观问题的梳理及其与中国特色社会主义核心价值观的理论联系。笔者也参加了这方面的研讨，认为古代中华文化价值观似可归纳为：天人和谐、道法自然、居安思危、自强不息、厚德载物、诚实守信、以民为本、仁者爱人、尊师重道、和而不同、日新月异、天下大同。①

这里拟对“天下大同”价值理念略做说明。在我国古代，大同思想的完整出现，是从《礼记·礼运》开始的。《礼运》篇关于大同社会的论述，明显与《礼记》其他部分的内容不一致，是托名孔子而把这种社会理想纳入儒学体系的。这段关于大同社会的文字②形成的年代，学界多认为产生于秦汉时期，并非孔子生活的春秋末期。这里所叙述的大同社会，概括了先秦诸子的理想追求，同时又对各家的思想有所扬弃。它既吸收了孔子“克己复礼”、追随周制建立新的社会秩序的愿望，又扬弃了孔子倡导的“尊尊”“亲亲”等级秩序观念；既

---

① 张岂之：《中华优秀传统文化核心理念读本》，学习出版社，2012。

② “大道之行也，天下为公，选贤与能，讲信修睦。故人不独亲其亲，不独子其子，使老有所终，壮有所用，幼有所长，矜、寡、孤、独、废疾者皆有所养，男有分，女有归。货恶其弃于地也，不必藏于己；力恶其不出于身也，不必为己。是故谋闭而不兴，盗窃乱贼而不作，故外户而不闭，是谓大同。”

吸纳了孔孟儒学“老安少怀”、君民同忧同乐、以王道反对霸道的“仁政”方案，又扬弃了儒学把尧舜禹等同于三代的历史观念。它吸收了墨家“兼相爱”“交相利”的思想，尤其重墨家“尚同”“尚贤”以及社会平等观念，又不同于墨家“摩顶放踵”的改造社会思路。它在历史进程认知上，吸取了道家的复古观念（儒家的复古思路不同于道家），而扬弃了道家自然无为思想。总之，“大同”理念在对诸子百家综合研究、有取有舍的基础上，提出了既来自各家又不同于各家的“天下为公”的社会模式。

中国古代“大同”理想的最大影响，是给中华儿女点燃照耀心灵的火花，使人们能够在思想上超脱现实的局限，追求并实现美好的理想。我们不能没有理想，如果完全沉浸于现实，就会失去憧憬未来的动力。我国古代的“大同”理想给人们的精神生活添加了新的价值追求方向，这从一个侧面反映出中华文化的传承与创新的统一。

今天我们不仅要研究中华文化，还要探讨人类的优秀文化。从清末开始，关于研究和吸收外来文化，有一种提法，就是“中学为体，西学为用”。20 世纪 80 年代为了矫正这种提法的不足，有学者提出“西学为体，中学为用”。这两种体用关系使我们在吸收外来文化上一直存在着把中学与西学分割开来甚至完全对立起来的局限。今天我们对待外来文化，既要打破这种体用关系的对立，也不宜完全照搬外来文化，而是在深入研究中实现民族优秀文化与全人类优秀文化的有机融合，实现体用合一和中外贯通，彰显独特的中华文化，建设有自己民族特色的新文化。

（原载于《北京日报》2013 年 11 月 11 日）

附录二：中国历史简要年表

旧石器时代　从距今约 250 万年前开始，延续到距今约 1 万年左右止。

中石器时代　从距今约 1.5—1 万年前开始，延续到距今约 8000 多年止。

新石器时代　从距今约 1 万年前开始，延续到距今 5000 多年或 2000 多年。

炎黄时代　约 4000 多年前传说中的黄帝尧舜禹时期。

夏　公元前 21 世纪到公元前 16 世纪。

商　公元前 16 世纪，商汤灭夏，商朝建立。

公元前 13 世纪，商王盘庚迁都殷。

西周　公元前 11 世纪，周武王灭商，西周开始。

公元前 841 年，国人暴动，共和执政。

公元前 771 年，犬戎攻入镐京，西周结束。

春秋　公元前 770 年，周平王迁都洛邑，东周开始。东周分为春秋和战国两个时期。春秋时期，各诸侯国不断进行战争，强大的诸侯迫使各国承认其首领地位成为霸主，出现了著名的春秋五霸。

约公元前 571 年，老子生于楚国苦县（今河南鹿邑）。

约公元前 551 年，孔子生于鲁国陬邑（今山东曲阜）。

公元前 496 年，越王勾践大败吴军，阖闾死。吴王夫差即位。

公元前479年，孔子卒。

公元前476年，周敬王卒，春秋时期结束。

战国　公元前475年，战国时期开始。战国时期，政治上出现了“战国七雄”，文化上出现了“百家争鸣”。

约公元前372年，孟子生于邹（今山东邹城）。

约公元前369年，庄子生于宋（今河南商丘）。

公元前340年，屈原生于楚国丹阳（今湖北秭归）。

约公元前313年，荀子生于赵国猗氏（今山西安泽）。

约公元前280年，韩非子生于韩（今河南新郑）。

公元前221年，秦王嬴政统一天下，战国时期结束。

秦　公元前221年，秦王嬴政称皇帝，为始皇帝，中国历史进入了第一个多民族统一的中央集权制的国家——秦朝。

公元前213年和公元前212年，秦始皇焚书坑儒。

公元前206年，秦朝灭亡。

西汉　公元前206年，刘邦建汉，史称“西汉”。

公元前200年，贾谊生于洛阳（今河南洛阳）。

公元前179年，董仲舒生于广川郡（今河北景县）。

公元前145年，司马迁生于龙门（今陕西韩城）。

新　公元9年，王莽称帝，国号新。

东汉　公元25年，刘秀称帝，建立东汉。

公元27年，王充生于会稽上虞（今浙江绍兴）。

三国　公元220年，曹丕称帝，建国号魏，东汉亡。

公元221年，刘备称帝，国号汉，史称“蜀”。

公元229年，孙权称帝，国号吴。

公元226年，王弼生于曹魏山阳郡（今河南焦作）。

约公元252年，郭象生于河南洛阳。

西晋　公元265年，司马炎取代曹魏政权而建立晋，史称“西晋”。

公元316年，西晋被北方匈奴所灭。

东晋　公元317年，司马睿在江南重建晋室，史称“东晋”。

南北朝　公元420年，刘裕篡东晋建立南朝宋开始，至公元589年隋灭南朝陈为止。该时期上承东晋、五胡十六国，下接隋朝，南北长期维持对峙，史称南北朝。南朝（公元420年—公元589年）包含宋、齐、梁、陈四朝；北朝（公元386年—公元581年）则包含北魏、东魏、西魏、北齐和北周五朝。

隋　公元581年，杨坚篡夺北周政权建立隋朝。

公元608年，成玄英生于陕州（今河南陕县）。

唐　公元618年，李渊称帝，定国号为唐；隋炀帝被杀，隋亡。

公元627—649年，唐太宗李世民在位，年号贞观，史称“贞观之治”。

公元712—741年，唐玄宗李隆基在位，年号开元，史称“开元之治”。

公元755年，安禄山叛乱，历经八年，史称“安史之乱”。

五代十国　公元907年，朱温建立后梁，历史进入五代十国时期。五代是指后梁、后唐、后晋、后汉、后周五个次第更迭的中原政权；十国是指前蜀、后蜀、吴、南唐、吴越、闽、楚、南汉、南平（荆南）、北汉十个割据政权。

北宋　公元960年，赵匡胤发动政变，建立宋朝，史称北宋。

公元1019年，司马光生于河南省光山县。

公元1020年，张载生于长安（今陕西西安）。

公元 1033 年，程颐生于黄州黄陂县（今武汉黄陂区），其与胞兄程颢共创“洛学”。

南宋　公元 1127 年，赵构登基，恢复宋国号，史称“南宋”。

公元 1130 年，朱熹生于南剑州尤溪（今福建三明）。

公元 1139 年，陆九渊生于抚州金溪（今江西金溪）。

元　公元 1206 年，成吉思汗建立蒙古汗国，1271 年忽必烈称帝，改国号为大元。

明　公元 1368 年，朱元璋称帝，国号大明，建立了明朝。

公元 1619 年，王夫之生于湖广衡州府衡阳县（今湖南衡阳），与黄宗羲、顾炎武并称为明末清初的三大思想家。

公元 1644 年，李自成攻入北京，明朝灭亡。

清　公元 1616 年，努尔哈赤建立后金；公元 1636 年，皇太极改国号为清。

公元 1792 年，龚自珍生于仁和（今浙江杭州）。

公元 1811 年，曾国藩生于长沙府湘乡县（今湖南长沙）。

公元 1840 年 6 月，鸦片战争爆发。

公元 1854 年，严复生于福建侯官（今福州市）。

公元 1861 年，洋务运动开始，洋务派在全国各地掀起的“师夷之长技以自强”的改良运动。

公元 1866 年，孙中山生于广东香山（今中山市）。

公元 1898 年，康有为、梁启超等领导了戊戌变法。

中华民国　公元 1911 年，辛亥革命爆发，清朝灭亡。1912 年元旦，孙中山宣誓就职，定国号为中华民国。

中华人民共和国　1949 年 10 月 1 日，中华人民共和国成立。